Die Fairness-Formel

Herbert Lüthy

Die Fairness-Formel

Freiheit und Gerechtigkeit in der Wirtschaft der Zukunft

Herbert Lüthy
Feldmeilen
Schweiz

ISBN 978-3-658-07955-0   ISBN 978-3-658-07956-7 (eBook)
DOI 10.1007/978-3-658-07956-7

Die Deutsche Nationalbibliothek verzeichnet diese Publikation in der Deutschen Nationalbibliografie; detaillierte bibliografische Daten sind im Internet über http://dnb.d-nb.de abrufbar.

Springer
© Springer Fachmedien Wiesbaden 2016
Das Werk einschließlich aller seiner Teile ist urheberrechtlich geschützt. Jede Verwertung, die nicht ausdrücklich vom Urheberrechtsgesetz zugelassen ist, bedarf der vorherigen Zustimmung des Verlags. Das gilt insbesondere für Vervielfältigungen, Bearbeitungen, Übersetzungen, Mikroverfilmungen und die Einspeicherung und Verarbeitung in elektronischen Systemen.
Die Wiedergabe von Gebrauchsnamen, Handelsnamen, Warenbezeichnungen usw. in diesem Werk berechtigt auch ohne besondere Kennzeichnung nicht zu der Annahme, dass solche Namen im Sinne der Warenzeichen- und Markenschutz-Gesetzgebung als frei zu betrachten wären und daher von jedermann benutzt werden dürften.
Der Verlag, die Autoren und die Herausgeber gehen davon aus, dass die Angaben und Informationen in diesem Werk zum Zeitpunkt der Veröffentlichung vollständig und korrekt sind. Weder der Verlag noch die Autoren oder die Herausgeber übernehmen, ausdrücklich oder implizit, Gewähr für den Inhalt des Werkes, etwaige Fehler oder Äußerungen.

Lektorat: Marén Wiedekind
Coverdesign: deblik Berlin unter Verwendung von fotolia.de

Gedruckt auf säurefreiem und chlorfrei gebleichtem Papier

Springer Fachmedien Wiesbaden ist Teil der Fachverlagsgruppe Springer Science+Business Media
(www.springer.com)

Dank

- Meiner Familie, Kathrin, Geraldine und Thomas, für Geduld und Mithilfe, vor allem in ungezählten Diskussionen.
- Michal Chovanec, für viele Diskussionen und vor allem seine substantielle Mitwirkung bei den mathematischen Modellen zur Steuerpolitik und beim Beweis der Subadditivität von h, der allein von ihm entwickelt wurde.
- Hans Bühlmann, Michal Chovanec, Philipp Keller, Milos Ljeskovac, Adrienne Lotz, Thomas Lüthy, Dominic Rau, Ruprecht Witzel, für die Durchsicht des Manuskripts und viele wertvolle Hinweise.
- Lea Barone, Anina Büchenbacher, Clelia Dumas, Geraldine Lüthy, für die Gestaltung und wertvolle Hinweise.
- Dem Springer Gabler Verlag und speziell den Damen Frau Stefanie Brich, Marén Wiedekind, Britta Laufer und Vedavati Patwardhan für die liebenswürdige und professionelle Betreuung.

Einleitung

Worum geht es in diesem Buch?
In diesem Buch geht es um die uralte Frage von Armut und Reichtum, also um die gerechte Verteilung von Einkommen oder Vermögen. Diese Frage ist aufs Engste verbunden mit dem Wirtschaftssystem, in dem wir leben wollen. Und dies wiederum hängt ab von der Rolle der Freiheit. Das sind die beiden grundlegendsten Komponenten bei der Suche nach einem optimalen Wirtschaftssystem: Was ist die Rolle der Freiheit, was ist die Rolle der Gerechtigkeit?

Es ist offensichtlich, dass Freiheit und Gerechtigkeit in der Wirtschaft in einem Spannungsverhältnis stehen. Wird mehr Freiheit und mehr Marktwirtschaft gefordert, dann löst dies sofort die Angst aus, die wirtschaftliche Gerechtigkeit könnte darunter leiden. Wird umgekehrt mehr Gerechtigkeit gefordert, z. B. durch mehr Umverteilung, dann fürchten viele übermäßige Eingriffe in die Freiheit des Einzelnen.

Gerade in jüngster Zeit, wohl als Folge von Globalisierung und Finanzkrise, ist die Kontroverse *Freiheit vs. Gerechtigkeit* wieder vermehrt ins Zentrum gerückt. Dabei geht es um Grundsätzliches. In vielen Diskussionen über Politik und Wirtschaft geht es um Fragen, wie etwa „Was ist die Zukunft des freien Marktes?" oder „Hat der Kapitalismus eine Zukunft?" oder „Hatte Marx doch recht?".

Die Fairness-Formel

Auf diese und ähnliche Fragen versucht dieses Buch, ansatzweise Antworten zu geben.

Zu einem Teil – aber nur einem Teil – ergeben sich diese Antworten aus einer außerordentlich einfachen Formel: Die Fairness-Formel. Daher der Titel dieses Buches.

Genau genommen ist diese Formel eine Definition. Dass diese Definition in einfacher mathematischer Gestalt auftritt, hat den großen Vorteil, dass dadurch Zusammenhänge besser verstehbar und sogar berechenbar werden, die sonst lediglich intuitiv erfasst werden können.

Die mit dieser Formel oder Definition beschriebene Größe wird hier *Fairness* genannt, gemeint ist Fairness im wirtschaftlichen Sinne. Die Formel ist konzipiert als Brücke zwischen den oft kontroversen Begriffen *Freiheit* und *Gerechtigkeit*.

Eine solche Definition oder Formel ist zwar hilfreich, für sich allein ist sie jedoch noch etwas einsam. Sie soll daher in einen Rahmen gestellt werden. Es geht damit in diesem Buch um wesentlich mehr als um eine Formel. Es geht um einen gesamten Kontext: Wie soll das System der Wirtschaft konzipiert sein, damit möglichst viel Freiheit, aber auch möglichst viel Gerechtigkeit gewährleistet sind? Wie viel Freiheit und wie viel Gerechtigkeit sind möglich, ohne dass sich diese beiden Begriffe gegenseitig in die Quere kommen?

Philosophische und ökonomische Grundlagen

Thema dieses Buches sind also die wirtschaftlichen Dimensionen der Begriffe Freiheit und Gerechtigkeit, d. h. auf der einen Seite die Frage nach der Bedeutung der freien Marktwirtschaft, auf der anderen Seite die Frage nach wirtschaftlicher Gerechtigkeit.

Wann ist eine Einkommens- oder Vermögensverteilung gerecht? Wie lange ist die Kluft zwischen Arm und Reich noch gerecht, evtl. sogar notwendig, und wann wird sie ungerecht?

Diese Themen gehören in den großen Bereich der politischen Philosophie und der politischen Ökonomie. Es sollen daher zunächst diese Wissensbereiche dargestellt werden. Eine solche zwar kurze, aber dennoch möglichst umfassende Darstellung ist für dieses Buch ebenso wichtig wie die Fairness-Formel. Sie ist nicht nur Basis für die Formel, sie soll auch Orientierung sein zur Beantwortung der zentralen Fragen im Zusammenhang mit wirtschaftlicher Freiheit und wirtschaftlicher Gerechtigkeit. Aus diesem Grunde wird versucht, politische Philosophie und politische Ökonomie möglichst umfassend, abgerundet darzustellen.

Ziele und Aufbau
Damit ergeben sich zwei Ziele dieses Buches:
- Ziel 1 ist es, eine Übersicht über die politische Philosophie und die politische Ökonomie zu geben mit dem Fokus auf die Themen *wirtschaftliche Freiheit* und *wirtschaftliche Gerechtigkeit*. Diese Übersicht mündet in eine Synthese als Basis für die Definition eines humanen Wirtschaftssystems.
- Ziel 2 ist es, darauf aufbauend einen Vorschlag auszuarbeiten für eine sinnvolle Optimierung der beiden Größen *wirtschaftliche Freiheit* und *wirtschaftliche Gerechtigkeit*: die Fairness-Formel. Dies ist ein neuer Ansatz zu einem alten Thema. Dazu gehört auch, die Auswirkungen dieses neuen Ansatzes anhand einiger Beispiele aufzuzeigen.

Aus diesen Überlegungen heraus ergibt sich der folgende Aufbau:
Teil I: Grundlagen der politischen Philosophie
Teil II: Grundlagen der politischen Ökonomie
Teil III: Synthese und Übergang
Teil IV: Der neue Ansatz: Die Fairness-Formel
Teil V: Auswirkungen dieses Ansatzes

An wen richtet sich dieses Buch?
Dieses Buch ist für interessierte Laien geschrieben, aber ebenso für Verantwortungsträger in der Gesellschaft, insbesondere Politiker oder Manager, sowie für alle, welche für eine gerechte und freie Gesellschaft einstehen.

Um eine flüssige Lektüre zu ermöglichen, sind gewisse Teile grau hinterlegt. Sie sind zumeist überschrieben mit dem Begriff *Technische Erläuterungen*. Dies sind Teile für Leserinnen und Leser, die an solchen spezifischen Ausführungen besonderes Interesse haben. Oft handelt es sich um mathematische Beweise für vorher aufgestellte Behauptungen. Für das Verständnis des Buches sind sie nicht notwendig.

Inhalt

Teil I
Grundlagen der politischen Philosophie 1

1 Aristoteles und die antike Welt 3
1.1 Die Epoche um etwa 500 bis 300 vor Christus 3
1.2 Das Leben von Aristoteles (384–322 v. Chr.) 4
1.3 Die Lehre von den Herrschaftsformen 5
1.4 Der Zweck des Staates 6
1.5 Das aristotelische Staatsverständnis aus heutiger Sicht 7
1.6 Bedeutung 9
1.7 Der Übergang zur Neuzeit 10

2 Der Übergang zur modernen Zeit 13
2.1 Thomas Hobbes (1588–1679) 13
2.2 John Locke (1632–1704) 16
2.3 Baruch de Spinoza (1632–1677) 19

3 Charles de Montesquieu und die Aufklärung 23
3.1 Die Aufklärung 23
3.2 Drei wichtige Vorläufer der Aufklärung 24
3.3 Charles de Montesquieu (1689–1755) 25
3.4 Voltaire und Jean-Jacques Rousseau 28
3.5 David Hume (1711–1776) 29

4 Immanuel Kant (1724–1804) 31
4.1 Leben und Zeit 31
4.2 Erkenntnistheorie 32
4.3 Existenz Gottes 33
4.4 Willensfreiheit oder Determinismus 34
4.5 Der kategorische Imperativ 36
4.6 Der kategorische Imperativ und die goldene Regel 38
4.7 Kritische Würdigung 40

5 Der Utilitarismus 41
5.1 Jeremy Bentham (1748–1832) 41
5.2 John Stuart Mill (1806–1874) 43

6 Georg Wilhelm Friedrich Hegel (1770–1831) 47
6.1 Leben und Zeit 47
6.2 Der Idealismus 48
6.3 Die Dialektik 49
6.4 Geschichtsphilosophie 49
6.5 Kritische Würdigung 50

7 John Rawls (1921–2002) 53
7.1 Leben und Zeit 53
7.2 Das Hauptwerk 53
7.3 Die Grundlinien 54
7.4 Der Urzustand: Der Schleier des Nichtwissens ... 56
7.5 Die Gerechtigkeitsprinzipien 57
7.6 Kritische Würdigung 61
7.7 Fazit 67
7.8 Warum ist Rawls so berühmt? 68

8 Robert Nozick (1938–2002) 71
8.1 Leben und Zeit 71
8.2 Hauptwerk 71

8.3	„Der Mensch gehört sich selbst" (Self Ownership)	72
8.4	Der Nachtwächterstaat	72
8.5	Was ist gerechte Verteilung?	72
8.6	Kritische Würdigung	73
8.7	Facetten des Liberalismus	75

Teil II
Grundlagen der politischen Ökonomie 77

9 Die Klassik 81

9.1	Ein interessanter Vorläufer: Bernard de Mandeville und die Bienenfabel	81
9.2	Adam Smith (1723–1790)	82
9.3	David Ricardo (1772–1823)	86
9.4	Weitere Klassiker	90

10 Karl Marx (1818–1883) 93

10.1	Leben und Zeit	93
10.2	Philosophische Basis	94
10.3	Ökonomische Basis	94
10.4	Kritik	98
10.5	Bedeutung	100

11 Die Neoklassik 101

11.1	Die neoklassische Revolution	101
11.2	Léon Walras (1834–1910)	105
11.3	Vilfredo Pareto (1848–1923)	107
11.4	Schulen	109
11.5	Die Grenzproduktivitätstheorie und die Verteilung des BIP	110
11.6	Gleichgewichtsmodelle und Wohlfahrtstheorie	112

12 John Maynard Keynes (1883–1946) ... 113

12.1 Leben und Zeit ... 113
12.2 Die große Weltwirtschaftskrise ... 114
12.3 Gegenpol zur „naiven" Neoklassik: Notwendigkeit von Staatsinterventionen in gewissen Fällen ... 115
12.4 Würdigung ... 119

13 Der Neoliberalismus ... 121

13.1 Begriff und Zusammenhang ... 121
13.2 Friedrich August von Hayek (1899–1992) ... 122
13.3 Milton Friedman (1912–2006) ... 124

14 Gleichgewichtsmodelle ... 127

14.1 Bedeutung von Gleichgewichtsmodellen ... 127
14.2 Kenneth Arrow (geb. 1921) ... 128
14.3 Gerard Debreu (1921–2004) ... 128
14.4 Das Gleichgewichtsmodell von Arrow und Debreu ... 129
14.5 Übergang zu den weiteren Kapiteln von Teil II ... 131

15 Wohlfahrtstheorie ... 133

15.1 Einleitung ... 133
15.2 Ältere Wohlfahrtsökonomie ... 134
15.3 Neuere Wohlfahrtstheorie ... 137
15.4 Die drei Hauptsätze der Wohlfahrtstheorie ... 141
15.5 Auswirkungen der drei Hauptsätze ... 144
15.6 Wohlfahrtsfunktionen und soziale Indikatoren ... 148
15.7 Theorie des Marktversagens ... 151
15.8 Theorie des Zweitbesten, Kompensationskriterien und Kosten-Nutzen-Analyse ... 153

15.9	Einige spezielle Bereiche der Wohlfahrtstheorie	155
15.10	Schlussbemerkungen	157

16 Neue Entwicklungen in der Mikroökonomie 161

16.1	Institutionen und Rechtsrahmen	161
16.2	Verhaltensökonomie (Behaviorismus)	164
16.3	Spieltheorie	166
16.4	Bedeutung der neuen Mikroökonomie für dieses Buch	170

17 Neue Entwicklungen in der Makroökonomie 173

17.1	Hauptströmung	173
17.2	Ökonometrie	179
17.3	Wachstumsmodelle	180
17.4	Außenhandel und Entwicklungsländer	187

18 Finanztheorie 191

18.1	Zusammenhang mit der Frage der wirtschaftlichen Gerechtigkeit	191
18.2	Unternehmensfinanzierung	192
18.3	Effiziente Finanzmärkte	193
18.4	Portfoliotheorie	194
18.5	Optionspreise	196
18.6	Ist die Finanztheorie schuld an der Finanzkrise?	196

Teil III
Synthese und Übergang 201

19 Zu Form und Inhalt der drei Thesen 203

19.1	Zur Form der drei Thesen	203
19.2	Zu den Inhalten der drei Thesen	205

20 These 1: Zur Freiheit und ihren Grenzen 217
- 20.1 These 1a 217
- 20.2 These 1b 223
- 20.3 These 1c 228

21 These 2: Zur Gerechtigkeit und ihren Grenzen 231
- 21.1 These 2a 231
- 21.2 These 2b 238

22 These 3: Zur Verbindung von Freiheit und Gerechtigkeit 243
- 22.1 These 3a 244
- 22.2 These 3b 244
- 22.3 Abschließende Bemerkungen zu These 3 246

Teil IV
Der neue Ansatz: Die Fairness-Formel 251

23 Die Grundidee: Verknüpfung von Wirtschaftsleistung und Verteilungsgerechtigkeit 253
- 23.1 Warum diese Verknüpfung? 253
- 23.2 Konkreter Vorschlag der Verknüpfung 254
- 23.3 Das Postulat der Maximierung von F 256
- 23.4 Vergleich mit anderen Ansätzen 257

24 Das Bruttoinlandsprodukt (B) als Maß für die Wirtschaftsleistung 259
- 24.1 B als einzige Größe für *Wirtschaftsleistung* 259
- 24.2 Kritik an B 259
- 24.3 Was ist von dieser Kritik zu halten? 260
- 24.4 Verwendung von B zur Definition von F 260
- 24.5 Kritik am Ansatz der F-Optimierung 261

Inhalt **XVII**

25 Die Größe h als Maß für die Verteilungsgerechtigkeit 263

25.1 Die wichtigste Voraussetzung zur Definition von h 263
25.2 Definition des Gini-Koeffizienten G 264
25.3 Definition von h 265
25.4 Begründung der Wahl von h und Wortwahl . . . 266
25.5 Modifikationen und Alternativen 267
25.6 Die Subadditivität als spezielle Eigenschaft von h 275

26 Der Zusammenhang von h und B und optimale Werte von h 281

26.1 Die Korrelation von h und B 281
26.2 Schlussfolgerungen für die Definition von F 281
26.3 Verhalten von b bei sehr hohem h 284
26.4 Optimale Werte von h 285

27 Die Potenzfunktion h^λ 287

27.1 Zur Potenzfunktion h^λ 287
27.2 Die Bedeutung von λ 287
27.3 Wertebereich von λ 289
27.4 Zur Kalibrierung von F 290
27.5 Ist die Kenntnis eines genauen Wertes von λ notwendig? 290
27.6 Möglichkeiten der Bestimmung von λ 291

28 Allgemeine Form des F-Kriteriums 301

28.1 Definitionen 301
28.2 Der grundsätzliche Zusammenhang: das Fairness-Kriterium 302
28.3 Indifferenzkurven von F 303
28.4 Das Fairness-Kriterium und Vergleich mit dem BIP-Kriterium 305

28.5 Die Schwierigkeit des neuen Ansatzes 306
28.6 Weitere Überlegungen zum *F*-Kriterium 307

29 Definition, Erkenntnis, Werkzeug? 311

29.1 Definition oder Erkenntnis? 311
29.2 *b*, *h* und *f* für verschiedene Länder 313
29.3 Eine Länderfrage 315

Teil V
Auswirkungen dieses Ansatzes 317

30 Ein neues Kriterium für wirtschaftliche Entscheidungen: Drei konkrete Beispiele 321

30.1 Bisherige Kriterien und das neue Kriterium 321
30.2 Vorbemerkungen zu den drei Beispielen 323
30.3 Beispiel 1: Wachstumsschub um einen konstanten Betrag, verteilt auf Arm und Reich ... 325
30.4 Beispiel 2: Unterschiedliche Einkommensentwicklung arm/reich 332
30.5 Beispiel 3: Extreme Scherenbewegung 336
30.6 Fazit aus den konkreten Beispielen 340

31 Steuerpolitik 341

31.1 Ein wichtiger Anwendungsbereich des *F*-Kriteriums 341
31.2 Vorbemerkungen zum mathematischen Modell 343
31.3 Ergebnisse 350
31.4 Analogien für die Vermögens- und Erbschaftssteuern 358
31.5 Fazit 361

32 Neue Denkmuster 363
- 32.1 Politische Philosophie 364
- 32.2 Politische Fragen 367
- 32.3 Auswirkungen auf die Wirtschaftswissenschaft 370
- 32.4 Aktuelle Fragen der Wirtschaftspolitik 374

33 Schlussbemerkungen 377
- 33.1 Das erste Ziel dieses Buches: ein Gesamtkonzept 377
- 33.2 Das zweite Ziel dieses Buches: die Fairness-Formel 378
- 33.3 Ausblick 382

Literatur 385

Auflistung der Technischen Erläuterungen

Technische Erläuterungen: Kritische Würdigung
des Differenzprinzips 63
Nobelpreisträger der Wirtschaftswissenschaften,
geordnet nach der Struktur von Teil II dieses Buches 78
Technische Erläuterungen: Das St. Petersburg-Paradoxon 104
Technische Erläuterungen: Die Investitionstheorie
von Keynes und der Multiplikator 116
Technische Erläuterungen: Die Pareto-Bedingungen 140
Technische Erläuterungen: Einige Ergänzungen
zur Spieltheorie 168
Technische Erläuterungen zur Hauptaussage r>g 185
Technische Erläuterungen: Quantile und h 270
Technische Erläuterungen: Lineartransformation von h 271
Technische Erläuterungen: Parameter von
Verteilungsfunktionen als Alternative zu h 272
Technische Erläuterungen: Praktische Berechnung von h 273
Technische Erläuterungen: Mathematischer Beweis
der Subadditivität von h................................ 276
Technische Erläuterungen: Bestimmung von λ 293
Technische Erläuterungen: Gradienten zu
den Indifferenzkurven 303
Technische Erläuterungen zu Beispiel 1 328
Technische Erläuterungen zu Beispiel 2 334
Technische Vertiefung: Das mathematische Modell 346

Teil I

Grundlagen der politischen Philosophie

Einleitung zu Teil I
Die Darstellung der philosophischen Grundlagen ist gegliedert nach einzelnen Philosophen. Bei der Auswahl stand im Zentrum, dass es sich um Denker handelt, die Wesentliches zur politischen Philosophie beigetragen haben.

Die nachfolgenden Ausführungen beschränken sich meistens auf die politische Philosophie. Die Abgrenzung zu anderen Bereichen der Philosophie ist aber nicht immer einfach. Verschiedene der hier behandelten Denker haben auch außerhalb der politischen Philosophie Wichtiges geleistet, etwa in der Metaphysik (wörtlich: was über die Physik, also die Natur, hinausgeht) oder der Erkenntnistheorie. Dies wird hier nicht behandelt, abgesehen von einigen wenigen Ausnahmen, speziell bei Kant. Auch ein Buch, das sich auf politisch/wirtschaftliche Fragen konzentriert, kann bei der Darlegung der philosophischen Grundlagen kaum darauf verzichten, die Grundzüge der Erkenntnistheorie Kants kurz zu beschreiben.

Die Diskussion über wirtschaftliche Freiheit und Gerechtigkeit basiert bis heute zu einem wichtigen Teil auf Konzepten der politischen Philosophie. Viele der heutigen Darstellungen zu diesem Thema gehen auf solche Konzepte zurück. Es kann daher hilfreich sein, wenn dieser Bereich kurz, aber in seinen Hauptaspekten dargestellt wird.

1
Aristoteles und die antike Welt

1.1 Die Epoche um etwa 500 bis 300 vor Christus

Manchmal erstaunt, dass an unterschiedlichen Orten der Welt und unabhängig voneinander ähnliche Entwicklungen stattfinden. Eine solche Periode ist die Zeit um etwa 500 bis 300 vor Christus. In dieser Zeit scheint eine Art Erneuerung des Denkens, eine geistige Umwälzung oder auch eine Grundsteinlegung für die Zukunft stattgefunden zu haben.

In verschiedenen Teilen der Welt und vollständig unabhängig voneinander traten großartige Denker auf, die die Welt für immer veränderten.

In China, das damals noch nicht vereinigt war, wirkten die Philosophen Laotse und Konfuzius, welche beide das chinesische Denken bis heute tief beeinflussen.

In Indien lebte Gautama Buddha, der eine der tiefgründigsten Religionen und Philosophien begründete.

Und schließlich im „alten" Griechenland begannen Philosophen in neuer Weise die Welt zu ergründen, nämlich mit Hilfe der Vernunft und ohne blinden Glauben an Althergebrachtes.

Am bekanntesten bis heute ist das Dreigestirn Sokrates, Platon und Aristoteles. Diese drei Denker standen in einem Lehrer-

Schüler-Verhältnis zueinander. Sokrates war der Lehrer Platons, Platon der Lehrer des Aristoteles.

Trotz dieser Lehrer-Schüler-Beziehung entwickelten alle drei Denker völlig selbstständige, großartige Gedankengebäude. Zum Teil sind diese Philosophen auch kontrovers, etwa im Falle Platon/Aristoteles.

Sokrates konzentrierte sich auf Fragen der Ethik, also auf Fragen wie „Wie soll man leben?" oder „Was soll und was darf ich tun?".

Platon demgegenüber entwarf kühne Konzepte des Staates und der Grenzen der menschlichen Erkenntnis. Er hatte große Zweifel an der Richtigkeit unserer alltäglichen Erfahrungen, und er hatte auch ein aus heutiger Sicht etwas eigenartiges Verständnis des menschlichen Glücks und des besten Staates. Seine Vorstellung des Staates war geprägt von der Idee, dass Herrscher Philosophen sein sollten, die aber durchaus auch zu militärischer Disziplin greifen dürfen zur Durchsetzung ihrer Vorstellungen.

Die drei Philosophen des Dreigestirns prägten die Philosophie der folgenden Jahrhunderte sehr stark. Am meisten wohl Aristoteles, der für die Philosophie der nächsten 2000 Jahre von größter Bedeutung war.

Aber nicht nur wegen seiner historischen Bedeutung, sondern auch wegen seiner Art des Denkens, gibt es wohl kaum ein Buch über politische Philosophie, das Aristoteles nicht als einen großen Denker erwähnt.

1.2 Das Leben von Aristoteles (384 – 322 v. Chr.)

Aristoteles wurde in Mazedonien geboren. Mazedonien grenzte an Nordgriechenland und war sehr stark unter griechischem Einfluss. Mit siebzehn Jahren zog Aristoteles nach Athen, um in

Platons Akademie Philosophie zu studieren. Zwanzig Jahre später, nach Studium und Tätigkeit als junger Lehrer an der Akademie, wurde Aristoteles Lehrer bedeutender Herrscher. Zunächst des Hermias, Herrscher über Assos in Kleinasien, dessen Adoptivtochter er heiratete. Nach dessen Tod zog er in seine Heimat Mazedonien zurück und wurde Lehrer des dortigen Thronfolgers, des späteren Alexanders des Großen. Ein Jahr nach Alexanders frühem Tod starb Aristoteles auf seinem Landgut Euböa.

Aristoteles war ein Universalgelehrter, der das gesamte Wissen seiner Zeit sammelte, sichtete und in wesentlichen Bereichen erweiterte: vor allem in der Logik, Ethik und Politik.

Im Zusammenhang mit dem Thema dieses Buches sind zwei Gedankengänge des Aristoteles zur Politik von besonderer Bedeutung: Die Lehre von den Herrschaftsformen und die Lehre vom Zweck des Staates. Diese starke Beschränkung bei der Auswahl aus dem gewaltigen aristotelischen Gesamtwerk wird erleichtert durch die Tatsache, dass Aristoteles selbst die politische Wissenschaft als Königin der Wissenschaft bezeichnete und den Menschen als *zoon politicon,* als politisches Wesen.

1.3 Die Lehre von den Herrschaftsformen

Typisch für Aristoteles ist die Systematik, mit welcher er die Formen politischer Herrschaft analysierte. Er unterschied drei Typen, nach der Zahl der Herrschenden:

- Monarchie (Herrschaft von einem)
- Aristokratie (Herrschaft von wenigen)
- Demokratie (Herrschaft von vielen oder Herrschaft des Volkes). Bei Aristoteles heißt diese Form nicht Demokratie, sondern *Politeia*.

Diese drei Herrschaftsformen sind nur dann gerechtfertigt, wenn die Herrschaft nach ethischen Grundsätzen ausgeführt wird. Ist dies nicht der Fall, entstehen die drei negativen, schlechten Herrschaftsformen, nämlich:

- Despotie (statt Monarchie)
- Oligarchie oder Plutokratie (Herrschaft der Reichen, statt Aristokratie)
- Pöbelherrschaft (statt Demokratie)

Interessant ist, dass für Aristoteles die Unterscheidung zwischen Monarchie, Aristokratie und Demokratie nicht im Zentrum steht. Er zieht Demokratie der Aristokratie vor, und diese wiederum der Monarchie. Heute würden wir wohl sagen aus Gründen des Risikomanagements, denn je weniger Herrschende, desto eher schlägt die gute Herrschaftsform in die schlechte um. Im Zentrum für Aristoteles steht dagegen, dass die guten Herrschaftsformen nicht in die schlechten umkippen. Und dies kann nur erreicht werden durch Erziehung der Menschen zu verantwortungsvollem, ethischem Handeln. Wenn wir auf die heutige Welt blicken: ein hochmoderner Ansatz.

1.4 Der Zweck des Staates

Die gesamte Philosophie des Aristoteles – außer vielleicht der Logik – ist durchdrungen von der teleologischen Sichtweise. Das heißt, alles hat einen Zweck (Telos: griechisch für Zweck).

Diese Sichtweise gilt auch in den Naturwissenschaften. Ein Stein fällt nicht herunter, weil Massen sich anziehen, wie später Newton entdecken wird. Ein Stein gehört zum Erdreich, das ist sein Zweck. Daher will er zurück zum Erdreich.

Diese Sicht der Dinge ist nach heutigem Wissen im Bereich der Physik und Chemie nicht zutreffend. Möglicherweise hat sie sogar die Entwicklung der modernen Naturwissenschaft verzögert.

Weniger eindeutig verhält es sich bei den Gesellschaftswissenschaften und wohl auch in Wissenschaften, welche mit lebenden Wesen zu tun haben. Die Frage darf beispielsweise durchaus gestellt werden: Wozu ist der Staat geschaffen? Was ist sein Zweck?

Aristoteles gibt auf diese Frage eine klare Antwort: Er soll das Gute fördern. Dazu ist nun aber notwendig zu wissen, was das Gute ist.

Nach Aristoteles ist das Gute das, was dem Wohlergehen, dem Glück des Menschen dienlich ist. Und damit ist keineswegs in erster Linie das materielle Wohlergehen gemeint, sondern vielmehr die geistige, kulturelle, charakterliche, mit der Natur im Einklang stehende Harmonie.

1.5 Das aristotelische Staatsverständnis aus heutiger Sicht

Mit dieser Sicht des starken, verantwortungsvollen Staates, der dem Wohlergehen der Menschen dienen soll, dem aber auch jeder Einzelne verpflichtet ist, hat Aristoteles ein Bild geschaffen, das bis auf den heutigen Tag nachwirkt. Er ist zwar nicht der einzige und wohl auch nicht der erste Philosoph, der diese Sicht entwarf. So gab es beispielsweise in China mit Konfuzius und schon vor ihm ähnliche Gedankengänge. Aber Aristoteles hat sie weiter ausgearbeitet und ist damit für die Entwicklung in Europa und weltweit von bahnbrechender Bedeutung. Das Staatsverständnis von Aristoteles wird deutlich, wenn man es zwei wichtigen Positionen gegenüberstellt: dem Liberalismus und dem Utilitarismus.

Für den Liberalismus ist der Begriff der Freiheit im Zentrum. Für den Utilitarismus der Begriff der Nützlichkeit oder des Nutzens.

Dabei muss beachtet werden, dass Liberalismus und Utilitarismus nicht einfach Gegenpositionen gegen das aristotelische Staatsverständnis sind. Aristoteles ist durchaus auch liberal, und er sieht klar die Bedeutung von Nützlichkeit. Aber bei Aristoteles ist vor den Begriffen der Freiheit und des Nutzens ein anderer noch wichtiger: das gute Leben, und gut ist keineswegs nur materiell gemeint.

Der Unterschied zwischen dem modernen Liberalismus und Aristoteles liegt wesentlich darin, dass der moderne Liberalismus größeres Vertrauen hat, dass durch die Entscheidungen der Einzelnen in einem sinnvollen Rechtsrahmen auch ein sinnvolles Ganzes entsteht (jedenfalls was das Materielle betrifft). Hier klingt die unsichtbare Hand von Adam Smith oder die Gleichgewichtstheorie von Arrow und Debreu an (vgl. Teil II). Aber Aristoteles geht weiter: Das Materielle ist nur ein Teil des Wohlbefindens. Ein anderer, vielleicht ebenso wichtiger oder sogar wichtigerer Teil ist das Nicht-Materielle.

Nach Meinung der amerikanischen Philosophin Martha Nussbaum[1], welche sich intensiv mit Aristoteles beschäftigt hat, kann Aristoteles als „erster Sozialdemokrat" bezeichnet werden.

Dafür spricht einiges. Verblüffend sind Vorschläge, die Aristoteles vor 2400 Jahren gemacht hat, und die heute wieder eine große Rolle spielen. Als Beispiel seien etwa Prioritätenlisten genannt (vgl. Kap. 15, Wohlfahrtstheorie). Aristoteles führte solche Listen ein, auf der Basis des Wesens des Menschen und dessen Bedürfnissen (vgl. dazu z. B. M. Nussbaum, S. 80 ff.).

---

[1] Martha C. Nussbaum: Gerechtigkeit oder das gute Leben, Suhrkamp 1999, S. 24 ff.

1.6 Bedeutung

Die Bedeutung von Aristoteles für das heutige Denken ist kaum zu übertreffen. Bereits im Altertum war er wegweisend für Jahrhunderte. Im frühchristlichen Westen geriet er in Vergessenheit. Die frühen Kirchenväter lehnten ihn ab, vor allem weil er ihnen zu wenig gottesfürchtig war, keinen persönlichen Gott kannte und auch keinen Gott als Schöpfer des Universums.

Sein Denken lebte weiter in der arabischen Welt. In Europa war er nur einer kleinsten Elite bekannt. So studierte beispielsweise Karl der Große die Philosophie von Aristoteles.

Erst durch den bedeutenden christlichen Philosophen Thomas von Aquin im 13. Jahrhundert wurde Aristoteles wieder salonfähig gemacht, der ihn vor allem über den arabischen Philosophen Averroes kannte (geboren 1126 in Cordoba, Spanien, gestorben 1198 in Marrakesch, Marokko), obwohl auch lateinische Übersetzungen existierten. Danach wurde Aristoteles wiederum für mehrere Jahrhunderte Maßstab und oberste wissenschaftliche Autorität.

Auch heute setzen sich Philosophen mit Aristoteles auseinander, nicht nur im Bereich der politischen Philosophie. Aber hier speziell auch: Es gibt kaum ein Buch über politische Philosophie, das nicht Aristoteles zitiert.

Aus heutiger Sicht wird man auch einige Punkte kritisieren können, insbesondere die Beschränkung der bürgerlichen Rechte auf Freie und Männer. Sklaven und Frauen waren keine gleichberechtigten Bürger. Hier hat selbst dieser große Philosoph die Vorstellungen seiner Zeit nicht hinterfragt.

Und dennoch: Will man die Bedeutung von Aristoteles kurz zusammenfassen, dann ist sie nicht nur in der ungeheuren Menge an tiefsinnigen Erkenntnissen zu sehen, die Aristoteles zusammentrug, ordnete und in vielen Bereichen wesentlich vertiefte. Noch prägender ist wohl sein Beispiel, wie unglaublich fruchtbar, weitreichend und hilfreich menschliche Erkenntnisse sind, wenn sie aufgebaut werden auf Logik und Vernunft, gepaart mit Wohlwollen für Mensch und Natur.

Aristoteles ist wohl neben den großen Religionsgründern der einflussreichste Denker der Menschheitsgeschichte.

1.7 Der Übergang zur Neuzeit

In den beinahe 2000 Jahren nach Aristoteles bis zur Neuzeit, also bis etwa zum Jahre 1600 n. Chr. ist natürlich sehr viel Philosophisches gedacht worden. Was die politische Philosophie betrifft, ist jedoch kaum etwas entstanden, was heute noch die Diskussion mitprägt. Genannt werden sollen hier lediglich zwei Vertreter der kirchlichen Philosophie. Zum einen der bereits erwähnte Thomas von Aquin (1225–1274), der vor allem die christliche Philosophie wesentlich prägt, aber Fragen der politischen Philosophie nicht primär behandelte.

Als zweiter Name sei hier Nikolaus von Kues erwähnt (1401–1464), meist Cusano genannt. Cusano stammte aus dem Gebiet der Mosel (heute Deutschland), und spielte auch kirchenpolitisch eine große Rolle, z. B. als Kardinal am Basler Konzil (1431–1449). Erwähnt wird er hier vor allem wegen einer berühmten Metapher: der coincidentia oppositorum, dem Zusammenfallen der Gegensätze. Cusano begründete dies vor allem mit religiösen Argumenten, speziell etwa damit, dass sowohl das unendlich Kleine als auch das unendlich Große schließlich in Gott zusammenfällt. Cusano wählte zur Begründung aber auch Beispiele aus der Mathematik: so sei der Kreis das Gegenteil einer Geraden. Wird der Radius eines Kreises aber unendlich groß, dann fällt der Kreis mit seinem Gegenteil, einer Geraden, zusammen. Interessanter Nebeneffekt: Es gibt die Vermutung, dass Leibniz bei seiner Entwicklung der Infinitesimal-Rechnung, einer der größten Leistungen der Mathematik, sich stark von den Ideen Cusanos inspirieren ließ. So kam er zur Idee, unendlich viele Stücke der Größe Null zusammenzufügen.

Aus heutiger Sicht mutet diese *coincidentia oppositorum* eher merkwürdig an. Naturwissenschaftlich und auch mathematisch ist sie kaum verständlich. Dennoch ist sie eine schöne Metapher, die zur Erklärung scheinbarer Widersprüche herangezogen werden kann. In Abschn. 19.2.2 wird sie herangezogen, um in neuer Interpretation die Tatsache zu erklären, dass oft scheinbar politische extreme Gegensätze zusammenfallen, wie speziell rechts- und linksextreme Positionen.

2
Der Übergang zur modernen Zeit

2.1 Thomas Hobbes (1588–1679)

2.1.1 Leben und Zeit

Thomas Hobbes wurde 1588 in Westport, Wiltshire in England geboren, im Schicksalsjahr, in welchem England die spanische Armada besiegte und damit den Grundstein legte zum Aufstieg Englands zu einer der führenden Mächte Europas.

Thomas Hobbes war Sohn eines Landpfarrers, seine Mutter stammte aus einer Bauernfamilie. Er war frühreif und galt als Wunderkind, was ihm eine gute Ausbildung sicherte. Seine Laufbahn begann als Hauslehrer bei einer der führenden Adelsfamilien Englands, der Familie Cavendish. Mit den älteren Kindern dieser Familie konnte er Reisen durch Europa unternehmen. So wurde er bekannt mit Persönlichkeiten wie Francis Bacon, Galileo Galilei und René Descartes.

Thomas Hobbes war Zeitzeuge dauernder bürgerkriegsähnlicher Auseinandersetzungen in England zwischen König, Adel und Parlament und des fürchterlichen Dreißigjährigen Krieges in Kontinentaleuropa. Diese Erfahrungen prägten ihn stark und bildeten eine wesentliche Basis seiner politischen Philosophie.

2.1.2 Homo homini lupus

Einer der berühmtesten Sätze von Thomas Hobbes und Kern seiner politischen Philosophie: „Der Mensch (ist für) den Menschen ein Wolf".

Dieser Satz kennzeichnet das Menschenbild von Thomas Hobbes. Im Naturzustand herrscht Krieg aller gegen alle. Der Mensch ist kein *zoon politicon* wie bei Aristoteles, der nach Gesellschaft strebt. Das menschliche Leben ist „einsam, armselig, scheußlich, tierisch und kurz" (In: Der Leviathan, Kap. 13).

Ein friedvolles Leben durch Verträge wäre möglich. Es geschieht aber nicht, da keiner dem anderen traut. Der Mensch ist nicht zwingend bösartig, aber vorsichtig und wenig sozial. Hochmodern ist aber Hobbes darin, dass er von der grundsätzlichen Gleichheit der Menschen ausgeht.

2.1.3 Der Leviathan

Die einzige Möglichkeit für ein friedfertiges Leben ist daher die Staatenbildung und die Einordnung, ja, Unterwerfung, unter einen mächtigen Staat. Für diesen Staat wählt Hobbes den Namen Leviathan, eines Seeungeheuers aus dem Alten Testament.

Durch Gesellschaftsvertrag verzichten die Menschen auf Macht und Freiheit zugunsten eines mächtigen Staatsgebildes.

Gewaltenverteilung ist nicht gut, da der Wille des Leviathan, des Staats, nicht geteilt werden soll. Denn sonst flammt der ursprüngliche Krieg aller gegen alle wieder auf. Widerstand gegen den Leviathan ist nur zulässig, wenn das eigene Leben in Gefahr ist, sonst nicht.

Interessant ist, dass diese Staatsbildung nach Hobbes durch freie Wahl erfolgt, nicht etwa durch Gott. In anderen Rechtfertigungen des Absolutismus ist es oft Gott, der die Macht an von ihm ausgewählte Personen oder Dynastien verleiht (Gottesgnadentum).

2.1.4 Determinismus

Neben dieser Rechtfertigung des Absolutismus vertritt Hobbes auch einen ausgesprochenen Determinismus, also die Meinung, dass es keinen freien Willen gibt und alles determiniert ist. Nach Hobbes sind die Menschen rein materialistisch durch mechanische Bewegungen bestimmt, die wiederum neue Bewegungen auslösen. Hobbes nimmt hier Standpunkte vorweg, wie sie teilweise heute wiederum aufgrund von (vermeintlichen) Resultaten der Hirnforschung vertreten werden. Da diese Frage in der politischen Philosophie und Ethik bedeutsam ist, wird sie im Kapitel über Kant vertieft behandelt (Kap. 4.4.2).

2.1.5 Kritik und Bedeutung

Zunächst ist darauf zu verweisen, dass Thomas Hobbes nicht nur als politischer Philosoph Gewicht hat. Großen Einfluss hatte er auch als Agnostiker, Skeptiker und als einer der Gründerväter des Empirismus. Als Agnostiker ging er davon aus, dass man über die Existenz und das Wesen Gottes keine wissenschaftlichen Aussagen machen könne. Folgerichtig basierte seine politische Philosophie nicht auf Aussagen über Gott, sondern auf der Vorstellung eines Gesellschaftsvertrages. Als Skeptiker lehrte er, den Verstand zu nutzen und gefassten Meinungen zu misstrauen. Und schließlich war er ein früher Vertreter des Empirismus, also der Meinung, dass man nur über die Sinne, über die sinnliche Erfahrung zu Erkenntnissen gelangen könne, nicht durch rein intellektuelle Spekulation. In allen diesen Bereichen war Hobbes hochmodern.

In der politischen Philosophie, also dem Gebiet, für das er hauptsächlich bekannt wurde, ist eine klare Kritik wohl angemessen.

Zunächst besteht ein Widerspruch zwischen der Idee des freien Gesellschaftsvertrages und der Idee des Determinismus.

Dies ist aber eher eine Kritik am Determinismus als am freien Gesellschaftsvertrag. Wichtiger sind die zwei augenscheinlichen Mängel der Vorstellung des *homo homini lupus* und des Leviathan.

Erstens ist das Menschenbild des *homo homini lupus* extrem einseitig und selbst hoch spekulativ. Basierend auf einem derart einseitigen, ja, falschen Menschenbild, kann kaum eine sinnvolle politische Philosophie entstehen. Da das Thema *Menschenbild* in der politischen Philosophie sehr zentral ist, wird in Teil III noch allgemein darauf eingegangen.

Zweitens kann das Postulat des Leviathan, des Absolutismus, sowohl intellektuell als auch empirisch widerlegt werden. Intellektuell deswegen, weil der absolutistische Staat ja auch auf irgendeine Art von Menschen geleitet oder verwaltet wird. Wenn aber die Menschen derart wankelmütig, ängstlich und feige sind, warum sollten dann die im Staat Herrschenden plötzlich zum Wohle aller tätig werden? Empirisch ist der Widerspruch ebenso offensichtlich. Die Geschichte zeigt in allen Jahrhunderten und nicht erst seit Hobbes, dass absolutistische Herrschaftssysteme zu Machtmissbrauch neigen und nur allzu oft in menschenverachtendem Despotismus enden. Dennoch leben auch heute noch Hobbes'sche Gedanken und der Traum vom *starken Staat*, vor allem in rechts- und linksextremen Kreisen.

2.2 John Locke (1632–1704)

2.2.1 Leben und Zeit

John Locke wurde in Wrington, England, geboren. Sein Vater war Anwalt, die Mutter stammte aus einfachen Verhältnissen; beide Eltern waren Puritaner. Dank guter Beziehungen seines Vaters erhielt Locke eine ausgezeichnete Ausbildung in alten Sprachen, Logik und Medizin. Nach der Ausbildung zum Arzt wurde Locke persönlicher Arzt und Vertrauter des Earl of Shaftesbury. Als

Shaftesbury englischer Kanzler wurde, wurde Locke sein Sekretär und kam so ins Zentrum der Politik.

Ähnlich Hobbes lebte auch Locke, jedoch zwei Generationen später, in einem turbulenten Jahrhundert, das durch heftige Auseinandersetzungen zwischen Monarchie, Parlament, anglikanischer Kirche und Katholizismus geprägt war. Unter Oliver Cromwell erlebte er die Zerstörung der alten Ordnung, nach Cromwells Tod die Restaurierung der Monarchie, des *House of Lords* und der anglikanischen Kirche. Infolge der vielen Wirren hatte Locke England zeitweilig verlassen müssen. Er lebte in Frankreich und schließlich im Exil in Holland, bis er 1688 nach England zurückkehren konnte. 1688 ereignete sich die *Glorious Revolution* und damit die Einführung der konstitutionellen Monarchie, also die Übertragung der Macht vom König auf das Parlament. In der Glorious Revolution wurden wesentliche Gedanken Lockes aufgenommen.

Dass Locke in einer ereignisreichen Zeit lebte, zeigt sich auch darin, dass er u. a. befreundet war mit Isaac Newton und dessen *Principia Mathematica Philosophiae Naturalis* studierte.

2.2.2 Grenzen der menschlichen Erkenntnis

Locke war einer der ersten Philosophen, der nach Platon und Aristoteles die Grenzen der menschlichen Erkenntnis fundiert untersuchte. Dabei baute er den Empirismus von Hobbes aus. Seine Lösung: Alle Ideen basieren auf Erfahrung. Es ist nichts im Intellekt, das nicht durch die Sinne geht. Damit lehnte er jede spekulative Metaphysik ab und begründete eine pragmatische Philosophie.

2.2.3 Vorläufer der Aufklärung

Locke gilt als Vorläufer der Aufklärung und einer der Väter des Liberalismus. Kurz zusammengefasst: Der Mensch ist ein fundamental freies Wesen, vor allem sein Geist ist frei. (Damit wandte er sich gegen den Determinismus von Hobbes.) Diese Aussage hatte natürlich ungeheure politische Explosivkraft, sowohl in der Politik als auch in der Ethik.

Politische Schlussfolgerungen sind, dass der Mensch ein natürliches Recht auf Leben, Freiheit, Gesundheit und Eigentum hat. Eigentum ist aber begrenzt auf den persönlichen Gebrauch. Aus der Achtung der Freiheit von jedermann folgt auch die Forderung nach Toleranz. Und damit fordert Locke auch die Trennung von Kirche und Staat.

Ethische Schlussfolgerungen sind, dass das oberste Prinzip der Ethik die *Goldene Regel* ist: „Liebe deinen Nächsten wie dich selbst". Dieses Prinzip folgt aus der Vernunft, es gilt daher unabhängig von der Religion.

Zudem folgerte Locke, dass das Christentum kompatibel sei mit der Vernunft.

2.2.4 Gewaltenteilung

Als einer der ersten Denker formulierte Locke das Prinzip der Gewaltenteilung, allerdings nur der zwei Gewalten: der Legislative, der gesetzgebenden Gewalt, und der Exekutive, der ausführenden Gewalt. Seine Begründung: Begrenzung der Macht Einzelner, also Bekämpfung von Machtmissbrauch. Später fügte Montesquieu die Judikative, die richterliche Gewalt, hinzu.

2.2.5 Bedeutung

Die Bedeutung von John Locke für die Philosophie und besonders für die politische Philosophie ist ganz außerordentlich. Die Kernpunkte seiner liberalen Ideen flossen ein in die Aufklärung und sind heute selbstverständliche Basis jeder toleranten, aufgeklärten und liberalen politischen Philosophie. Gewaltigen

Einfluss hatten Lockes Ideen in den neu von Europäern besiedelten Staaten Nordamerikas, die gerade begannen, sich politisch und verfassungsrechtlich zu konstituieren. Locke prägte damit auch entscheidend die hundert Jahre später entstandene amerikanische Verfassung, die wiederum auf die ganze Welt ausstrahlte. Damit ist Locke wohl einer der einflussreichsten Philosophen der Weltgeschichte.

2.3 Baruch de Spinoza (1632–1677)

2.3.1 Leben und Zeit

Baruch de Spinoza, in Holland geboren und lebend, stammte von sephardischen Juden aus Portugal ab und sprach portugiesisch. Durch seine Philosophie, vor allem seine Ablehnung eines persönlichen Gottes, der die Welt steuert, stieß er auf umfassende Ablehnung, bei Juden wie bei Christen. Er wurde aus der jüdischen Gemeinde in Amsterdam ausgeschlossen. Er lebte ein außerordentlich bescheidenes, ärmliches Leben als Schleifer optischer Linsen. Die Treue zu seinen Überzeugungen war ihm wichtiger als ein angenehmes äußeres Leben.

2.3.2 Metaphysik und Religion

Bei Baruch de Spinoza ist ein kurzer Hinweis zu seiner Metaphysik und Religionsphilosophie notwendig, da vor allem diese Bereiche seinen späteren Ruhm begründeten. Spinoza brach radikal mit der Vorstellung eines persönlichen Gottes, einer Art von Übervater, wie er die monotheistischen Religionen auszeichnet. Spinoza analysierte nach dem Wissen seiner Zeit die monotheistischen Offenbarungsreligionen Judentum, Christentum und Islam. Er studierte insbesondere das Alte und Neue

Testament und kam zum Schluss, dass diese Texte Menschenwerk sein mussten, über Jahrzehnte entstanden und oftmals wieder abgeändert. Spinoza gilt daher auch als Vater der Bibelkritik.

Stattdessen war für ihn Gott in allen Dingen (Pantheismus). Spinoza lehnt sich an Vorstellungen der Antike an, dass es einen Grundstoff geben müsse, der in allem wirke, das eigentlich Seiende im Gegensatz zum Schein. Dieses nannten antike Philosophen Substanz. Aristoteles befasste sich eingehend mit diesem Begriff. Spinoza setzt diese Substanz Gott gleich, der alles durchwaltet und beseelt. Diese Substanz, also Gott, besitzt aber keine menschlichen, personellen Eigenschaften.

Sie besitzt daher auch keine Intelligenz und keinen Willen. Daher gibt es auch keinen göttlichen Heilsplan, dies ist eine Erfindung der Menschen. Diese Sicht beeinflusste auch Spinozas Ethik und politische Philosophie.

2.3.3 Ethik

Nicht blinder Glaube, sondern kritische Vernunft sollen der Maßstab für das menschliche Handeln und die Ethik sein (diese Sicht nennt man heute Rationalismus).

Die Ethik kann daher mit der Vernunft erkannt und logisch hergeleitet werden. Es braucht keine Offenbarung eines persönlichen Gottes. Logisch ergibt sich die Ethik aus der Natur Gottes. Da Gott in allen Menschen und in der Natur ist, folgt daraus, dass der Mensch großen Respekt haben soll gegenüber allen Menschen und gegenüber der Natur. Mehr noch: er strebt eine Harmonie an mit Mensch und Natur. Das Streben nach Harmonie ist gleichzeitig das größte Glück. Und diese Glückseligkeit ist eine Tugend. Der Mensch soll sich dieses Glücks, dieser Lust erfreuen. Aber da Gott in allen Dingen ist, darf er seine Lust nicht über die der anderen Menschen und der Natur stellen. Dazu muss der Mensch auch lernen, seine Affekte zu beherrschen. Mit der Vernunft und der Einsicht in diese Zusammenhänge kann er dies erreichen.

2.3.4 Politik

Spinoza geht von einem recht realistischen Menschenbild aus. Nicht ganz so pessimistisch wie Thomas Hobbes, zeichnet er doch ein Bild, wonach Menschen nicht edle Wesen sind, wie in der Idealvorstellung des Altertums. Spinoza akzeptiert, dass Menschen auch selbstgefällig, eitel, egoistisch und zuweilen bösartig sein können. Anders als Thomas Hobbes folgert er daraus nicht die Notwendigkeit eines absolutistischen Staates, sondern vor allem zweierlei: Ermöglichung ethischen Verhaltens und Trennung von Kirche und Staat.

Zum Ersten: Man muss den Menschen so nehmen, wie er ist, nicht wie er sein sollte. Der Staat muss den Menschen ihr natürliches Recht auf Freiheit belassen (ähnlich John Locke). Die Gesellschaft soll so beschaffen sein, dass allen Menschen die Suche nach Harmonie und Glückseligkeit möglich ist. Einer solchen Gesellschaft muss sich aber dann der Einzelne unterordnen.

Zum Zweiten: Da es keine Offenbarungen eines persönlichen Gottes gibt, soll sich der Staat nicht in solche Fragen einmischen. Spinoza fordert daher die klare Trennung von Kirche und Staat.

2.3.5 Bedeutung

Spinoza war zu seinen Lebzeiten kein berühmter Mann. Politische und kirchliche Kreise bemühten sich, ihn totzuschweigen oder zu verteufeln. Langsam zollte man ihm aber hohe Anerkennung. So bezeichnete sich etwa Johann Wolfgang von Goethe als Spinozisten. Auch Albert Einstein bezeichnete sich explizit als konfessionslos und Spinozist.

Heute scheinen Spinozas Gedanken hochmodern. Vor allem bei Menschen, die religiöse Inhalte suchen, aber mit den kirchlichen Behauptungen Mühe haben, fallen Spinozas Gedanken oft auf fruchtbaren Boden. Dies gilt etwa für Kreise aus Natur- und Umweltschutz.

3
Charles de Montesquieu und die Aufklärung

3.1 Die Aufklärung

Die Aufklärung ist die Hauptströmung der Philosophie des 18. Jahrhunderts. Ihre wichtigste Tendenz ist die Abwendung von religiösen Dogmen und die Hinwendung zu den Bedürfnissen des Menschen (sowohl materiellen als auch nicht-materiellen). Die wichtigsten Forderungen werden zusammengefasst im Slogan der französischen Revolution: Freiheit, Gleichheit, Brüderlichkeit.

Die wohl schönste Definition der Aufklärung stammt von Immanuel Kant, den man den bedeutendsten Aufklärer und den Vollender der Aufklärung nennen kann: „Aufklärung ist die Befreiung des Menschen aus seiner selbstverschuldeten Abhängigkeit". Gemeint ist vor allem die Abhängigkeit von festgefahrenen Dogmen.

Der Kampfruf der Aufklärung, *Freiheit, Gleichheit, Brüderlichkeit*, dürfte bei den meisten Revolutionen eine Basis-Forderung (gewesen) sein. Sieht man von der Brüderlichkeit ab, die ja kaum vom Staat gefordert wird, sondern von den Menschen selbst, und bedenkt man, dass Gleichheit die Gleichheit vor dem Gesetz meint, nicht wirtschaftliche Gleichheit, dann kann man den Slogan abwandeln in die Forderung nach Freiheit und Gerechtigkeit. Es scheint, dass diese beiden Begriffe zu den zutiefst liegenden Forderungen aller menschlichen Gemeinschaften gehören. 250 Jahre nach der Aufklärung ist es sicher richtig, diese beiden Begriffe nicht nur in Politik und Wirtschaft einzufordern, sondern auch die Kontroverse zwischen Freiheit und Gerechtigkeit im wirtschaftlichen Bereich genauer zu analysieren.

3.2 Drei wichtige Vorläufer der Aufklärung

3.2.1 John Locke und Baruch de Spinoza

Beide Philosophen wurden bereits erwähnt. Beide vertraten offenes, vorurteilsloses, auf Fakten basierendes, freiheitliches Denken und religiöse Toleranz. Beide sind mit diesen Werten wichtige Vorläufer der Aufklärung.

3.2.2 Michel de Montaigne (1533–1592)

Michel de Montaigne wurde 100 Jahre vor Locke und Spinoza geboren und über 150 Jahre vor Montesquieu. Er lebte in einer völlig anderen Zeit, im Zeitalter der Reformation und der Religionskriege. Umso erstaunlicher, dass er ähnliche Werte vertrat wie nach ihm Locke, Spinoza und die Aufklärung, nämlich ebenfalls vorurteilsloses, freiheitliches Denken und religiöse Toleranz. Montaigne kann als Beispiel eines beherzten Mannes gelten, der mutig seine Meinung vertrat, lange bevor sie zum philosophischen „Mainstream" wurde.

Eine rein äußerliche Parallele besteht zwischen Montaigne und Montesquieu: Beide lebten in der Nähe von Bordeaux, im Südwesten Frankreichs als Landedelleute und Schlossbesitzer. Es scheint, dass diese Gegend nicht nur hervorragenden Wein hervorbringt, sondern auch zwei der tiefsinnigsten humanistischen Philosophen.

3.3 Charles de Montesquieu (1689–1755)

3.3.1 Leben und Zeit

Charles de Montesquieu wurde 1689 auf Schloss La Bride bei Bordeaux geboren. Er verbrachte die Kindheit auf diesem Landgut und besuchte das Kollegium in Paris, das für kritisches Denken bekannt war. Er erhielt eine breite Ausbildung, u. a. in Latein, Mathematik und Geschichte. Anschließend studierte er Jurisprudenz in Bordeaux und war dann Gerichtsrat in dieser Stadt.

Verheiratet war er mit einer Hugenottin. Er lebte mehrere Monate pro Jahr in Paris, den Rest der Zeit in Bordeaux. Im Alter von knapp 40 Jahren unternahm er eine dreijährige Reise durch Europa, danach lebte er als Baron de Montesquieu auf seinem Schloss in La Bride bei Bordeaux.

3.3.2 Die Gewaltenteilung

Montesquieu zählt zu den wichtigsten Vertretern der französischen Aufklärung (neben Voltaire und Rousseau). Er griff allgemeine Themen der Philosophie auf, speziell eine Theorie des menschlichen Handelns in der Gesellschaft. Hier wird aber nur der Punkt behandelt, der ihn am berühmtesten machen sollte: die Gewaltenteilung.

Montesquieu ging davon aus, dass Menschen die fatale Tendenz haben, Macht zu missbrauchen. Diese Erkenntnis kann auch 300 Jahre später kaum bezweifelt werden. Daher geht es bei der Frage des besten Regierungssystems weniger um die genaue Form (Monarchie, Aristokratie, Demokratie), sondern vielmehr darum, Personen oder Gruppen in ihren Machtansprüchen zu begrenzen. Das führte Montesquieu zu der berühmten These der Dreiteilung politischer Macht:

- Legislative (gesetzgebende Kompetenz)
- Exekutive (Regierungs-Kompetenz)
- Judikative (richterliche Kompetenz)

Inspiriert wurde Montesquieu von seinen Reisen nach England, wo ähnliche Vorstellungen teilweise bereits umgesetzt waren, basierend auf den Schriften von John Locke. John Locke hatte die Idee der Gewaltenteilung bereits etwa 50 Jahre früher, allerdings nur die Trennung von Exekutive und Legislative. Die Dreiteilung, also die zusätzliche Abtrennung der Judikative, ist eine Erkenntnis von Montesquieu.

Eine weitere interessante Inspiration für Montesquieu war die Bienenfabel von de Mandeville, die in Kap. 9 beschrieben wird. Sie half mit zur Erkenntnis, dass es schwierig ist, die Menschen zu ändern. Man sollte daher nach Montesquieu eher die Institutionen, deren Strukturen und Einflüsse ändern, und dies wiederum könnte sich positiv auf die Menschen auswirken.

3.3.3 Auswirkungen

Die Idee der Gewaltenteilung gehört zu den wohl wichtigsten Erkenntnissen der politischen Philosophie überhaupt. Sie vermittelt keine Inhalte, sondern ist struktureller Natur. Gerade dadurch ist sie universell anwendbar und entspricht besonders gut dem Gedanken der Freiheit.

Die Ideen der Gewaltenteilung, ausgehend von Locke und Montesquieu, strahlten bald aus in große Teile der Welt. Am wichtigsten für deren Verbreitung war, dass sie Eingang fanden in die amerikanische Verfassung, nachdem die amerikanischen Kolonien Englands 1776 ihre Unabhängigkeit erklärt hatten.

Heute, nach 200 Jahren Erfahrung, kann man ein Urteil zu den positiven Auswirkungen der Gewaltenteilung fällen. Nimmt man noch die vierte Gewalt, die Medien, hinzu, dann kann man in vereinfachter Form sagen: Wo die Gewaltenteilung verwirklicht ist, da sind die Menschen frei. Wo sie nicht verwirklicht ist, da sind sie nicht frei.

3.3.4 Moderne Erweiterungen

Lockes und Montesquieus Erkenntnis, dass Macht oft missbraucht wird, basierte auf dem Studium der Weltgeschichte. Diese Erkenntnis wurde leider auch in den 250 bis 300 Jahren seit Locke und Montesquieu bestätigt.

Eine wichtige Frage lautet, ob heute, im 21. Jahrhundert, die Macht im Staat sich noch ähnlich zusammensetzt wie vor 250 bis 300 Jahren.

Die Antwort dürfte lauten, dass dies nicht ganz so ist. Am häufigsten genannt als zusätzliche Faktoren der Macht sind die Medien und die Wirtschaft.

Daraus ergeben sich zwei Forderungen:

1. Statt einer 3-Teilung der politischen Macht ist eine 4-Teilung notwendig, neben Legislative, Exekutive und Judikative sollten auch die Medien als bedeutender Machtfaktor anerkannt werden. Die Bekleidung eines politischen oder richterlichen Amtes verträgt sich schlecht mit großem Einfluss im Bereich der Medien.
2. Die Beschränkung der Macht in der Wirtschaft ist vermehrt zu thematisieren. Und zwar geht es nicht nur um die Bekämpfung von Monopolen, sondern ebenso um einen maßvollen Abbau krasser Ungleichheiten bei Vermögen und Einkommen. Diesem Thema sind Teil IV und Teil V dieses Buches gewidmet.

3.4 Voltaire und Jean-Jacques Rousseau

3.4.1 Voltaire (1694–1778)

Voltaire (eigentlich François-Marie Arouet) ist sicher der bekannteste der französischen Aufklärer. Seine Stärke war weniger die Entwicklung neuer philosophischer Gedanken, als vielmehr seine Fähigkeit, die Ideen der Aufklärung brillant und mit viel Witz und Leidenschaft zu formulieren. So wurde er zum eigentlichen Sprachrohr der Aufklärung für ganz Europa.

3.4.2 Jean-Jacques Rousseau (1712–1778)

Der Dritte der *großen Drei* der französischen Aufklärung (neben Montesquieu und Voltaire) ist der in Genf geborene Jean-Jacques Rousseau.

Erwähnenswert im Zusammenhang mit dem Thema dieses Buches sind vor allem Rousseaus Vorstellungen von Mensch und Gesellschaft. Die Menschen sind nach Beobachtungen Rousseaus „böse und fügen sich alle vorstellbaren Übel"[1] zu. Dies sind sie aber nicht von Natur aus. Im Naturzustand sind sie zwar von Selbstliebe geprägt. Diese richtet sich aber nicht gegen andere. Erst durch die Zivilisation entwickeln sie ihre bösartigen Eigenschaften.

Der Einfluss Rousseaus zur Zeit der Aufklärung war immens. Er galt als einer der wichtigsten Wegbereiter der französischen Revolution. Heute zitiert man ihn kaum mehr in Zusammenhang mit der Politik, sondern eher bei Forderungen nach natürlicher Erziehung oder zivilisationskritischer Zuwendung zur Natur.

---

[1] Abhandlung über den Ursprung und die Grundlagen der Ungleichheit unter den Menschen (Reclam 1998, S. 115 ff., Anmerkung IX).

3.5 David Hume (1711–1776)

David Hume war schottischer Historiker und Philosoph. Er gilt als der größte Vertreter der Aufklärung Großbritanniens (wenn man vom Vordenker John Locke absieht).

Für Hume stehen der Mensch und seine Erfahrung im Mittelpunkt, und Erfahrung bedeutet Sinneswahrnehmung. Es gibt keine Erkenntnis außerhalb der Sinneswahrnehmungen. Mit diesem Satz wird Hume zu einem der Begründer des Empirismus.

Hume lehnt metaphysische Spekulationen ab, was ihn auch kritisch werden lässt gegenüber vielen Behauptungen der Religionen.

Nach Jahrhunderten von Religionskriegen und unbewiesenen Behauptungen – zur Zeit Humes und der anderen Aufklärer gab es noch Hexenverbrennungen in Europa – ist Hume von großartiger Nüchternheit und menschlicher Wärme.

Hume ist auch bekannt als Freund von Adam Smith. Sein Empirismus diente auch als Vorlage für Immanuel Kant, auf der dieser seine großartige Erkenntnistheorie aufbaute.

4
Immanuel Kant (1724–1804)

4.1 Leben und Zeit

Kant wurde 1724 in Königsberg, Preußen, geboren. Er war das vierte von neun Kindern eines Sattlermeisters. Seiner Mutter verdankte er die Berührung mit dem Pietismus, einer religiösen Bewegung, die gegenüber bloßem Buchstabenglauben echte, gefühlsbetonte Frömmigkeit forderte. Er blieb sein ganzes Leben in Königsberg (heute Kaliningrad, Russland), zunächst als Privatlehrer mit breitem Spektrum. Er unterrichtete Mathematik, Physik, Geografie, Anthropologie, Pädagogik, Naturrecht und Festungsbau. Im Alter von 46 Jahren erhielt er eine Professur für Logik und Metaphysik, die er bis an sein Lebensende innehatte.

Er war ein beliebter und anregender Lehrer. Äußerlich war Kants Leben ereignisarm, was wohl auch damit zusammenhing, dass er von schwacher Gesundheit war – schwächlich, klein von Gestalt und kränklich. Durch einen sehr regelmäßigen Tagesablauf gelang es ihm dennoch, das Alter von 80 Jahren zu erreichen. Sein äußeres Leben war so regelmäßig, dass die Nachbarn nach der Zeit seiner Spaziergänge die Uhr richten konnten. Um fünf Uhr aufstehen, sieben bis neun Uhr Vorlesungen, neun bis 13 Uhr wissenschaftliche Arbeit, anschließend folgte das Mittagessen, zu dem Kant fast immer Gäste einlud, wobei er Männer aus dem praktischen Leben gegenüber Gelehrten bevorzugte.

4.2 Erkenntnistheorie

Die Erkenntnistheorie befasst sich mit Fragen wie den beiden folgenden: Wie ist eine Erkenntnis überhaupt möglich? Und welches sind die Grenzen menschlicher Erkenntnis?

Nach eigenem Bekunden interessierte sich Kant ursprünglich mehr noch für Fragen der Moral, der Sittlichkeit, des Zusammenlebens zwischen Menschen. Er wollte diese Fragen aber ganz bewusst erst angehen, nachdem er vorher die Frage nach den Ursachen und Grenzen menschlicher Erkenntnis geklärt hatte.

Kant behandelte dieses Thema im ersten seiner Monumentalwerke – den drei *Kritiken* – nämlich in der *Kritik der reinen Vernunft*. Die anderen beiden Kritiken tragen die Titel *Kritik der praktischen Vernunft* und *Kritik der Urteilskraft*.

Da die Erkenntnistheorie nicht im Zentrum dieses Buches über Freiheit und Gerechtigkeit steht, soll sie hier nur äußerst kurz dargelegt werden. Kants Erkenntnistheorie ganz wegzulassen, ist aber kaum möglich, da sie einerseits fundamental ist für die ganze Philosophie nach Kant, und andererseits auch die Basis liefert für Kants Aussagen über Freiheit und Moral. Und dies gehört zentral zu den Themen dieses Buches.

Bei der Frage „Wie ist Erkenntnis überhaupt möglich?" setzte auch Kant beim Empirismus an. Speziell studierte er David Hume und dessen These, dass nicht im Geist sein kann, was nicht vorher durch die Sinne geht. Kant geht über diese Position des Empirismus hinaus, in dem er erkennt, dass im Geiste des Menschen nicht nur Dinge sind, die zuerst durch die Sinne erfahren wurden (a posteriori: nach der Erfahrung), sondern auch Dinge vor der Erfahrung (a priori). Zu den Dingen, die der Mensch auch ohne spezielle Erfahrung weiß, gehören vor allem

Raum und Zeit und, darauf aufbauend, die Mathematik. Raum und Zeit deswegen, weil man nichts durch die Sinne aufnimmt, ohne vorheriges Wissen, dass diese Dinge in Raum und Zeit bestehen. Und ähnlich der Mathematik ist auch die Bildung von Kategorien in unserem Intellekt vor der Erfahrung angelegt, denn Kategorien erfahren wir nicht.

Die genaue Analyse der Unterschiede der a priori- und a posteriori-Erkenntnis bildet die Grundlage der Erkenntnistheorie Kants und der meisten erkenntnistheoretischen Ansätze bis heute.

Die Schlussfolgerungen aus Kants Erkenntnistheorie sind tiefschürfend. Es seien hier zwei der wichtigsten Beispiele genannt, die auch Kant selbst sehr genau analysiert hat:

- Die Existenz Gottes
- Die Willensfreiheit

Das erste Thema gehört zur Metaphysik und sei hier nur kurz erwähnt. Das zweite Thema ist dagegen von enormer praktischer Bedeutung, auch im Zusammenhang mit dem Thema dieses Buches, und wird daher etwas ausführlicher – aber immer noch knapp – behandelt.

4.3 Existenz Gottes

Kant analysierte diese Frage außerordentlich gründlich. Er verwendete dabei die herausgearbeiteten Begriffe der a priori- und a posteriori-Erkenntnisse und analysierte auch die seit dem Mittelalter bis hin zu seiner Zeit entworfenen Gottesbeweise. Er kam zum Schluss, dass die Existenz Gottes nicht bewiesen werden kann, aber ebenso wenig seine Nicht-Existenz.

Hauptargument ist – in kürzester Form – dass der menschliche Verstand nicht in der Lage ist, solche Aussagen zu machen, da sie nicht aus der Erfahrung stammen können (a posteriori), aber ebenso wenig ursprünglich und notwendigerweise im menschlichen Verstand angelegt sind (a priori, vor der Erfahrung).

Man kann demnach die Existenz Gottes oder auch seine Nicht-Existenz glauben oder postulieren, aber nicht beweisen. Kant selbst postulierte die Existenz Gottes, und zwar aus sittlichen, moralischen Gründen, als Entsprechung zu dem von ihm erkannten sittlichen Gesetz, dem kategorischen Imperativ (vgl. Kap. 4.5). Allerdings wies Kant diesem Gott keine spezifischen Eigenschaften zu wie z. B. Männlichkeit oder Güte.

4.4 Willensfreiheit oder Determinismus

4.4.1 Die Willensfreiheit bei Kant

Die Frage ist viel älter als Kant. Ist der Mensch in seinem Willen grundsätzlich frei, oder ist er völlig determiniert, beispielsweise durch Reaktionen im Gehirn, die er gar nicht beeinflussen kann?

Thomas Hobbes etwa hat klar Stellung bezogen. Er sah die Welt wie ein mechanisches Uhrwerk. Der Mensch hat darin keinen freien Willen, sondern wird völlig determiniert von materiellen Reaktionen im Gehirn. Ähnlich dachte auch Baruch Spinoza, was ihn aber in Widerspruch brachte zu seiner teilweise auch freiheitlichen Sicht des Menschen.

Kant geht hier ähnlich – aber nicht genau gleich – vor wie bei der Frage nach der Existenz Gottes. Die Willensfreiheit wie auch ihr Gegenteil, die Determiniertheit, ist grundsätzlich durch den menschlichen Verstand nicht beweisbar. Der Mensch kann also auch hier das eine oder andere postulieren. Für Kant ist nun aber klar – stärker noch als bei der Existenz Gottes – dass nur die Bejahung der Willensfreiheit sinnvoll ist. Dies folgt aus der praktischen Vernunft, dem Sittengesetz (Kap. 4.5). Dieses Gesetz ist so grundlegend, dass selbst Gott es nicht ändern könnte.

Wäre die Willensfreiheit nicht gegeben, dann würde das Sittengesetz in sich zusammenbrechen, es würde sinnlos.

4.4.2 Willensfreiheit oder Determinismus: heutige Diskussion

Ist der Mensch in seinem Willen wesentlich frei, oder ist sein Wille bestimmt durch Kräfte, die er nicht beeinflussen kann, so dass sein Wille determiniert, nicht frei ist?

Diese Frage ist auch heute noch aktuell. Sie hat an Aktualität sogar wieder gewonnen, seit in der Neurobiologie und Neuromedizin das menschliche Gehirn Gegenstand wissenschaftlicher Forschung geworden ist.

Nach heutigem Wissen entspricht allen menschlichen Regungen eine Aktivität im Gehirn. Und diese Hirntätigkeit wird durch mechanische, chemische und hormonelle Einflüsse gesteuert. Gibt es noch Platz für einen freien Willen?

Einige Neurowissenschaftler und auch Philosophen vertreten die Auffassung, der Mensch sei vollkommen durch Prozesse im Gehirn gesteuert, er habe keinen freien Willen.

Gegen diesen Determinismus erhebt sich Widerstand. Auf der einen Seite von Philosophen und Juristen, im deutschen Sprachraum zum Beispiel von Jürgen Habermas. Es gibt aber durchaus auch Neurowissenschaftler und andere Naturwissenschaftler, welche den Determinismus ablehnen. Die Diskussion ist auf einem sehr hohen naturwissenschaftlichen Niveau, werden doch nicht nur die neuesten Erkenntnisse der Neurowissenschaften, sondern beispielsweise auch jene der Quantenphysik herangezogen als Argument für die Möglichkeit von Spontaneität und damit einen freien Willen.

Die Diskussion kann hier nur in kürzester Form gestreift werden. Es scheint aber, dass man wieder bei der These von Kant angelangt ist. Weder der Determinismus noch der freie Wille sind wissenschaftlich beweisbar. Es ist immer möglich (auch in Zukunft), dass es Dinge gibt, die wir nicht messen können.

Dann aber sagt uns die praktische Vernunft, dass wir die Willensfreiheit postulieren müssen. Zu absurd sind die Schlussfolgerungen, wenn wir den Determinismus postulieren. Mit der Ablehnung der Willensfreiheit gibt es keine Verantwortung mehr, das Strafrecht und vieles mehr wird aus den Angeln gehoben, das ganze Leben wird maschinell und verliert einen Großteil seines Sinnes. Daher ist die Annahme, dass der Mensch ein wesentlich freies Wesen ist, ein Gebot der praktischen Vernunft.

4.5 Der kategorische Imperativ

Hier kommen wir zum zentralen Anliegen, zur Herzensangelegenheit von Kant: zur Frage nach der Ethik.

Wie bereits erwähnt wollte Kant dieses Thema nicht angehen, bevor er sich klar wurde, was der Mensch überhaupt erkennen könne. Daher zunächst seine Beschäftigung mit der Erkenntnistheorie, mit der reinen Vernunft. Nun kommen wir zur praktischen Vernunft. Die Frage für Kant lautet: kann man aus der Vernunft ein allgemeingültiges moralisches Gesetz herleiten?

Kant unternimmt dies, indem er von der Willensfreiheit des Menschen ausgeht. Der Mensch ist grundsätzlich frei in seinem Willen.

Wie kann ich in meinem Willen und meinen Handlungen frei sein, und gleichzeitig durch ein Gesetz begrenzt? Kants Antwort: Indem ich so handle, dass ich wollen kann, dass meine Handlung ein allgemeines Gesetz sein kann. In den Worten Kants: „Handle so, dass die Maxime deines Willens jederzeit zugleich als Prinzip einer allgemeinen Gesetzgebung gelten könne" (Kritik der praktischen Vernunft). Dieses Sittengesetz nennt Kant den kategorischen Imperativ.

Kategorisch, weil das Gesetz ohne Einschränkungen gültig ist. Das Gesetz gilt für jedermann, da es auf die Vernunft gegründet ist. Es ist unabhängig von Kultur oder Religion allgemein gültig.

Als Imperativ bezeichnet Kant das Sittengesetz, weil es ein Sollen impliziert. Die Menschen sollen so handeln. Moralisches Verhalten ist die Erfüllung dieser Pflicht. Was als Sittlichkeit letztlich zählt, ist der gute Wille, diese Pflicht zu erfüllen. So sagt Kant: „Nichts kann gut genannt werden, als allein ein guter Wille." Es geht also bei jedem Tun um das Motiv.

Mit dem kategorischen Imperativ löst Kant auch das Problem, dass der Mensch zwar grundsätzlich frei ist, diese Freiheit aber begrenzt sein muss durch die Freiheit der anderen. Er gibt eine Handlungsanweisung, die diese Begrenzung automatisch beinhaltet. Freiheit, die Basis der Moral, heißt nicht Schrankenlosigkeit, sondern Gehorsam gegenüber dem selbstgegebenen Sittengesetz, das jeder in seinem eigenen Gewissen erkennt.

Daraus folgt natürlich auch, dass man sich nicht von Trieben und Bedürfnissen leiten lassen soll. Kant geht noch weiter, indem er auch persönliche Neigungen zwar durchaus wertschätzt, aber nicht als „moralische" Gefühle anerkennt.

Berühmt wurde die Kritik Friedrich Schillers (1759–1805), der zwar Kant sehr schätzte, ihm aber die Nicht-Beachtung edler Gefühle und Neigungen vorwarf: „Gerne diente ich den Freunden, doch tue ich es leider aus Neigung, und so wurmt es mich oft, dass ich nicht tugendhaft bin."

Kant erkennt durchaus den Wert von Neigungen, Sympathie, Hilfsbereitschaft. Solche Gefühle sind aber nach Kant wechselhaft und können nicht die Basis eines allgemeinen Sittengesetzes sein. Wir erkennen die Gefahr wechselhafter Gefühle, wenn etwa jemand nur seinen Freunden hilft, allen anderen gegenüber aber eiskalt ist.

Von Kant selbst stammt eine sehr wichtige und einprägsame Konsequenz des kategorischen Imperativs: „Behandle niemals einen Menschen als Mittel zum Zweck, sondern immer nur als Selbstzweck."

Nach Kant ist der kategorische Imperativ etwas, was im Grunde jeder Mensch intuitiv erkennt. Es braucht dazu keine Philosophie. Der kategorische Imperativ ist eine intuitive Grundregel der Moral. Damit drängt sich natürlich der Vergleich auf zu einer anderen intuitiven Grundregel der Moral, zur sogenannten *goldenen Regel*.

4.6 Der kategorische Imperativ und die goldene Regel

Als goldene Regel bezeichnet man eine der ältesten Weisheiten der Menschheit: „Liebe deinen Nächsten wie dich selbst." Berühmt ist sie vor allem als christliches Gebot der Nächstenliebe, da Christus selbst sie als wichtigste Regel bezeichnet hat (zusammen mit der Liebe zu Gott). Oft begegnet man ihr auch in der Form: „Was du nicht willst, das man dir tu, das füg auch keinem anderen zu."

Das Gebot ist aber älter. Es wurde viel früher, unter anderem von chinesischen Philosophen formuliert, u. a. von Konfuzius. Es ist ebenfalls zu finden in den Schriftrollen von Kumrom in der Nähe des Toten Meeres, die aus der Zeit von ca. 100 v. Chr. stammen.

Wie der kategorische Imperativ ist auch die goldene Regel eine strukturelle Regel, keine inhaltliche. Das heißt, diese Regel gibt nicht einen Inhalt an, was zu tun oder zu lassen sei, wie etwa die zehn Gebote des Alten Testamentes, beispielsweise „Du sollst nicht töten". Eine strukturelle Regel gibt ein Verfahren an, nach dem jedermann beurteilen kann, ob eine Handlung sittlich in Ordnung ist oder nicht. Diese beiden strukturellen Regeln haben nicht nur den Vorteil der Einfachheit, sie sind auch ungeheuer kraftvoll und einleuchtend. Und sie sind unabhängig von Kultur und Religion. Kant betont denn auch, der kategorische Imperativ sei in allen Menschen ohne jede Kenntnis der Philosophie. Der kategorische Imperativ und die goldene Regel sind sich sehr ähnlich. Der Unterschied liegt darin, dass die goldene Regel, trotz ihrer Logik, an das Gefühl appelliert. Man muss mit sich selbst vergleichen, ob man etwas mag oder nicht mag. Und mehr noch: man soll den Nächsten lieben, nicht ihn bloß respektieren. (Dies ist vielleicht etwas zu viel verlangt. Vermutlich würde „Respekt" oder „Gleichbehandlung" genügen).

Der kategorische Imperativ ist dagegen eine Verstandesgeburt, die allerdings dem Gefühl nicht widerspricht. Sie hat den Vorteil, dass sie nicht von Empfindungen und Gefühlen abhängig ist. Und genau das wollte Kant.

Gegen die goldene Regel kann man einwenden, dass sie von Gefühlen abhängig und damit nicht immer klar ist. Was ist, wenn ein Selbstmörder oder z. B. ein Masochist sie anwendet? Darf der Masochist andere quälen, da er es ja selbst gerne hat, wenn er gequält wird? Selbstverständlich ist das nicht so gemeint. Es ist klar, dass weder Christus noch frühere Denker, die diese Regel gefunden haben, solche Interpretationen zulassen würden.

Der kategorische Imperativ vermeidet diese Unklarheiten, obwohl natürlich auch nicht immer klar ist, was man als allgemeines Gesetz aufstellen möchte. Rein intellektuell ist der kategorische Imperativ der goldenen Regel wohl überlegen, dafür aber gefühlsmäßig weniger nah beim Herzen und weniger einprägsam.

Letzten Endes wollen beide Regeln etwa das Gleiche. Ihre tiefgründige Übereinstimmung ist sehr viel größer, als ihre unterschiedliche Formulierung vermuten lässt.

Und beide sind, als strukturelle Regeln, überall und von jedermann anwendbar, unabhängig vom Bildungsstand oder von Kultur und Religion.

4.7 Kritische Würdigung

Kant ist sicher einer der bedeutendsten Philosophen der Weltgeschichte. Er hat die Welt in ungeheurem Ausmaß bereichert. Dies gilt für die schwierigsten metaphysischen Fragen wie beispielsweise diejenigen nach den Grenzen der Erkenntnis, der Existenz Gottes oder dem Wesen der Freiheit. Es gilt aber genauso für Fragen der Ethik. Mit dem kategorischen Imperativ hat Kant ein äußerst prägnantes Prinzip formuliert, welches die Basis aller Ethik bilden kann.

Kants Einfluss auf die Nachwelt ist denn auch kaum zu überbieten. Auch heute noch ist eine Philosophie ohne wesentliche – wenn auch oft implizite – Berücksichtigung der Erkenntnisse von Kant kaum denkbar.

Dies gilt auch für das Anliegen dieses Buches, welches die Frage nach dem Zusammenwirken von Freiheit und Gerechtigkeit aufwirft. In kürzester Form zusammengefasst und auf das Thema dieses Buches fokussiert, können wir von Kant etwa Folgendes übernehmen: Die Basis jeder gesellschaftlichen Ordnung ist die Freiheit des Menschen. Aber diese Freiheit ist untrennbar verbunden mit einem hohen Maß an Verantwortung. Jede politische und wirtschaftliche Ordnung muss von jedermann diese Verantwortung einfordern. Und als Regel für das Verhalten jedes Einzelnen gilt der kategorische Imperativ.

5
Der Utilitarismus

5.1 Jeremy Bentham (1748–1832)

5.1.1 Leben und Zeit

Jeremy Bentham wurde 1748 in der Nähe von London geboren. Seine Eltern waren wohlhabend. Der Vater war Anwalt. Jeremy Bentham galt als Wunderkind. Mit drei Jahren begann er mit dem Lateinstudium. Als kleines Kind fand man ihn an Vaters Schreibtisch bei der Lektüre eines mehrbändigen Werkes über die Geschichte Englands. Mit zwölf wurde er an das Queens College Oxford gesandt zum Studium der Rechte. Dies gab er jedoch bald auf. Er beschloss, statt Recht zu praktizieren, darüber zu schreiben. Nach dem Tode seines Vaters 1792 wurde er finanziell unabhängig und verbrachte die weiteren 40 Jahre seines Lebens als Privatgelehrter in Westminster. Er produzierte zehn bis 20 Seiten Manuskript pro Tag bis ins hohe Alter. Er starb als berühmter Mann.

5.1.2 Der Utilitarismus von J. Bentham

Jeremy Bentham war ein umtriebiger Geist mit breiten Interessen. In vielem war er seiner Zeit weit voraus. So war er nicht nur ein radikaler Kritiker vieler Gesetze und Institutionen. Er machte auch viele konstruktive Vorschläge, beispielsweise zu einer Gefängnisreform, zur Armenfürsorge oder zum internationalen Recht. Er befürwortete die Gleichberechtigung der Frauen und die Legalisierung der Homosexualität.

Seine größte und nachhaltigste Leistung ist die von ihm entwickelte Lehre des Utilitarismus (zu Deutsch etwa Nützlichkeits- oder Nutzenprinzip). Noch zu seinen Lebzeiten begann der Utilitarismus seinen Siegeszug durch die Welt und machte ihren Schöpfer berühmt.

Eine Kurzform für das Prinzip des Utilitarismus ist etwa: „Ziel ist es, das größte Glück für die größte Zahl der Menschen zu erreichen." Dies ist sowohl das Ziel des Staates als auch das Ziel für jeden Einzelnen. Die Maxime für das Handeln des Einzelnen und des Staates lautet demnach: „Diejenige Handlung bzw. diejenige gesetzliche Norm ist in sittlichem Sinne gut, deren Folgen für das Wohlergehen aller von der Handlung oder Norm Betroffenen optimal ist." Als Handlungsmaxime für den Einzelnen, noch etwas einfacher ausgedrückt: „Handle so, dass das größtmögliche Maß an Glück entsteht. Dabei ist das Maß des Glücks die Summe aller ‚Glücks' der einzelnen Individuen." Ohne weitere Differenzierung kann man diese Form des Utilitarismus auch etwa *einfachen Utilitarismus* nennen.

5.1.3 Auswirkungen des Utilitarismus von J. Bentham

Der Utilitarismus ist von großartiger, revolutionärer Einfachheit. Revolutionär deswegen, weil er einen ungeheuren Befreiungsschlag darstellt. In einer Welt voller Klassengegensätze, verbreiteter Armut, religiöser Moral und einer Vielzahl von Restriktionen aller Art kommt jemand und setzt sich über all das hinweg und postuliert das größtmögliche Glück für die größtmögliche Anzahl Menschen. Glück statt Frömmigkeit, und Glück für alle, nicht nur für einige wenige! Dies ist nicht nur völlig neu, sondern es löst auch mit einem Schlag die wichtigen

Fragen, was der Staat tun soll und wie der Einzelne handeln soll. Der Utilitarismus eroberte denn auch rasch die wirtschaftlich am meisten entwickelten Länder der Welt. Bis heute bildet er eine wichtige Grundlage des Denkens und Handelns in weiten Teilen der Welt, wenn auch in etwas modifizierter Form. So steht beispielsweise noch heute in der Verfassung der USA, es sei das Recht jedes Einzelnen, nach Glück zu streben. Zu alldem kommt, dass der Utilitarismus auch andere Bereiche entscheidend beeinflusst hat. So gehören der Begriff des Nutzens und das Prinzip der Nutzenmaximierung zu den wichtigsten Grundlagen der gesamten Wirtschaftswissenschaft. Und kaum ein Philosoph, der sich mit politischer Philosophie befasst, kommt seit Jeremy Bentham daran vorbei, sich mit dem Utilitarismus auseinanderzusetzen (vgl. z. B. John Rawls, Kap. 7).

5.2 John Stuart Mill (1806–1874)

5.2.1 Leben und Zeit

John Stuart Mill wurde als erstes von neun Kindern von James Mill und Harriet Burrow geboren. Sein Vater war radikaler Utilitarist, und begründete zusammen mit Jeremy Bentham den sogenannten philosophischen Radikalismus, der weitreichende Reformen der Gesellschaft unter ausschließlich rationalen und empirischen Aspekten anstrebte.

J. St. Mill war, ähnlich wie Jeremy Bentham, schon im frühesten Kindesalter hochbegabt. Sein Vater sah in der Erziehung seines Sohnes die Möglichkeit, seine Ansichten zur Erziehung zu beweisen (dass mit der richtigen Erziehung nämlich fast alles machbar sei). Mit drei Jahren begann für Stuart Mill der Griechischunterricht, mit sieben beherrschte er Latein auf höchstem Niveau. Später, immer noch als Kind, folgten das Studium der Arithmetik, der gesamten, bekannten griechischen

Philosophie, und mit dreizehn studierte er Ökonomie, speziell Adam Smith und David Ricardo.

Mit 24 Jahren verliebte er sich in die verheiratete, zwei Jahre jüngere Harriet Taylor. Die beiden führten eine platonische Liebe und heirateten 20 Jahre später, nach dem Tode von Harriets Mann John Taylor. Harriet Taylor war eine Linksintellektuelle und setzte sich u. a. für Frauenrechte ein. Nach eigener Aussage von J. St. Mill beeinflusste ihn seine Frau stark.

Beruflich machte J. St. Mill Karriere bei der Ostindischen Gesellschaft. Bereits mit 52 Jahren zog er sich mit einer großzügigen Pension ins Privatleben zurück, um sich seinen Studien zu widmen. Kurz darauf starb seine Frau während eines Aufenthaltes in Frankreich. Sie wurde in Avignon beigesetzt. Sieben Jahre später wurde J. St. Mill Abgeordneter der liberalen Partei im englischen Parlament. Nach drei weiteren Jahren wurde er abgewählt, weil er sich weigerte, seinen Wahlkampf zu finanzieren und weil er mit seinen Sozialreformen wohl zu fortschrittlich war.

5.2.2 Der qualitative Utilitarismus von J. St. Mill

Wie schon sein Vater, der ein Mitkämpfer von Jeremy Bentham war, beschäftigte sich auch John Stuart Mill intensiv mit dem Utilitarismus. Dieser war schon kurz nach seiner „Entdeckung" durch Jeremy Bentham bei vielen in Verruf geraten, weil er das Streben nach Glück und nach Lust ins Zentrum stellte. Für edlere Ziele und einen höheren Zweck des Lebens blieb dabei kaum Raum.

Mill rettete den Gedanken des Utilitarismus, indem er das Glück viel mehr in qualitativem Sinne verstand, also zum Beispiel gerade auch in der Pflege von Kunst, der Auseinandersetzung mit der Welt des Denkens oder der sozialen Tätigkeit. Damit ging zwar die von Bentham vorgesehene Rechnung mit dem Glück der Einzelnen und deren Addition zu einem Gesamtglück verloren, nicht aber der Grundgedanke, dass das Streben nach (qualitativem) Glück zur menschlichen Natur gehört und sittlich einwandfrei ist, und nicht durch Religion schlechtgemacht werden sollte. Als Abgrenzung zum quantitativen Utilitarismus betont J. St. Mill: „Lieber ein unglücklicher Mensch sein als ein glückliches Schwein."

5.2.3 Der soziale Liberalismus von J. St. Mill

Mill war ein radikaler Liberaler. Freiheit schien ihm das höchste Gut. Seine ökonomischen Überzeugungen basieren auf Adam Smith und David Ricardo (vgl. Kap. 9) und er gilt als einer der großen klassischen Ökonomen.

Während A. Smith und D. Ricardo das Wesen des freien Marktes studierten und den freien Markt als effizientes und vernünftiges Wirtschaftssystem erkannten, ging Mill noch einen Schritt weiter. Als Liberaler war Mill ebenfalls überzeugt vom Prinzip der Konkurrenz im freien Markt. Er beobachtete aber auch, dass unbeschränkte Konkurrenz zu Katastrophen führen konnte, wie etwa bei der Hungerkatastrophe 1846 in Irland, welche bei freiem Landwirtschaftsmarkt entstanden war. Reiche Grundbesitzer verkauften ihr Getreide lieber in die finanzstärkeren USA als im Heimatland. Zudem zerstörten sie Anbauflächen für Getreide zugunsten einer erweiterten Schafszucht. Schafe, die Geld einbrachten, waren ihnen wichtiger als Menschen.

Aufgrund solcher Erfahrungen unterschied Mill zwischen Produktion und Verteilung. Bei der Produktion herrschten Marktgesetze ähnlich den Naturgesetzen, bei der Verteilung von Einkommen und Vermögen jedoch bedurfte es bewusster Gestaltung, die allerdings ebenfalls begrenzt war und den Gegensatz der Freiheit nicht völlig vernachlässigen durfte.

Mill hat damit wohl als Erster diese Kombination grundsätzlicher wirtschaftlicher Freiheit und starker sozialer Elemente analysiert und vertreten. Auch die großen Klassiker der Wirtschaftslehre vor ihm, Adam Smith und David Ricardo, hätten wohl diese Sicht unterstützt, aber Mill war der Erste, der diese ins Zentrum rückte.

5.2.4 Wirkung von J. St. Mill

Die Wirkung von J. St. Mill war und ist ungeheuer groß. In der zweiten Hälfte des 19. Jahrhunderts und teilweise bis heute galt und gilt er vielen als einer der größten Philosophen und Ökonomen des 19. Jahrhunderts.

Dies verdankt er wohl wesentlich seiner Gabe, die Dinge im richtigen Maß zu verbinden, wie etwa Freiheit und Gerechtigkeit, das Hauptthema dieses Buches. Damit vertritt er auch eine zutiefst humane Sicht, weshalb er auch mutig gegen alle Ungerechtigkeiten ankämpfte, so etwa als Vorkämpfer für die Gleichberechtigung der Frau.

Aus heutiger Sicht wirkt J. St. Mill auch außerordentlich modern. Kaum etwas in seinen Schriften wirkt veraltet. Fast alle seine wichtigsten Postulate können auch heute noch als Grundprinzipien der Politik gelten, wie etwa die folgenden Aussagen zeigen:

- Die einzige Grenze der Freiheit ist die Freiheit der anderen.
- Hauptaufgabe der Regierung ist die Förderung des Glücks jedes Einzelnen.
- Der Staat soll Meinungsfreiheit garantieren.
- Auch in der Demokratie muss es einen Minderheitenschutz geben, damit nicht die Mehrheit die Minderheit unterdrücken kann.
- Ziel des Menschseins ist es, nicht nur nach dem eigenen Glück streben, sondern nach dem Glück aller.

6
Georg Wilhelm Friedrich Hegel (1770–1831)

6.1 Leben und Zeit

G.W.F. Hegel wurde 1770 in Stuttgart geboren und wuchs in einem pietistischen Elternhaus auf. Ab 1788 studierte er an der evangelischen Universität Tübingen Philosophie und Theologie. Mit 20 Jahren erhielt er den Grad eines Magisters der Philosophie, mit 23 Jahren das theologische Lizenziat. In seiner Studienzeit war er feuriger Fürsprecher von Gleichheit und Freiheit, Anhänger der aufklärerischen und revolutionären Ideen aus Frankreich und Sympathisant der französischen Revolution. Diese Ideen diskutierte er eifrig mit seinen zeitweiligen Zimmergenossen Hölderlin und Schelling. Mit 23 Jahren wurde er Hauslehrer bei der Familie von Steiger in Bern, wo er auch Zeit fand, in deren Bibliothek Werke der politischen Philosophie zu studieren, vor allem Hobbes, Locke, Spinoza, Leibniz, Montesquieu, Hume, Rousseau und Voltaire.

Nach seiner Zeit in Bern wurde Hegel Hauslehrer in Frankfurt. Mit 29 Jahren erbte er nach dem Tode seines Vaters ein bescheidenes Vermögen, was ihm erlaubte, das Ziel einer Professur anzustreben. Kurz darauf zog er nach Jena, wo er seine Dissertation über ein Thema der Himmelsmechanik fertigstellte. Typisch für seine idealistische Denkweise: Aufgrund einer Umformung der platonischen Zahlenreihe postulierte er, dass es einen Planeten zwischen Mars und Jupiter geben müsse (den es aber nicht gibt). Nach Stationen in Bamberg, Nürnberg und Heidelberg wurde Hegel 1818 Professor in Berlin. Dort stieg er zu hohen Ehren auf. Er starb 1831 als berühmter Mann.

6.2 Der Idealismus

Hegel wurde vor allem berühmt als wichtigster Vertreter des deutschen Idealismus. Auf knappste Form gebracht, sagt der Idealismus: „Das einzige Wahre und Wirkliche ist die Idee." Aus der Idee leitet sich die Wirklichkeit ab.

Da sich im Idealismus die Wirklichkeit aus der Idee ableitet, ist das Wirkliche auch das Wahre. Und das Wahre ist bei Gott (viele Idealisten waren Theologen, wie Hegel). In einfachster Form ergibt sich damit, dass das Wirkliche auch das Wahre, Gute und Schöne ist.

Diese Ideen trafen den Nerv der Zeit um das Jahr 1800. Die Menschen waren extrem verunsichert. Erscheinungen wie Elektrizität oder Magnetismus waren durch die Naturwissenschaften noch nicht erklärt. Und politisch boten weder der vergangene Absolutismus, noch die Schrecken der französischen Revolution, noch Aufstieg und Fall Napoleons Anlass für Zuversicht. Die Philosophie des Idealismus fiel daher auf fruchtbaren Boden, speziell auch, weil sie bei Hegel mit einer optimistischen Entwicklung verbunden wurde, fast schon einer Heilslehre.

Aus der Hegel'schen Philosophie seien hier nur diejenigen zwei Aspekte herausgegriffen, die mit den Themen Freiheit und Gerechtigkeit am ehesten zu tun haben und die großen Einfluss auf die politische Philosophie ausübten, speziell auf Karl Marx. Es handelt sich um die Dialektik und die Geschichtsphilosophie.

6.3 Die Dialektik

Das treibende Moment in der Bewegung der Idee ist die Dialektik. Diese Idee ist nicht von Hegel, sondern geht bereits auf die alten Griechen zurück. Hegel bezeichnet Heraklit als ersten Dialektiker. Auch Aristoteles schrieb eine Abhandlung über Dialektik.

Dialektik nach Hegel besteht darin, dass einer anfänglichen These eine Antithese gegenüber gestellt wird. In Auseinandersetzung von These und Antithese entsteht, auf höherer Stufe, die Synthese, in welcher These und Antithese aufgehoben werden. Hegel spielt dabei mit der Doppelbedeutung des deutschen Wortes „aufgehoben". Aufgehoben bedeutet sowohl „aufbewahrt" als auch „aufgelöst". In der Synthese überleben demnach These und Antithese in neuer Form, während sie in ihrer alten Form aufgelöst werden.

6.4 Geschichtsphilosophie

Das Ursprüngliche, Wesentliche ist die Idee, das Geistige. Dies gilt auch in der Weltgeschichte. Die Weltgeschichte ist nichts anderes als das sich manifestierende Geistige, der Weltgeist. Der Weltgeist (oder die „Weltseele") bewegt sich dialektisch fort. Auf seinem Weg wählt er Stationen aus, wo er sich speziell stark verdichtet, manifestiert, konzentriert. Diese Stationen sind Völker, manchmal auch einzelne Personen. Diese Personen oder Völker sind dann Manifestationspunkte, Vollstrecker des Weltgeistes. Sie sind sich dessen oft nicht bewusst. Sie agieren auch nicht frei, sondern als Werkzeug des Weltgeistes. Hegel wird nun auch konkret: so war der Weltgeist im Altertum bei den Persern. Dann bei den Griechen. Dann für einige Zeit etwas weniger sichtbar, bis er sich im Italien der Renaissance wieder deutlich manifestierte.

Zur Zeit Hegels war er definitiv im Europa nördlich der Alpen angekommen. Zunächst bei Napoleon, dann – wen wundert es – in Preußen. Dazu ein konkretes Beispiel, von Hegel berichtet:

Vor der Schlacht von Jena war Hegel anwesend, als Napoleon hoch zu Pferd durch Jena ritt. Hegel schwärmte, er habe den Weltgeist in der Person Napoleons gesehen.

6.5 Kritische Würdigung

6.5.1 Vielseitigkeit

Hegels Werk ist ungeheuer vielseitig. Kaum ein Thema, mit dem er sich nicht befasst hat. Daher entsteht eine Art von großem, gedanklichem Netzwerk. Dies stellt eine große Bereicherung auf den verschiedensten Gebieten dar.

6.5.2 Idealismus

Die Position des Idealismus wurde bereits erwähnt: Das Grundlegende ist das Geistige, die Idee. Die Wirklichkeit folgt dem Geistigen. Diese Position ist nicht beweisbar. Anders aber als bei der Frage der Willensfreiheit gibt es kaum Gründe der praktischen Vernunft, diese Position einnehmen zu müssen. Sie ist reine Spekulation.

Man kann Hegel zugutehalten, dass zu seiner Zeit der Siegeszug der Naturwissenschaft erst am Startpunkt stand. Heute, nach den unglaublichen Fortschritten in den Bereichen Physik, Chemie, Biologie usw. mutet der idealistische Standpunkt völlig veraltet an. Oder aber hochmodern, aber nicht im Hegel'schen Begriff, sondern in der Frage nach der Wechselwirkung zwischen Geist und Materie.

Wegen der Nichtbeweisbarkeit des Standpunktes des Idealismus konnte Karl Marx mit Leichtigkeit die Gegenposition einnehmen: den Materialismus, der allerdings ebenso wenig beweisbar ist. Marx sagte dazu, dass er die Philosophie Hegels vom Kopf auf die Füße stelle. In diesem Punkt nahm er eine Gegenposition ein zu Hegel. In vielen anderen Punkten war er aber ein eifriger Gefolgsmann Hegels, etwa mit der Idee des zwangsläufigen, dialektischen Ablaufs der Weltgeschichte.

Eine Anekdote, von der nicht klar ist, ob sie sich wirklich ereignet hat, soll diese Ausführungen über Hegels Idealismus abschließen. Ein Student sagt in einer Vorlesung: „Aber Herr Professor, was Sie da sagen, stimmt nicht überein mit der Wirklichkeit." Antwort Hegels: „Umso schlimmer für die Wirklichkeit!"

6.5.3 Dialektik

Die Idee der Dialektik ist bestechend, vor allem die Hegel'sche Idee der spiralförmigen Aufwärtsbewegung, der Entwicklung. Viel von der Wirkung und Durchschlagskraft der Hegel'schen Philosophie ist diesem Gedanken zuzuschreiben. Aber die Verabsolutierung dieses Gedankens, als wäre dies die einzige Entwicklungsmöglichkeit, ist unwissenschaftlich.

6.5.4 Geschichtsphilosophie

Ebenso unwissenschaftlich ist die Übertragung dieses Entwicklungsgesetzes der geistigen Welt auf die wirkliche Welt, also auf die Weltgeschichte. Dies ist reine Spekulation. Hegel hätte ein solches Entwicklungsgesetz genau nachweisen müssen, nicht einfach behaupten.

Dass die Weltgeschichte dialektisch fortschreite, ist zwar wissenschaftlich nicht bewiesen, aber man kann es als harmlose

Spekulation ansehen. Weniger harmlos ist allerdings die Vorstellung einer zwangsweisen Entwicklung. Diese Vorstellung enthält den Keim des Absolutismus, und in der Philosophie von Karl Marx bricht dann diese absolute Vorstellung über den Gang der Weltgeschichte voll durch. Hier wird der Hegel'sche künftige Geschichtsablauf vollständig zur Heilslehre.

Man kann in dieser Entwicklung durch Karl Marx ein Paradox oder eine Tragik sehen. Hegel (und auch Marx) glaubten an eine positive Entwicklung der Weltgeschichte. Durch die Vorstellung der Zwangsläufigkeit und die Marx'sche Heilslehre entstand aber ein Zwang, eine Besserwisserei über die Zukunft der Menschheit, die schließlich in den menschenverachtenden Despotien des real existierenden Sozialismus endete.

Und schließlich zum Weltgeist: Mit seiner Lehre vom Weltgeist, der sich bei gewissen Völkern oder Personen manifestiert, hat Hegel wohl den Boden seriösen Philosophierens verlassen. Man kann dies wohlwollend als romantische, bildhafte Vorstellung bezeichnen. Oder etwas kritischer, wie zum Beispiel der britische Philosoph und Mathematiker, Bertrand Russel, als schlichtweg absurd.

6.5.5 Links- und Rechts-Hegelianer

Nach Hegels Tod spaltete sich seine zahlreiche Anhängerschaft in die sogenannten Links- und Rechts-Hegelianer. Dabei ging es vor allem um die Frage, ob die geschichtliche Aufwärtsentwicklung mit dem preußischen Staat beendet sei, das Preußen Hegels also den Höhepunkt der Weltgeschichte darstelle. Hegel selbst neigte diesem Standpunkt zu, auch wenn er das nie aussprach. Dies trug ihm auch den spöttischen Beinamen „Preußischer Staatsphilosoph" ein. Diese Sicht vertraten die Rechts-Hegelianer. Die Links-Hegelianer glaubten an einen weiteren Fortschritt in Richtung von mehr Freiheit und Gerechtigkeit.

7
John Rawls (1921–2002)

7.1 Leben und Zeit

John Rawls wurde als zweites von fünf Kindern in Baltimore, USA, geboren. Die Familie war gutbürgerlich, der Vater Rechtsanwalt, die Mutter Hausfrau.

John Rawls schloss sein Studium der Philosophie 1943 ab. Danach ging er für zwei Jahre zur Armee und wurde im Pazifik eingesetzt. Prägend war sein Besuch von Hiroshima kurz nach Abwurf der Atombombe. Dieses Erlebnis beeindruckte ihn sehr tief und stärkte den Beschluss, sich im Rahmen der Philosophie der Frage der Gerechtigkeit zu widmen.

Nach dem Krieg begann seine wissenschaftliche Laufbahn, zunächst an verschiedenen Hochschulen der USA, ab 1962 für mehr als 30 Jahre an der Harvard University. Rawls gilt als ausgesprochen uneitler und bescheidener Mensch.

7.2 Das Hauptwerk

Rawls' Hauptwerk *Eine Theorie der Gerechtigkeit* umfasst über 600 Seiten, und dazu kommen viele spätere Ergänzungen und Verbesserungen von ihm selbst und eine fast unübersehbare Sekundärliteratur.

Wenn man die Wichtigkeit eines Werkes daran messen will, wie viele und wie tiefgreifende Reaktionen es auslöst, dann ist Rawls schon allein aus diesem Grunde ein bedeutendes Werk gelungen.

Dies liegt aber natürlich auch an der Vielseitigkeit und Differenziertheit seiner Argumentation. Kaum jemand, der sich heute mit Gerechtigkeit befasst, kommt um eine Auseinandersetzung mit Rawls herum. Sein Einfluss seit dem Erscheinen seines Hauptwerkes im Jahre 1971 ist gewaltig.

Allgemein gilt er als bedeutendster Vertreter der politischen Philosophie des 20. Jahrhunderts. Viele sehen in ihm sogar einen der wichtigsten Denker der politischen Philosophie überhaupt. So schreibt etwa *Die Zeit* bei der Kurzbesprechung des Buches von Wolfgang Kersting über John Rawls: „Seine (Rawls) Theorie der Gerechtigkeit ist der bedeutendste und argumentativ dichteste Beitrag zu diesem Thema in der Geschichte der praktischen Philosophie."

Angesichts dieser gewaltigen Menge an Schriften von Rawls selbst und von anderen über sein Werk ist es fast unmöglich, alle Aussagen zu seinem Werk zu kennen. Es mag daher als vermessen erscheinen, seine Gedanken auf wenigen Seiten zu beschreiben. Sein Werk ist aber zu wichtig, um es nicht doch zu versuchen.

7.3 Die Grundlinien

Die Gerechtigkeitstheorie von John Rawls gehört zu den Vertragstheorien. Vertragstheorien haben eine lange Tradition. Auch Thomas Hobbes, John Locke, Jean-Jacques Rousseau und viele andere haben diesen Gedanken ihren Konzepten zugrunde gelegt.

Die Idee einer Vertragstheorie ist, dass die moralischen, sozialen und politischen Grundthesen in einem hypothetischen Vertrag zustande kommen. Das heißt, gedanklich geht man davon aus, dass Menschen in einer Art Grundvertrag gemeinsam festlegen, wie Moral, Politik, Gerechtigkeit, Machtverteilung, Freiheitsgrenzen usw. geregelt werden sollen.

Es sind also nicht etwa Gott oder die Natur, welche uns diese Regeln des Zusammenlebens geben, sondern es sind die Menschen selbst, welche in einem grundlegenden Akt eines Vertrages solche Regeln festlegen. Wer an Gottes Einfluss festhalten will, kann dies tun durch die Aussage, dass die Menschen bei diesem Vertragsabschluss von göttlichem Willen beseelt sind. Immerhin ist es aber kein blindwütiger, unverständlicher Wille, sondern ein göttlicher Wille, der im Einklang steht mit menschlicher Vernunft.

Wichtig in allen Vertragstheorien ist der Urzustand, aus dem heraus Menschen einen solchen hypothetischen Vertrag schließen. So sind bei Hobbes die Menschen voller Angst vor dem Kampf aller gegen alle. Bei Rousseau hingegen sind die Menschen im Naturzustand edel, rein und unverdorben.

Auch Rawls definiert eine sehr interessante Form des Urzustands, die noch eingehender zu besprechen ist. Aus diesem Urzustand heraus formulieren nach Rawls die Menschen grundlegende, vernünftige Prinzipien, auf denen dann ein ganzes Gebäude, eine Theorie der Gerechtigkeit, entwickelt werden kann.

Nach Rawls ergeben sich bei diesem Verfahren zwei sehr grundlegende Prinzipien. Wir werden dies ausführlicher in Abschn. 7.5 besprechen. Da diese Prinzipien in einem fairen Prozess erarbeitet werden und selbst auch fair sind, nennt Rawls seine Theorie der Gerechtigkeit auch „Gerechtigkeit als Fairness".

7.4 Der Urzustand: Der Schleier des Nichtwissens

Nach Rawls muss der Urzustand so definiert werden, dass er eine faire Übereinkunft ermöglicht. Grundsätze könnten nur dann fair sein, wenn sich rationale Menschen in einer fairen Ausgangssituation auf sie einigen würden. Kurz gesagt: „Gerechtigkeitsprinzipien sind das Ergebnis einer rationalen Einigung unter fairen Bedingungen."[1]

Und wie kann nun eine solche faire Ausgangssituation definiert werden? Antwort: mit dem Schleier des Nichtwissens. Der Urzustand ist ein Zustand, in welchem die Menschen rational sind und Wissen über menschliche Zusammenhänge ganz allgemein haben, sie wissen aber nichts über ihre eigene Position und ihre Eigenarten.

Rawls: „Zu den wesentlichen Eigenschaften dieser Situation gehört, dass niemand seine Stellung in der Gesellschaft kennt, seine Klasse oder seinen Status, ebenso wenig sein Los bei der Verteilung natürlicher Gaben wie Intelligenz oder Körperkraft. Die Grundsätze der Gerechtigkeit werden hinter einem Schleier des Nichtwissens (‚veil of ignorance') festgelegt. Das gewährleistet, dass dabei niemand durch die Zufälligkeiten der Natur oder der gesellschaftlichen Umstände bevorzugt oder benachteiligt wird. Da sich alle in der gleichen Lage befinden und niemand Grundsätze ausdenken kann, die ihn aufgrund seiner besonderen Verhältnisse bevorzugen, sind die Grundsätze der Gerechtigkeit das Ergebnis einer fairen Übereinkunft."[2]

Andere allgemeine Dinge wissen die Menschen des Urzustands aber sehr wohl. So besitzen sie beispielsweise Grundkenntnisse über das Wirtschaftsleben oder über Gesetze der Soziologie und Psychologie. Das Wissen, das vom Schleier des Nichtwissens

---

[1] Kersting: John Rawls. 2008, S. 43.
[2] Rawls (1999, S. 29).

nicht betroffen ist, ist etwa alles das, was in wissenschaftlichen Lehrbüchern erworben werden kann.

Hingegen wissen die Menschen des Urzustands nicht, wer sie selbst sind. Der Gedanke des „Schleiers des Nichtwissens" geht ursprünglich zurück auf J. Harsanyi (Nobelpreis 1994).

7.5 Die Gerechtigkeitsprinzipien

Die Gerechtigkeitsprinzipien sind das zentrale Element der Philosophie von Rawls. Sie werden sehr detailliert hergeleitet und finden ihre endgültige Fassung erst in der Mitte seines umfangreichen Buches. Dies ist auch verständlich, da ja Rawls seine Theorie in axiomatischer Weise aufbaut, wobei die Gerechtigkeitsprinzipien die Rolle von Axiomen spielen.

7.5.1 Aufteilung der Güter

Bei der Herleitung der Gerechtigkeitsgrundsätze geht Rawls zunächst von einer Zweiteilung aller Güter aus:

- die Grundfreiheiten
- die sozialen und wirtschaftlichen Güter

Mit Grundfreiheiten sind im Wesentlichen alle bürgerlichen Freiheiten gemeint, mit sozialen und wirtschaftlichen Gütern alle übrigen, für Menschen nützlichen Güter.

Rawls kommt zum Schluss, dass zu diesen beiden Gütertypen unterschiedliche Prinzipien einer gerechten Zuteilung gehören:

Bei den Grundfreiheiten das Prinzip der Gleichverteilung (Prinzip 1, Abschn. 7.5.2), bei den sozialen und wirtschaftlichen Gütern die zwei nachfolgend beschriebenen Prinzipien (Prinzip 2a und 2b, Abschn. 7.5.3 und 7.5.4).

7.5.2 Prinzip 1: Gleichverteilung für die Grundfreiheiten

Der erste Grundsatz in den Worten von Rawls[3] lautet: „Jedermann hat das Recht auf das umfangreichste Gesamtsystem gleicher Grundfreiheiten, das für alle möglich ist."

Rawls begründet dieses Prinzip damit, dass im Urzustand, unter dem Schleier des Nichtwissens, alle Menschen dieser Gleichverteilung der Grundfreiheiten zustimmen, da ja niemand weiß, wo er gesellschaftlich steht und daher nicht bereit ist, sich mit weniger zufrieden zu geben als mit dem, was allen anderen auch zukommt. Dies ganz im Gegensatz zu den wirtschaftlichen und sozialen Gütern, wo die Menschen zu anderen Schlüssen kommen.

7.5.3 Prinzip 2a: Differenzprinzip

Das Differenzprinzip ist festgehalten in 2a. Es ist das Kernstück der Rawls'schen Überlegungen zur Frage der Umverteilung. Mit Sicherheit ist es auch das berühmteste und gleichzeitig umstrittenste Postulat von Rawls.

Vor der Herleitung des Differenzprinzips ist zunächst festzuhalten, dass wirtschaftliche und soziale Ungleichheiten grundsätzlich erlaubt sind. Rawls begründet dies insbesondere mit zwei Überlegungen.

Erstens sehen die Menschen im Urzustand, dass wirtschaftliche und soziale Entwicklung kein Nullsummenspiel sind. Es ist nicht so, dass alles, was jemandem zugutekommt, einem anderen weggenommen wird. Vielmehr ist es oft so, dass eine wirtschaftliche oder soziale Entwicklung allen oder vielen zugutekommt, dem einen mehr, dem anderen weniger.

---

[3] Rawls (1999, S. 336 [10]).

Der zweite Grund: den Menschen im Urzustand ist bekannt, dass Anreize (*incentives*) äußerst wichtig sind, um wirtschaftliche und soziale Entwicklung voranzubringen. Die Menschen im Urzustand werden sich daher darauf einigen, dass Anreize und damit individuelle Ungleichheiten – in einem gewissen Maße – zuzulassen sind, um damit letzten Endes alle besserzustellen. Würde man dauernde Gleichverteilung postulieren, dann würde wohl fast alle Entwicklung lahmgelegt.

Nun aber zur Hauptfrage: Wie bestimmt man dieses erlaubte Maß an Ungleichheit? Dieses Maß kann nicht genau quantitativ bestimmt werden, sondern nur durch ein allgemeines Prinzip: das sogenannte Differenzprinzip.

Um dieses herzuleiten geht Rawls davon aus, dass die Menschen im Urzustand das schlimmstmögliche Ergebnis der Ungleichheit maximieren wollen. Da sie ja nicht wissen, wo sie letztendlich in der Gesellschaft angesiedelt sind, nehmen sie den schlimmstmöglichen Fall an, und diesen wollen sie möglichst gut gestalten. Ökonomen oder Mathematiker nennen dies das Minimax-Prinzip: man sucht das größtmögliche Minimum. Das Minimax-Prinzip ist von großer Bedeutung in der Spieltheorie (Abschn. 16.4).

Bemerkung zum Begriff: Die Verwendung des Wortes Minimax ist nicht ganz eindeutig, manchmal findet man dafür auch das Wort Maximin. In diesem Buch wird der Begriff stets wie folgt gebraucht: Minimax ist das größte Minimum, d. h. der Wert, der das Minimum maximiert.

Mit anderen Worten bedeutet dieses Minimax- oder Differenzprinzip folgendes: „Soziale und wirtschaftliche Ungleichheiten sind erlaubt, sofern sie den am wenigsten Begünstigten den größtmöglichen Vorteil bringen." In Kurzform: „So viel Gleichheit wie möglich, so viel Ungleichheit wie nötig."[4]

---

[4] Kersting: John Rawls. 2008, S. 81.

7.5.4 Prinzip 2b

Prinzip 2b lautet: „Soziale und wirtschaftliche Ungleichheiten müssen folgendermaßen beschaffen sein: Sie müssen mit Ämtern und Positionen verbunden sein, die allen gemäß fairer Chancengleichheit offen stehen."

Hier geht es also um die Chancengleichheit bei Ämtern und Positionen im wirtschaftlichen/sozialen Bereich.

Obwohl dieses Prinzip nach Rawls sehr zentral ist – wie wir noch sehen werden hat es Vorrang vor Prinzip 2a – hat es in der Literatur sehr viel weniger Echo ausgelöst als das Differenzprinzip 2a. Es ist zu vermuten, dass das Prinzip der Chancengleichheit weniger umstritten ist als ein Umverteilungsprinzip. Nach heutiger „Mainstream-Philosophie" dürfte die Forderung nach Chancengleichheit als selbstverständlich gelten.

7.5.5 Die Rangordnung unter den Prinzipien

Rawls hat nicht nur diese zwei Prinzipien erarbeitet, sondern auch eine Rangordnung angegeben für den Fall, dass in Einzelfällen Widersprüche entstehen könnten. Rawls nennt diese Rangordnung „lexikalische Ordnung". Sie gilt ohne Ausnahmen. Die Ordnung lautet:

- Prinzip 1 geht vor Prinzip 2 (Vorrang der Freiheit)
- Prinzip 2b geht vor Prinzip 2a (Vorrang der Gerechtigkeit und Chancengleichheit vor Leistungsfähigkeit und Lebensstandard)

Diese Vorrangregeln weisen Rawls aus als einen Vertreter des Liberalismus. Zuoberst stehen die umfassenden Freiheitsrechte für jedermann. Und auch im sozialen und wirtschaftlichen Bereich: vor Umverteilungsfragen steht der Vorrang der Chancengleichheit.

Aber Rawls verteidigt keinen blindwütigen Liberalismus. Zum Liberalismus gehört Verantwortung für die am schlechtesten Gestellten. Hier steht Rawls durchaus auch in der christlichen, sozial orientierten Tradition. Er verbindet den klaren Grundsatz und die Priorität des Liberalismus mit einer starken Komponente sozialer Werte.

7.6 Kritische Würdigung

7.6.1 Zu entscheidenden Fragen schweigt Rawls

Erstaunlich und oft kritisiert ist die Tatsache, dass Rawls zur fundamentalen Frage betreffend Wirtschaftssystem nichts aussagt: Sozialismus und Kapitalismus. Es ist davon auszugehen, dass er mit seiner Theorie der Gerechtigkeit einen „dritten Weg" geht, jenseits von Sozialismus und Kapitalismus.

7.6.2 Urzustand

Gelegentlich wird die für Rawls wichtige Basis des Urzustands kritisiert, aus dem heraus rationale Menschen durch Vertrag die Prinzipien der Gerechtigkeit festlegen. So wird etwa gesagt, der Rawls'sche Urzustand impliziere ein isolationistisches Menschenbild, das Interaktionen und Lernprozesse zwischen Menschen vernachlässige.

Zumeist wird aber anerkannt, dass die Vorstellung des „Schleiers des Nichtwissens" ein wunderschönes Bild ist für etwas, das man auch in anderen Worten – weniger poetisch – beschreiben kann: Die Forderung, dass man beim Aufstellen von Postulaten zur Gerechtigkeit von seiner persönlichen Situation absehen muss, um nicht subjektiven Präferenzen zu huldigen.

Und zu dieser persönlichen Situation gehören genau die Dinge, die Rawls hinter dem Schleier des Nichtwissens verschwinden lässt. Das heißt, es geht um nichts anderes als um die Forderung möglichst weitgehender Objektivität.

7.6.3 Prinzipienstruktur und 1. Grundprinzip

Die Grundstruktur der beiden Prinzipien gilt allgemein als ein besonderes Charakteristikum und auch eine besondere Stärke der Philosophie von Rawls.

Die Trennung von Grundfreiheiten auf der einen Seite (oder *Politik*) und sozialen und wirtschaftlichen Gütern auf der anderen (oder *Wirtschaft*), schafft eine klare, verständliche Basis. Und der Vorrang der Grundfreiheiten vor sozialen und wirtschaftlichen Gütern ebenso. Rawls schafft damit eine saubere, klare Basis für eine Philosophie, die den Grundfreiheiten oberste Priorität einräumt, ohne auf tiefliegende Anliegen der Gerechtigkeit zu verzichten.

7.6.4 Differenzprinzip (Prinzip 2a)

Das Differenzprinzip gilt als zentraler und wohl auch originellster Teil der Rawls'schen Theorie der Gerechtigkeit. Es ist denn auch das am meisten diskutierte einzelne Element seiner Theorie.

Neben viel Zustimmung – vor allem auch wegen der Originalität dieses Prinzips – gibt es aber auch viele kritische Auseinandersetzungen, von denen einige hier in aller Kürze genannt werden sollen.

1. Das Differenzprinzip spiegelt extreme Risikoscheu wider
2. Das Differenzprinzip ist mehrdeutig
3. Das Differenzprinzip beantwortet wichtige Fragen der Verteilungsgerechtigkeit nicht

4. Das Differenzprinzip vernachlässigt die absolute Höhe des Bruttoinlandsprodukts (und damit des durchschnittlichen Wohlstands)
5. Das Differenzprinzip schließt intuitiv sehr ungerechte Lösungen nicht aus

Nähere Ausführungen zu diesen fünf Kritikpunkten finden sich in den nachfolgenden technischen Erläuterungen.

Technische Erläuterungen: Kritische Würdigung des Differenzprinzips

1. Das Differenzprinzip spiegelt extreme Risikoscheu wider
   Die Menschen im Urzustand konzentrieren sich nach Rawls sehr stark darauf, dass sie zu den am schlechtesten Gestellten gehören könnten. Daher wollen sie das Los dieser Gruppe optimieren (Minimax-Gedanke).
   Viele Autoren bezweifeln, dass die Menschen im Urzustand eine solche starke Risikoscheu haben. Es wäre durchaus denkbar, dass sie zwar das Los der am schlechtesten Gestellten im Auge haben und dieses auch verbessern wollen, aber vielleicht nicht in dieser absoluten Form.
   Mit anderen Worten: Das Differenzprinzip folgt keineswegs zwingend aus der Vorstellung eines gemeinsamen Vertrages unter dem Schleier des Nichtwissens.
2. Das Differenzprinzip ist mehrdeutig
   Was heißt *zum größten Vorteil* der *am schlechtesten Gestellten*? Eine mögliche Lösung ist, dass rein rechnerisch *von unten aufgefüllt wird*, wie Wasser. Das heißt, dass zunächst die Situation der am schlechtesten Gestellten verbessert wird, aber nur soweit bis anfänglich Schlechtgestellte überholt werden. Dann werden diese mitverbessert usw.
   Dies ist eine Lösung, aber nicht die einzige. Denkbar wären unendlich viele Formen proportionaler Erhöhungen, bei welchen die Proportion bei den *am schlechtesten Gestellten* am höchsten ist.
3. Das Differenzprinzip beantwortet wichtige Fragen der Verteilungsgerechtigkeit nicht
   Wie bestimmt man das Maß der erlaubten Ungerechtigkeit? Wie stellt man fest, wieweit eine Ungleichverteilung gehen kann und

inwieweit ist sie zum größten Vorteil der *am schlechtesten Gestellten*? Sind die Vermögen in der Größenordnung von 60 oder 70 Mrd. $ von Bill Gates oder Waren Buffet gerecht im Sinne von Rawls? Sicher ist, dass ein solches Vermögen nicht unrechtmäßig erworben werden darf. Darüber hinaus lässt sich nichts sagen. Ist solcher Reichtum nach Rawls gerecht?

Das Differenzprinzip gibt uns wenig in die Hand, um eine solche Frage zu beantworten. Das ist sicher ein Mangel, denn das Differenzprinzip soll die Frage der Verteilungsgerechtigkeit beantworten. Genau in diesen Bereichen liegen die praktischen Fragen der Verteilungsgerechtigkeit.

Generell gilt dies auch bezüglich Steuern. Wie hoch sollen oder dürfen hohe Vermögen besteuert werden? Rawls sagt selbst, dass es nicht Aufgabe einer Theorie der Gerechtigkeit sei, Angaben über Steuerkurven oder das Ausmaß der Steuerprogression zu geben. Dies mag so sein. Eine Theorie der Gerechtigkeit ist dann aber konkret kaum mehr umsetzbar.

4. Das Differenzprinzip vernachlässigt die absolute Höhe des Bruttoinlandsprodukts

Dies ergibt sich bereits aus der Formulierung des Differenzprinzips. Bei näherem Hinsehen entpuppt sich dies als ziemlich gravierender Nachteil, wie in den Beispielen nachfolgend gezeigt wird.

Die Frage könnte lauten: Wie viel an zusätzlicher (evtl. nur geringfügiger) Ungerechtigkeit nimmt man in Kauf, wenn es dabei den meisten besser geht, und niemandem schlechter geht? Die Frage wird vom Differenzprinzip nicht beantwortet. Sie spielt eine wichtige Rolle in Teil IV und Teil V dieses Buches.

In seinem interessanten Buch zum Thema *Was ist eine gerechte Gesellschaft?* beschäftigt sich Norbert Hoerster eingehend mit Rawls. Bei seiner Kritik verwendet er einige Zahlenbeispiele. Natürlich kann man die Verwendung von Rechenbeispielen kritisieren und den Standpunkt vertreten, Rawls denke an viel mehr als an bloße Rechenbeispiele. Vielmehr umfasse sein Ansatz ganz wesentlich auch Verhalten und Funktionsweise von Institutionen, insbesondere bei Prinzip 2b), indirekt aber auch bei Prinzip 1 und 2a).

Nun ist es aber sicher so, dass das Differenzprinzip 2a) nicht nur, aber eben auch rechnerisch sinnvoll sein sollte. Daher scheint es als durchaus legitim, das Differenzprinzip anhand von Rechenbeispielen zu überprüfen.

Die nachfolgenden Beispiele stützen sich auf diejenigen von Hoerster und folgen seiner Argumentation. Wer sich für eine eingehende Analyse interessiert, sei auf das Buch von Hoerster[5] verwiesen.

Hoerster definiert vier verschiedene Einkommensklassen. Nennen wir sie Nutzenklassen – A, B, C und D – und betrachten dann verschiedene Typen von Verteilungen. Als Einheiten können Geldeinheiten wie Euro oder Dollar gewählt werden.

	A	B	C	D	Insgesamt
Typ 1	100	100	100	100	400
Typ 2	400	300	200	100	1000
Typ 3	190	180	170	160	700

Vergleichen wir zuerst Typ 1 und Typ 2: Streng nach Rawls sind die Ungleichheiten von Typ 2 nicht gerechtfertigt, da die am schlechtesten Gestellten in Typ 2 nicht besser gestellt sind als in Typ 1.

Hoerster kritisiert dieses Resultat, weil ja in Typ 2 niemand schlechter gestellt ist als in Typ 1, der Gesamtnutzen und damit auch der Durchschnittsnutzen in Typ 2 aber wesentlich größer ist als in Typ 1. Hoerster ist überzeugt, dass die Menschen aus diesem Grund hinter dem Schleier des Nichtwissens Typ 2 wählen würden und nicht Typ 1, das Differenzprinzip daher nicht gewählt würde. Mit anderen Worten: Es spielt nicht nur die relative Verteilung eine Rolle, sondern auch der Gesamtnutzen (in Typ 1 ist es 400, Typ 2 1000).

Vergleichen wir nun also Typ 3 sowohl mit Typ 1 als auch mit Typ 2: Vergleicht man Typ 3 mit Typ 1 ist die Antwort recht klar: Sowohl nach Rawls als auch nach dem Prinzip des größten Gesamtnutzens ist Typ 3 Typ 1 vorzuziehen.

Interessanter ist der Vergleich Typ 2 und Typ 3. Typ 2 hat zwar einen höheren Gesamtnutzen, ist aber ungleicher verteilt. Kann der höhere Gesamtnutzen die ungleichere Verteilung aufwiegen? Nach Rawls eindeutig nicht. Rawls zieht Typ 3 klar Typ 2 vor, da die am schlechtesten Gestellten in Typ 3 eindeutig besser dastehen als in Typ 2.

---

[5] Hoerster (2013, insbesonders S. 72–86)

Hoerster hegt starke Zweifel an diesem Resultat, da der deutlich höhere Gesamtnutzen von Typ 2 außer Acht gelassen wird. Rechtfertigt die gleichmäßige Verteilung von Typ 3 den geringeren Gesamtnutzen gegenüber Typ 2? (Gesamtnutzen Typ 3: 700, Gesamtnutzen Typ 2: 1000).

Wir stoßen hier auf eine sehr interessante, allgemeine Frage, nämlich auf einen Disput zwischen Utilitaristen und Egalitaristen: Die Utilitaristen betrachten den Gesamtnutzen, die Egalitaristen die Gleichheit der Verteilung. Rawls liegt dazwischen, aber sicher weiter weg von den Utilitaristen und näher bei den Egalitaristen. Er hat sein gesamtes Werk als Theorie gesehen, die insbesondere dem Utilitarismus entgegentritt.

Das Spannungsverhältnis zwischen Verteilungsgerechtigkeit und Gesamtnutzen scheint also weiterhin ungelöst, obwohl es ein zentrales Thema jeder Gerechtigkeitstheorie ist. Dazu später eingehender in Teil IV und Teil V dieses Buches, die hauptsächlich diesem Thema gewidmet sind.

5. Das Differenzprinzip schließt intuitiv sehr ungerechte Lösungen nicht aus Diese Aussage ist zunächst erstaunlich. Rawls gilt allgemein – und zu Recht – als Philosoph mit stark egalitärer Tendenz. Seine Philosophie wird sehr oft als *egalitärer Liberalismus* bezeichnet. Und vieles in seiner Philosophie, gerade auch seine Grundprinzipien, atmen einen stark egalitären Geist.

Bei näherer Betrachtung zeigt sich jedoch, dass auch nach dem Differenzprinzip die beiden Extreme möglich sind: eine völlig egalitäre Verteilung, aber auch eine (nach intuitivem Empfinden) höchst ungerechte Verteilung.

Um dies zu zeigen, betrachten wir einen weiteren Verteilungstyp im Sinne von Hoerster (Typ 4)[6] und vergleichen ihn beispielsweise mit Typ 3.

	A	B	C	D	Insgesamt
Typ 3	190	180	170	160	700
Typ 4	10.000	190	180	170	10.540

Nach Rawls müsste Typ 4 der Vorrang gegeben werden, da es den am schlechtesten Gestellten besser geht als nach Typ 3.

---

[6] Achtung: Dies ist nicht Typ4 im Buch von Hoerster.

> Die Verteilung nach Typ 4 ist aber in hohem Grade ungerecht, da den drei ärmeren Klassen B bis D eine superreiche Klasse A gegenübersteht. Natürlich kann argumentiert werden, durch hohe Besteuerung könnte Typ 4 in Richtung einer gerechten Lösung verändert werden. Aber damit verlassen wir den Boden von Rawls und führen zusätzliche, zunächst noch gänzlich unklare Kriterien ein. Mehr dazu in Teil IV und Teil V dieses Buches.

7.7 Fazit

In den technischen Erläuterungen wird das Differenzprinzip als zentralstes Element der Philosophie von John Rawls etwas genauer geprüft. Dabei stellt sich heraus, dass gegenüber diesem Prinzip starke Einwände bestehen. Es stellt zwar eine elegante Formulierung für Verteilungsgerechtigkeit dar, eignet sich aber nur schlecht als Grundprinzip, d. h. als Basis für den Aufbau einer Gerechtigkeitstheorie.

Dennoch enthält das Werk von John Rawls eine großartige Vielfalt von Ideen. Es ist außergewöhnlich vielseitig, tiefgreifend und hat daher auch nicht zufällig eine enorm große Zahl an Auseinandersetzungen ausgelöst.

In äußerst kurzer Zusammenfassung steht Rawls für Folgendes:

- Die Basis des menschlichen Zusammenlebens ist die Freiheit. Sie ist das oberste Gut des politischen Lebens, allerdings ist sie nicht unbegrenzt und unterliegt den Geboten von Verantwortung und Gerechtigkeit.
- Das für jeden Staat, nach der Garantie der Grundfreiheiten, wichtigste Gut, ist die Gerechtigkeit. Hierin gilt für die wichtigsten Güter das Prinzip der Gleichheit der Ansprüche und der Chancengleichheit. Dieses Prinzip gilt auch für Institutionen. Für die übrigen sozialen und wirtschaftlichen Güter ist Ungleichheit unter gewissen Bedingungen erlaubt. Diese Ungleichheiten sind insbesondere deswegen notwendig, um wirtschaftliche Anreize als wichtige Motoren der Entwicklung

zu gewährleisten. Dabei gilt als entscheidendes Kriterium das Differenzprinzip: „Soziale und wirtschaftliche Ungleichheiten sind erlaubt, sofern sie den am wenigsten Begünstigten den größtmöglichen Vorteil bringen."

Das Thema der Anreize wird uns in diesem Buch noch oft begegnen. Dazu ein Beispiel aus dem heutigen Westafrika: In gewissen Volksstämmen gehört es zur Sippenpflicht, alle Einkünfte gleichmäßig auf alle Angehörigen der Sippe zu verteilen. Dies hat zur Folge, dass in diesen Bevölkerungsgruppen praktisch jeglicher Anreiz für Anstrengungen oder Innovation verloren geht.

Wie sehr eingehend dargelegt, ist das Differenzprinzip aber kaum praktisch umsetzbar. Und damit die vielleicht wichtigste Bemerkung zu John Rawls in diesem Buch: Auch wenn man dem Differenzprinzip, dem Kernelement der Rawls'schen Philosophie, gegenüber skeptisch ist, bedeutet das nicht, die Hauptanliegen von Rawls geringzuachten. Im Gegenteil: die Frage stellt sich, ob es mehrere Kriterien oder Prinzipien geben könnte, die einen Weg zeigen zur Gerechtigkeit der Güterverteilung.

Diese Frage ist das Thema der Teile IV und V dieses Buches. Es geht insbesondere um das Spannungsfeld *freie Marktwirtschaft* einerseits, *gerechte Einkommens- und Vermögensverteilung* andererseits.

7.8 Warum ist Rawls so berühmt?

Dies erscheint zunächst vielleicht als merkwürdige Frage. Sie muss aber gestellt werden, wenn man die Aussage macht, dass das axiomatisch konzipierte Theoriegebäude in einem wichtigen Punkt nicht ganz überzeugt, nämlich beim zentralen Element, dem Differenzprinzip 2a. Es bleibt aber genug, um Rawls zu Recht als großen Denker der politischen Philosophie zu bezeichnen. Es seien dazu zwei sehr unterschiedliche Antworten gegeben.

7 John Rawls (1921–2002)

Zum Ersten: Rawls gesamte Schriften sind überaus reichhaltig und tiefgründig. Er liefert eine ungeheuer vielfältige, umfassende Auseinandersetzung mit dem Thema Gerechtigkeit. Dies zeigt sich auch darin, dass seit Rawls kaum ein Denker das Thema der Gerechtigkeit aufgreifen kann, ohne sich mit Rawls auseinanderzusetzen, einschließlich dieses Buches. Und vor allem: in der gesamten Stoßrichtung ist Rawls nur schwer zu widersprechen. Seine Anliegen für den Liberalismus, verbunden mit sozialer Gerechtigkeit, sind die einzig gut begründete Grundlage für eine Gesellschaft.

Hinzu kommt nun aber noch ein zweiter Punkt, der Rawls Bedeutung noch verstärkt, nämlich die historische Sicht.[7]

Ende des 19. Jahrhunderts und bis über die Mitte des 20. Jahrhunderts hinaus dominierte in wesentlichen Bereichen der Philosophie das sogenannte analytische Denken, speziell entwickelt durch Philosophen wie Ludwig Wittgenstein oder Bertrand Russell. Diese sogenannte analytische oder sprachanalytische Philosophie zeichnete sich aus durch die Übertragung der mathematischen, äußerst kritischen Denkweise auf das philosophische Denken. Damit verbunden war eine starke bis totale Skepsis gegenüber allem Metaphysischen. Alles, was nicht im Sinne der Mathematik beweisbar war, galt als überflüssig und schädlich. Berühmt ist der letzte Satz in Wittgensteins *tractatus logico philosophicus*: „Worüber man nicht sprechen kann, darüber soll man schweigen."

Dies ist einerseits eine wohltuende Abkehr von jeglichem hohlen, unbeweisbaren Geplauder. Aber wird hier nicht das Kind mit dem Bade ausgeschüttet? Nicht jeder Gedanke, der die hohen Kriterien der Sprachlogik nicht vollständig erfüllt, ist oberflächlich. Es muss doch erlaubt sein und ist vermutlich höchst fruchtbar, Dinge zu postulieren und gut zu begründen, auch wenn die Beweise nicht von mathematischer Exaktheit sind.

---

[7] Vgl. Kersting: John Rawls. 2008.

Rawls Verdienst ist es, als einer der Ersten diesen „Bann" der Sprachlogik durchbrochen zu haben und mutig einen neuen (und alten) Weg beschritten zu haben. Er postulierte Dinge und auch Wertungen, die er gründlich und gut, aber nicht ausschließlich mathematisch begründete. Interessant ist immerhin, dass auch Rawls mathematischen und speziell spieltheoretischen Begründungen großes Gewicht beimaß. Aber er hatte den Mut, auch Wertungen und soziale Anliegen wieder als zentrale Forderungen in die Welt zu setzen.

8
Robert Nozick (1938–2002)

8.1 Leben und Zeit

Robert Nozick verbrachte die meiste Zeit seines Lebens im Osten der USA. Er wurde in Brooklyn, New York, geboren und starb in Cambridge, Massachussetts.

Er lebte während eines Großteils seiner beruflichen Tätigkeit in Harvard. Er war an dieser renommierten Universität Kollege von John Rawls. Anders als John Rawls hat er sich nicht sein ganzes Leben lang mit politischer Philosophie befasst. Nach seinem großen Wurf zur politischen Philosophie *Anarchie, Staat und Utopia* (1974) wandte er sich Fragen der Erkenntnistheorie und Metaphysik zu.

8.2 Hauptwerk

Das Hauptwerk von Robert Nozick erschien 1974: *Anarchy, State, and Utopia*. Es wurde rasch berühmt und galt als libertärer Gegenentwurf zur *Theorie der Gerechtigkeit* von John Rawls. Bis heute gilt es als einer der wichtigsten Beiträge zur politischen Philosophie des 20. Jahrhunderts, in seiner Bekanntheit höchstens übertroffen von John Rawls.

8.3 „Der Mensch gehört sich selbst" (Self Ownership)

An der Basis seines politischen Denkens steht dieser Satz, den Nozick u. a. mit einer der Hauptthesen von Kant begründet, nämlich dass der Mensch niemals Zweck für etwas sein dürfe, sondern immer Zweck für sich selbst sei.

Auf diesem Gedanken basieren Nozicks Ansichten über den Staat und die Gerechtigkeit.

8.4 Der Nachtwächterstaat

Das Wichtigste für den Menschen sind seine unantastbaren Freiheitsrechte. Um sich zu schützen, verbinden sich Menschen zu Schutzgemeinschaften, die aber nur minimale Kompetenzen haben, um die natürlichen Rechte der Einzelnen nicht zu verletzen. Daraus entsteht schließlich bei größeren Gemeinschaften ein Staat, der aber ein Minimalstaat mit minimalen Kompetenzen sein muss. Darüber hinausgehende Staatstätigkeiten sind illegitim, insbesondere alle Formen von Sozialstaatlichkeit (ähnlich, schon vor Nozick, F.A. v. Hayek, Abschn. 13.2).

8.5 Was ist gerechte Verteilung?

Nach Nozick darf man bei der Beurteilung, ob eine Verteilung gerecht ist, nicht vom Resultat ausgehen, sondern nur vom Zustandekommen dieser Verteilung.

Nozick nennt drei Gründe für gerechtes Zustandekommen. Eine Verteilung ist schließlich dann – und nur dann – gerecht, wenn sie durch eine oder mehrere dieser drei Gründe zustande gekommen ist.

Die drei Gründe sind:

- ursprüngliche Aneignung (von etwas, das vorher noch niemandem gehört hat oder das jemand selbst geschaffen hat),
- freiwillige Übertragung,
- Berichtigung (wenn einer der ersten beiden Gründe nicht eingehalten wurde).

Wenn Eigentum so zustande kommt, gibt es nach Nozick keinen Grund, dass irgendjemand, auch nicht der Staat, dieses Eigentum bestreiten darf.

Um diese Sicht zu illustrieren, verwendet Nozick das Beispiel vom Basketballspieler. Angenommen, eine Verteilung vorher sei gerecht. Nun taucht ein begnadeter Basketballspieler auf. Viele Clubs bieten ihm viel Geld an, damit er zu ihnen kommt. Der Basketballspieler unterschreibt einen Vertrag, kassiert Millionen, und der Club kann mehr Tickets verkaufen. Alles freiwillig.

Frage von Nozick: Ist jetzt die neue Verteilung ungerecht? Seine Antwort: Natürlich nicht, denn vorher war sie gerecht (nach Annahme), und seither sind nur legale, freiwillige Transaktionen erfolgt.

Ein ähnlich pointiertes Bild bringt Nozick mit dem folgenden Vergleich: Wenn der Staat Steuern erhebt auf Vermögen oder Einkommen, die durch Arbeit entstanden sind, dann heißt das, dass der Bürger gewisse Stunden (oder Tage oder Wochen) für andere arbeitet, nicht für sich selbst. Und dies bedeutet nach dem Prinzip des *Self Ownership* im Kant'schen Sinn, dass er zum Zweck wird für andere, und dies wiederum ist partielle Sklaverei.

8.6 Kritische Würdigung

Die nachfolgende kritische Würdigung beschränkt sich auf die Gerechtigkeitstheorie von Nozick.

- Die am Anfang seiner Gerechtigkeitstheorie stehende Behauptung, es komme nur auf das Zustandekommen der Verteilung an, nicht auf das Resultat, hat den Charakter eines Axioms. Dieses Statement wird nicht bewiesen, sondern behauptet. Würde es korrekterweise als eine Art Axiom deklariert, dann wäre klar: es steht am Anfang, ohne tiefere Begründung, und es kann daher auch abgelehnt werden. Es handelt sich nicht um eine Schlussfolgerung. Klar wird aber auch, dass dann die wichtigste Anforderung an ein Axiom nicht eingehalten ist: die Plausibilität. Die Schlussfolgerungen erweisen sich als extrem und gegen jegliches Gerechtigkeitsempfinden.
- Da das Resultat keine Rolle spielt, sind denn auch krasseste Verletzungen des Gerechtigkeitsempfindens nach Nozick als „gerecht" begründbar. Schlimmste Armut neben extremem Reichtum, bis hin zu Hungersnöten, können gerechtfertigt werden, wenn nur das Zustandekommen dieser Ungleichheiten stimmt.
- Der Begriff der Eigentumsfreiheit wird verabsolutiert und über alle anderen Werte gesetzt. Bei der Kontroverse Eigentumsfreiheit kontra Verteilungsgerechtigkeit gibt es sogar einen totalen Sieg der Eigentumsfreiheit. Die Verteilungsgerechtigkeit hört auf, als selbständiger Begriff zu existieren, sie ist ein reines Ergebnis der Eigentumsfreiheit.
- Die rückblickende Sicht zur Bestimmung, ob eine Verteilung gerecht sei, ist auch alles andere als praktikabel. Weiß man denn bei allen Vermögen und Einkommen, ob diese legitim im Sinne von Nozick zustandegekommen sind, vielleicht über Generationen? Dies ist völlig unmöglich.
- Das Kant'sche Postulat, der Mensch müsse stets Selbstzweck sein, wird bei Nozick auf das Eigentum ausgeweitet. Diese Erweiterung ist wesensfremd, mit Sicherheit nicht im Sinne der Überlegungen von Kant.

- Zudem wird der Gedanke völlig vernachlässigt, dass alles, was an Einkommen und Vermögen erarbeitet wird, auch z. T. anderen Menschen zu verdanken ist (Schulung, Infrastruktur usw.). Der Basketballspieler im Beispiel von Nozick verdankt seine Millionen nicht allein seiner eigenen Leistung, er profitiert von Strukturen und einer Kultur, die er nicht selbst geschaffen hat.

8.7 Facetten des Liberalismus

Robert Nozick gehört zu den Denkern des Libertarismus *(libertarians)*, einer recht extremen Form des Liberalismus, welche dem Staat nur eine äußerst minimale Kompetenz zubilligt. Auch F.A. v. Heyek und M. Friedman sind diesem Denken nahe (Kap. 13).

Ein interessanter Aspekt ist der, dass das libertäre Gedankengut in den USA nicht von einem Philosophen wie z. B. Robert Nozick am nachhaltigsten verbreitet wurde, sondern von der Bestseller-Autorin Ayn Rand (1905–1982). Ihr Buch *Atlas Shrugged* (deutsch: *Der Streik*), erschienen 1957, ist eines der meist verkauften Bücher der USA und prägt seit Jahrzehnten die amerikanische Gesellschaft wie sonst vielleicht nur noch die Bibel. Es ist ein Epos, ein Hohelied des freien Unternehmertums. Die Guten sind die Unternehmer, die für sich und die Nation arbeiten, die Schlechten und Dummen wollen die Profite der Reichen plündern und eine kommunistische Diktatur errichten. Dazwischen gibt es nichts. Einfacher geht's kaum mehr. Man könnte das Buch als hoffnungslosen Kitsch abtun, wenn es nicht Millionen von Lesern gäbe, unter ihnen auch Prominente wie etwa Paul Ryan, Mitglied des Repräsentantenhauses und Vizepräsidentschaftskandidat 2012, der sich öffentlich als Verehrer von Ayn Rand bezeichnete. Interessanterweise ist Ayn Rand in Europa gänzlich unbekannt.

Neben dem Libertarismus gibt es aber auch eine Vielzahl gemäßigter Formen des Liberalismus. Dies ist ein sehr großes und wichtiges Gebiet, das aber hier nicht näher dargestellt werden soll, da es eine vielfältige Literatur gibt. Es sei hier auf zwei neuere, sehr lesenswerte Werke im deutschsprachigen Raum verwiesen:

1. Das schon mehrmals erwähnte Buch von Wolfgang Kersting: *Wie gerecht ist der Markt?*[1]
2. Das Buch von Lisa Herzog: *Freiheit gehört nicht nur den Reichen*[2]

Der Liberalismus, zu dem sich das hier vorliegende Buch bekennt, wird durch die drei Thesen in Teil III definiert.

---

[1] Wolfgang Kersting, Wie gerecht ist der Markt? 2012
[2] Lisa Herzog, Freiheit gehört nicht nur den Reichen. 2014

Teil II
Grundlagen der politischen Ökonomie

Vorbemerkung zu Inhalt und Aufbau von Teil II

Inhalt

Wie bereits in Teil I geht es auch hier vor allem darum, die bestehenden Theorien daraufhin zu untersuchen, wie weit sie Grundlagen liefern zum Spannungsverhältnis *Freiheit und Gerechtigkeit*.
Da sich dieses Buch auf wirtschaftliche Freiheit und wirtschaftliche Gerechtigkeit konzentriert, spielt die Wirtschaftswissenschaft als Grundlage eine besonders wichtige Rolle. Die große Schwierigkeit ist, die bestehenden Erkenntnisse möglichst umfassend zu betrachten im Hinblick auf ihre Eignung zum Thema Freiheit/Gerechtigkeit, andererseits aber auch knapp zu bleiben und sich in der Vielfalt dieser weitgefächerten Theorien nicht zu verlieren. Dies ist nur möglich, indem eine sehr enge Auswahl getroffen wird. Es geht also nicht um eine allgemeine Einführung in die ökonomischen Theorien.

Aufbau

Die ersten sechs Kapitel, also Kap. 9 bis 14, sind chronologisch aufgebaut. Sie sind auch, wie allgemein üblich, stark auf einzelne wichtige Denker bezogen. Diese Kapitel umfassen einen Zeitraum, der etwa vom Jahre 1700 bis zum Jahr 1960 reicht.

Für die letzten ca. 50 Jahre erfolgt eine starke Auffächerung, sodass eine Chronologie nicht mehr möglich ist. Die letzten Jahrzehnte sind auch geprägt durch eine gewisse Gleichzeitigkeit verschiedenster Ansätze. Die Struktur für diese letzte Zeitperiode erfolgt nach Themengruppen (Kap. 15 bis 18).

Zur Unterstützung bei der Strukturierung dieses großen Gebietes und vor allem, um keine wichtigen Strömungen zu übersehen, wurde der Nobelpreis verwendet, in der Annahme größtmöglicher Objektivität des Nobelpreiskomitees.

Um einen Anhaltspunkt zu geben über die wichtigsten Forschungsschwerpunkte der letzten 50 Jahre, wird eine Liste der Nobelpreisträger angefügt, und zwar gegliedert nach der Struktur von Teil II dieses Buches.

Nobelpreisträger der Wirtschaftswissenschaften, geordnet nach der Struktur von Teil II dieses Buches

Bemerkungen
Da der Nobelpreis für Wirtschaftswissenschaften erst seit 1969 existiert, sind Ökonomen, die 1969 bereits verstorben waren, nicht Preisträger. Die Liste beginnt daher erst mit Kap. 13.
Die im Buch vorkommenden Namen sind fett gedruckt.
In Klammer ist das Jahr des Nobelpreises angefügt.
Die Zuordnung ist nicht immer eindeutig, daher ist bei dieser Einteilung nicht unbedingt Perfektion zu erwarten.

Kapitel 13: Der Neoliberalismus
F.A. v. Hayek (1974), **M. Friedman** (1976)

Kapitel 14: Gleichgewichtsmodelle
K. Arrow (1972), G. Debreu (1983), M. Allais (1988)

Kapitel 15: Wohlfahrtstheorie
15.6 Theorie des Marktversagens
G.A. Akerlof (2001), M. Spence (2001), **J.E. Stiglitz** (2001)
15.7 Theorie des Zweitbesten und Kompensationskriterien
J.R. Hicks (1972), **J.E. Meade** (1977)

15.9 Einige spezielle Bereiche der Wohlfahrtstheorie

J. Mirrlees (1996), W. Vickrey (1996)

Kapitel 16: Neue Entwicklungen in der Mikroökonomie

16.1 Institutionen und Rechtsrahmen

G. Myrdal (1974), **G. Stigler** (1982), **J.M. Buchanan** (1986), **R. Coase** (1991), G. Becker (1992), R. Fogel (1993), D. North (1993), E. Ostrom (2009), O.E. Williamson (2009)

16.2 Verhaltensökonomie (Behaviorismus)

D. Kahneman (2002), V.L. Smith (2002)

16.3 Spieltheorie

J. Harsanyi (1994, in diesem Buch in ▶ Abschn. 7.4 erwähnt), **J.F. Nash** (1994), R. Selten (1994), R. Aumann (2005), T. Schelling (2005), L. Hurwicz (2007), E.S. Maskin (2007), R.B. Myerson (2007)

Kapitel 17: Neue Entwicklungen in der Makroökonomie

17.1 Hauptströmung

P.A. Samuelson (1970, in diesem Buch in ▶ Abschn. 12.4, 13.4 und 22.4 erwähnt), L.W. Kantorowitsch (1975), T. Koopmans (1975), **H.A. Simon** (1978), **R.E. Lucas** (1995), R. Mundell (1999), F.E. Kydland (2004), E.C. Prescott (2004), **P.A. Diamond** (2010), **D. Mortensen** (2010), C. Pissarides (2010), T. Sargent (2011), C. Sims (2011), A.E. Roth (2012), L. Shapley (2012), J. Tirole (2014)

17.2 Ökonometrie

R. Frisch (1969), **J. Tinbergen** (1969), W. Leontief (1973), L. Klein (1980), R. Stone (1984), T. Haavelmo (1989), J. Heckman (2000), D. McFadden (2000), R.F. Engle (2003), C.W. Granger (2003)

17.3 Wachstumsmodelle

S.S. Kuznets (1971), **R.M. Solow** (1987), **E.S. Phelps** (2006)

17.4 Außenhandel und Entwicklungsländer

B. Ohlin (1977), T.W. Schultz (1979), W.A. Lewis (1979), **A. Sen** (1998, in diesem Buch in ▶ Abschn. 15.5 erwähnt), **P. Krugman** (2008)

Kapitel 18: Finanztheorie

18.2 Unternehmensfinanzierung

F. Modigliani (1985), **M.H. Miller** (1990)

18.3 Effiziente Finanzmärkte

J. Tobin (1981), **E. Fama** (2013), **L.P. Hansen** (2013), **R.J. Shiller** (2013)

18.4 Portfoliotheorie

H. Markowitz (1990), **W. Sharpe** (1990)

18.5 Optionspreise

R.C. Merton (1997), **M.S. Scholes** (1997)

9
Die Klassik

9.1 Ein interessanter Vorläufer: Bernard de Mandeville und die Bienenfabel

Kaum ein neueres Buch über die Klassik der Wirtschaftstheorie verzichtet darauf, de Mandeville zu erwähnen. Bernard de Mandeville (1670–1733) war ein niederländischer Arzt und Sozialtheoretiker, der in England lebte und dort seine Werke veröffentlichte.

Sein Hauptwerk, die *Bienenfabel*, trägt den Untertitel *Private Laster, öffentliche Vorteile*. Darin stellt de Mandeville die provozierende These auf, dass nicht die Tugend, sondern das Laster die wichtigste Quelle des Gemeinwohls sei.

Er beschreibt in seiner Fabel, dass durch egoistisches, individuelles Handeln als Nebenprodukt gesellschaftliche Vorteile erzielt werden. Dies ähnelt den Bienenvölkern, die ein wohlstrukturiertes Ganzes bilden und eifrig Honig herstellen, ohne im Geringsten von moralischen Grundsätzen geleitet zu werden.

De Mandeville formuliert seine Thesen zugespitzt und provozierend als Paradoxon. So sagt er etwa: „Wenn der Adel genügsam denken würde, litten darunter die Ärmsten, da sie weniger Verdienstmöglichkeiten hätten. Die Verschwendungssucht adliger Damen schafft Arbeitsplätze für die Ärmsten". Oder, noch kürzer: „Gutes bewirkt Schlechtes, und Schlechtes Gutes."

Mandevilles Thesen wurden schon zu seinen Lebzeiten eifrig diskutiert. Er stieß jedoch fast durchweg auf Ablehnung und löste keine weiterführende Auseinandersetzung aus, wohl nicht zuletzt wegen seiner provozierenden Überspitzung. Erst etwa zwei Generationen später sollte Adam Smith ähnliche Beobachtungen machen, aber unter ganz anderen moralischen Aspekten.

Wo de Mandeville allgemein von Schlechtigkeit spricht, die Gutes bewirkt, reduziert Smith diese Schlechtigkeit auf ein (gesundes) Maß an Egoismus. Und vergleichbar zu Mandevilles Bienenstock sieht Smith die Wirkung einer „unsichtbaren Hand", welche den individuellen Egoismus zu einem guten Ganzen zusammenführt.

Im Übrigen hatte bereits 200 Jahre vor de Mandeville Niccolò Machiavelli Ähnliches gesagt: „Wenn man alles genau betrachtet, so wird man finden, dass das, was als Tugend gilt, zum Untergang führt und manches, was als Laster gilt, Sicherheit und Wohlstand bringt." Aber auch diese Aussage war äußerst provozierend und wurde nicht aufgenommen. Sie ist auch nicht ökonomisch gemeint, sondern allgemein politisch, und im politischen Zusammenhang äußerst fragwürdig.

9.2 Adam Smith (1723–1790)

9.2.1 Leben und Zeit

Adam Smith wurde 1723 in Schottland in der Nähe von Edinburgh geboren. Sein Vater starb schon vor seiner Geburt. Zu seiner Mutter, Tochter eines reichen, schottischen Landbesitzers, hatte er ein inniges Verhältnis und wurde von ihr bei seiner Ausbildung stark gefördert.

Er studierte zunächst an der Universität von Glasgow Philosophie und Soziallehre, später Philosophie in Oxford. Bereits mit

27 Jahren wurde er Professor für Logik und Moralphilosophie an der Universität in Glasgow.

Sein erstes großes Werk, *Theorie der ethischen Gefühle* 1759, wurde ein großer Erfolg. Darin manifestiert sich Smith als Aufklärer: Nicht höhere Instanzen, sondern der Mensch selbst setzt sich seine Schranken.

1763 unternahm Adam Smith eine fast drei Jahre dauernde Bildungsreise nach Frankreich und in die Schweiz, wo er von seinem Freund David Hume unter anderem in die Pariser Salons eingeführt und in Genf mit Rousseau und Voltaire bekannt gemacht wurde.

1776 erschien sein Werk *Der Wohlstand der Nationen*. Es wurde sehr rasch zu einem überwältigenden Erfolg und wurde in verschiedene Sprachen übersetzt.

Die letzten Jahre seines Lebens verbrachte Smith in Edinburgh und in der naheliegenden Geburtsstadt Kirkcaldy, nachdem er zum Zollkommissar von Schottland ernannt worden war.

Als Mensch scheint er, ähnlich seinem Zeitgenossen Immanuel Kant, sehr bescheiden und zurückhaltend gewesen zu sein. Er soll mehrere Heiratsanträge gemacht haben, die jedoch alle abgelehnt wurden.

Es ist erstaunlich, wie viele äußere Ähnlichkeiten zwei der größten Denker der letzten 300 Jahre hatten, Immanuel Kant und Adam Smith. Sie wurden kurz nacheinander geboren (Smith 1723; Kant 1724). Beide waren vielleicht etwas schrullig, liebenswürdig im Umgang, etwas kränklich und vielleicht deswegen besonders willensstark, und beide blieben ihr Leben lang Junggesellen.

9.2.2 Moralphilosophie

Das erste der beiden bedeutenden Werke von Adam Smith behandelt das Thema des moralischen Verhaltens. Es geht darin um das, was in Teil I dieses Buches und später in Teil III

Menschenbild genannt wird. Adam Smith hatte ein eher positives, realistisches Menschenbild und widersprach auch klar Thomas Hobbes. Er glaubte an eine natürliche Schranke des Menschen vor allzu viel Eigensucht; der Mensch sei nicht allein egoistisch (das sei er auch), sondern er habe starke Gefühle wie Sympathie und Verantwortungsgefühl. Smith bezeichnete die Sympathie für die Mitmenschen als Grundlage der Moral und als Triebfeder der menschlichen Arbeit. Nur unter der Voraussetzung dieses Menschenbildes gelte die klare Bejahung des menschlichen Egoismus als Basis für wirtschaftlichen Wohlstand.

9.2.3 Vom Wohlstand der Nationen

Das zweite seiner beiden wichtigen Werke begründet den Ruf von Adam Smith nicht nur als Stammvater der Idee der freien Markwirtschaft, sondern als Stammvater der Wirtschaftswissenschaft überhaupt.

Smith geht zunächst davon aus, dass die menschliche Arbeit Quelle und Basis für Wohlstand sei. Diese Idee wurde später u. a. von Karl Marx aufgenommen und ins Zentrum seiner Analysen gerückt. Nach Adam Smith ist vor allem die Arbeitsteilung wichtig. Er beschreibt dies am Beispiel der Produktion von Stecknadeln. Ein nicht speziell dafür ausgebildeter Arbeiter könnte sicherlich keine zwanzig Nadeln und vielleicht nicht einmal eine Nadel am Tag herstellen. Hingegen stellen in einer kleinen spezialisierten Manufaktur zehn Arbeiter täglich etwa 48.000 Stecknadeln her. „Und dieses ungeheure Anwachsen der Produktion in allen Gewerben, als Folge der Arbeitsteilung, führt in einem gut regierten Staat zu allgemeinem Wohlstand, der selbst in den untersten Schichten der Gesellschaft spürbar wird" (aus *Wealth of Nations*, Kap. 1). Und die Triebfeder zu solchen Tätigkeiten ist, wie bereits im ersten Buch von Adam Smith erkannt, ein (maßvoller) Egoismus. Auch hier bringt Smith ein praktisches Beispiel, nämlich den Bäcker. Der Bäcker backt nicht Brote, weil er ganz besonders menschenfreundlich ist, sondern weil er damit Geld verdient.

Und nun kommt die entscheidende Frage und die entscheidende Antwort: Wie wirkt das alles zusammen, wenn jeder nur auf seinen eigenen Vorteil aus ist? Smith erkennt, dass dies über eine *automatische* Anpassung von Preisen und Mengen erfolgt. Wird von einem Gut zu viel hergestellt, sinken die Preise, wird zu wenig hergestellt, steigen die Preise. So werden Preisgefüge und Produktionsmenge automatisch in die richtige Richtung gelenkt, so, als würde eine unsichtbare Hand das Wirtschaftsgeschehen lenken.

Damit sind die Grundelemente einer Theorie des freien Marktes gegeben: Maßvoller Egoismus als Triebfeder, Arbeitsteilung als Multiplikator und unsichtbare Hand (bzw. automatische Preis- und Mengenanpassungen) als Organisator.

Eine Schlussbemerkung zur Frage der wirtschaftlichen Gerechtigkeit. Adam Smith lebte in einer Zeit großer, weit verbreiteter Armut. Es ist ihm hoch anzurechnen, dass er dies nicht nur gesehen hat, sondern dass er mit seinem Buch zum *Wohlstand der Nationen* auch etwas dagegen unternehmen wollte. Dabei konzentrierte er sich darauf, wie Wohlstand entsteht, nicht, wie er verteilt wird. Dies kann aber Smith nicht zum Vorwurf gemacht werden. In einer Zeit großer Armut ist es ein gewaltiger Fortschritt, Erkenntnisse zur Bildung von Wohlstand zu gewinnen. Smith war überzeugt, dass sich wachsender Wohlstand auch auf die Armen verteilt, jedenfalls bei „guter Regierung".

Er beschränkte sich auf diese Hoffnung. In Teil III bis Teil V wird die Frage der Verteilung wieder aufgegriffen.

9.2.4 Bedeutung

Die Bedeutung von Adam Smith ist ganz außerordentlich. Er gilt als Stammvater der Idee der freien Marktwirtschaft und damit dem mit Abstand erfolgreichsten Wirtschaftssystem. Als

Erster formulierte er die wesentlichen Elemente: Maßvolles Eigeninteresse als Basis, Arbeitsteilung als fundamental für den Produktionsfortschritt und vor allem die automatische Wirkung der Preisanpassung, der unsichtbaren Hand, die alles zu einem harmonischen Ganzen verbindet (der letzte Punkt allerdings nur in einem „gut regierten Staat"). Adam Smith ist heute praktisch weltweit anerkannt, so gilt sein Werk beispielsweise auch in China als grundlegend. Interessanterweise gilt aber in China, im Gegensatz zum Westen, sein erstes Werk über Moralphilosophie als ebenso bedeutsam wie sein zweites Werk über den Wohlstand der Nationen.

9.3 David Ricardo (1772–1823)

9.3.1 Leben und Zeit

David Ricardo wurde 1772 als drittes von 17 Kindern in London in eine streng gläubige jüdische Familie geboren. Diese stammte ursprünglich aus Portugal und war erst kurz vorher in die Niederlande ausgewandert. Ricardos Vater war als Börsenmakler sehr erfolgreich, zuerst in Amsterdam, dann in London, und er galt als einer der reichsten Männer Londons. Er führte seinen Sohn David bereits mit 14 Jahren in seinen Beruf ein.

David Ricardo lebte in einer außergewöhnlich bewegten Zeit. Als er 17 war, wurde er Zeuge der französischen Revolution. Während eines großen Teils seines restlichen Lebens war Europa dominiert von Napoleon (bis 1815). Lange Zeit davon erlebte Ricardo die Kontinentalsperre, also das Bestreben Napoleons, England vom Handelsverkehr mit Kontinentaleuropa abzuschneiden. Vielleicht mit ein Grund für sein großes Interesse an einer fundamentalen neuen Theorie über den Handel.

David Ricardo heiratete mit 21 eine Quäkerin, entsagte dem jüdischen Glauben, und wurde daraufhin von seinem Vater enterbt.

Durch ein Darlehen von Freunden konnte er ein eigenes Maklerbüro eröffnen und an der Börse tätig werden. Er tat dies so erfolgreich, dass er, ähnlich seinem Vater, ein sehr reicher Mann wurde. Bereits 1812, mit 40 Jahren, zog er sich auf seinen Landsitz zurück und widmete sich fortan nur noch seinen theoretischen Studien, zuerst der Mathematik und den Naturwissenschaften, erst später der Ökonomie. Er starb bereits mit 51 Jahren.

David Ricardo vereinigte in idealer Weise praktische und theoretische Fähigkeiten. Bereits als erfolgreicher Börsenmakler meinte er, nichts sei so praktisch wie eine gute Theorie.

Den Zeitgenossen zufolge war Ricardo ein freundlicher, nie rechthaberischer, überlegter und etwas zurückhaltender Mensch.

9.3.2 Weiterführung des Werkes von Adam Smith

David Ricardo stieß fast zufällig zur politischen Ökonomie.

1799 geriet er an A. Smiths *Wohlstand der Nationen*. Dies fesselte ihn so sehr, dass er sich von da an intensiv mit Fragen der politischen Ökonomie beschäftigte. Im Zentrum seines Interesses stand die Frage, wie sich das Sozialprodukt einer Volkswirtschaft zwischen den Produktionsfaktoren, d. h. Arbeitern, Kapitaleignern und Grundherren verteilt. Dabei entdeckte er das wesentliche Element, welches diese Verteilung steuert: die Knappheit. Die Aufteilung des Sozialproduktes auf die Produktionsfaktoren wird gesteuert durch die relative Knappheit dieser Faktoren.

Über diese grundsätzliche Erkenntnis hinaus entwickelte Ricardo viele weitere Theorien. So entwickelte er Ideen, die später von Karl Marx aufgegriffen werden sollten. Speziell die Arbeitswertlehre: die Idee, der Wert einer Ware (nicht der Tauschwert) werde durch die in ihr steckende Arbeit bestimmt. Ferner die Theorie der fallenden Profitrate: die Idee, dass der Profit bei freier Preisgestaltung infolge des Wettbewerbes sinken müsse. Allerdings war Ricardo der Ansicht, anders als Marx, dass der fallenden Profitrate durch Innovation entgegengewirkt werden könne.

9.3.3 Theorie der komparativen Vorteile

Heute ist David Ricardo vor allem berühmt für seine Außenhandelstheorie. Er ist der Entdecker des Prinzips der komparativen Vorteile. Dieses Prinzip ist von entscheidender Bedeutung für die Theorie des Außenhandels und der internationalen Arbeitsteilung.

Ricardo betrachtet die beiden Güter Wein und Tuch und die beiden Länder England und Portugal. Er vergleicht die relativen Kostenunterschiede bei der Herstellung von Wein und Tuch in England und Portugal. Über die absoluten Kosten (z. B. gemessen in Arbeitsstunden für die Herstellung einer Einheit Wein und einer Einheit Tuch) wird nichts ausgesagt. Zudem gilt die folgende Überlegung nur bei Vollbeschäftigung.

Es werde nun beispielsweise angenommen, dass England im Vergleich zu Portugal Tuch relativ kostengünstiger herstellen kann. Das heißt, um eine zusätzliche Einheit Tuch herzustellen, muss England seine Weinproduktion weniger stark einschränken als Portugal. Es ist daher sinnvoll, dass England seine Tuchproduktion steigert und seine Weinproduktion einschränkt, und Portugal macht das Umgekehrte. Beide Länder produzieren mehr von dem Gut, das sie verhältnismäßig kostengünstiger herstellen können, und tauschen sich dann aus. Damit profitieren beide Länder von diesem Austausch.

- Es kommt dabei nicht auf die absoluten, sondern die relativen bzw. komparativen Kostenvorteile an. Selbst wenn z. B. Portugal absolute Kostenvorteile hätte bei der Produktion von Wein und von Tuch, würde sich der Außenhandel für beide Länder lohnen, wenn beide sich auf das Gut spezialisieren, das sie relativ kostengünstiger produzieren können.

- Die Theorie der komparativen Kostenvorteile ist ein Musterbeispiel für einen logisch herleitbaren Zusammenhang, der nicht von vornherein auf der Hand liegt. Es gibt wohl kaum einen Studenten der Wirtschaftswissenschaft, der nicht in den ersten Semestern mit dieser Theorie Bekanntschaft macht.
- In der Wirtschaftspolitik ist die Theorie außerordentlich bedeutsam, vor allem als Argument für den Freihandel, also dem Abbau von Zöllen.
- Richtigerweise hat bereits Ricardo betont, dass die Theorie der komparativen Kosten nur gilt, wenn zwischen zwei Ländern nicht völlige Austauschbarkeit von Kapital oder Arbeitskräften besteht. Bei der heutigen großen Freiheit des Kapitalverkehrs liegt daher die Begründung des Freihandels eher in allgemeinen Argumenten der Vorteile einer freien Wirtschaft als in der Theorie der komparativen Kostenvorteile.
- Eine letzte Bemerkung, die aber die Verdienste und die „Schönheit" der Theorie der komparativen Kostenvorteile nicht schmälern soll: Die „Früchte" dieser Theorie liegen in erhöhter Produktion für beide Länder. Über die Verteilung dieser Früchte ist nichts ausgesagt. Dies ist eine fundamentale Frage des internationalen Handels: Wem nützt ein bestimmter Handelsvertrag, der Allgemeinheit oder nur einer kleinen Elite? In Teil V wird dieses Thema eingehend erläutert (Kap. 30).

9.3.4 Bedeutung

David Ricardos Bedeutung ist ähnlich derjenigen von Adam Smith außerordentlich groß. Er übte entscheidenden Einfluss aus auf die spätere Theoriebildung der Neoklassik (Kap. 11), speziell aber auch auf Karl Marx, der mit Ricardos Erkenntnissen aber etwas weniger vorsichtig umging (Kap. 10).

9.4 Weitere Klassiker

Die Zeit der Klassik der Nationalökonomie dauerte etwa 100 Jahre und kann etwa wie folgt eingegrenzt werden: Beginn 1776 mit dem Hauptwerk von Adam Smith, Ende um 1873 mit dem Tode von John Stuart Mill und dem Heraufkommen der neoklassischen Revolution und des Marxismus. In dieser Zeit gab es natürlich auch weitere große Ökonomen, von denen hier nur in aller Kürze die folgenden genannt seien: Robert Malthus, Jean-Baptiste Say und John Stuart Mill.

9.4.1 Robert Malthus (1766–1834)

Robert Malthus ist vor allem bekannt durch seine pessimistische Sicht der Entwicklung der Menschheit. Er ging davon aus, dass die Bevölkerung in geometrischer Progression wächst, also wie die Zahlen 1, 2, 4, 8, 16 usw. (heute würde man auch sagen: exponentiell) und zwar mit einer Verdoppelung ungefähr alle 25 Jahre (entspricht einem jährlichen Wachstum von etwa 3 %). Mit diesem Wachstum kann nach Malthus die Nahrungsmittelproduktion unmöglich mithalten, da kultiviertes Ackerland begrenzt ist und auch bei zunehmendem Einsatz von Arbeitskräften keine entsprechenden Produktionszuwächse möglich sind. Die Nahrungsmittelproduktion steigt daher nur in arithmetischer Progression, also wie 1, 2, 3, 4, 5, usw. Folge davon sind Hungerkatastrophen und Epidemien. Diese führen zu einer Bremsung des Bevölkerungswachstums und dazu, dass der Großteil der Bevölkerung stets am Existenzminimum dahinvegetiert.

In späteren Jahren wurde Malthus etwas milder und sah auch gewisse Hoffnungen, vor allem durch Enthaltsamkeit.

Die Theorie von Malthus ist ein schönes Beispiel dafür, wie Argumente überzeugend klingen können, und dennoch mit der Realität nicht übereinstimmen. So übersah Malthus unter anderem die Bedeutung des technischen Fortschritts, und er wusste auch nichts davon – und konnte auch nicht – dass Geburtenraten mit höherem Lebensstandard tendenziell sinken.

Diese Faktoren führten dazu, dass es trotz stetig steigender Bevölkerung in weiten Teilen der Welt weniger Hunger gibt.

Es ist unbestritten, dass in anderen Teilen der Welt noch immer Hunger besteht. Dies ist jedoch nicht auf Bevölkerungswachstum oder mangelnde Produktion zurückzuführen, wie Malthus dies postulierte, sondern vielmehr Folge einer ungerechten Verteilung zwischen Arm und Reich.[1]

9.4.2 Jean Baptiste Say (1767–1832)

Jean Baptiste Say ist ganz im Gegensatz zu Robert Malthus optimistisch. Er glaubt, mehr noch als Adam Smith, an ein grundsätzliches Gleichgewicht in freien Märkten, und begründet dies vor allem mit dem nach ihm benannten *Say'schen Theorem*: „Produkte kauft man mit Produkten, und das zum Kauf dienende Geld muss selbst erst mit irgendeinem Produkt eingetauscht werden." Mit anderen Worten: langfristig kann es kein Überangebot und auch keine Arbeitslosigkeit geben, da Geld lediglich Tauschfunktion hat.

Die Wirklichkeit ist leider nicht so idyllisch. Dies wurde rasch gesehen und Say wurde entsprechend kritisiert. Seit J. Maynard Keynes (Kap. 12) und bis heute gilt das Say'sche Theorem eher als Beispiel einer naiven Übertreibung der Wirkungen der freien Marktwirtschaft.

9.4.3 John Stuart Mill (1806–1873)

John Stuart Mill gilt als einer der größten Ökonomen des 19. Jahrhunderts, der vor allem sehr vielseitig war. In diesem Buch

---

[1] Vgl. z. B. Sen (1999).

wird er primär im Kapitel über die philosophischen Theorien eingeordnet (Abschn. 5.2).

Hier nur so viel: John Stuart Mill war nicht nur äußerst vielseitig, sondern besticht auch durch eine Kombination von Vernunft, Augenmaß und Menschlichkeit. So war für ihn beispielsweise stets klar, dass ein fundamentaler Unterschied besteht zwischen Produktions- und Einkommensverteilung. Obwohl Liberaler und Befürworter von Konkurrenz und freiem Markt, war er keineswegs der Meinung, dass dann auch automatisch eine gerechte Gesellschaft entsteht. In diesem Sinne kann er auch als Vorläufer der modernen Wohlfahrtstheorie gesehen werden.

10
Karl Marx (1818–1883)

10.1 Leben und Zeit

Karl Marx wurde 1818 in Trier (Deutschland) geboren. Sowohl väterlicher- als auch mütterlicherseits stammte die Familie Marx von Rabbinerfamilien ab. Der Vater konvertierte kurz vor Karls Geburt zum Protestantismus, um weiterhin als Rechtsanwalt tätig zu sein.

Karl Marx begann ein Studium der Rechtswissenschaft in Bonn, wechselte aber bald darauf nach Berlin und zum Studium der Philosophie. 1841 erhielt er den Doktortitel für Philosophie der Universität Jena. 1843 heiratete Marx seine Jugendliebe Jenny von Westphalen, Tochter aus begütertem Hause, die ihn fortan Zeit ihres Lebens unterstützte. Die Familie hatte sieben Kinder. Nur zwei Töchter überlebten ihren Vater, beide beendeten ihr Leben durch Freitod. 1844 begann eine lebenslange Freundschaft mit dem Fabrikantensohn Friedrich Engels, der Marx bis zu dessen Tod moralisch und finanziell unterstützte.

Karl Marx führte ein unstetes Leben, da er nicht nur am Schreibtisch wirkte, sondern aktiv ins politische Geschehen eingriff, meist an vorderster Front bei der Bekämpfung der herrschenden Verhältnisse. Mehrmals wurde er des Landes verwiesen, begab sich zunächst nach Paris, dann nach Brüssel und lebte ab 1849 größtenteils in London, wo er 1883 im Alter von 65 Jahren starb.

Seine bekanntesten Werke, neben unzähligen weiteren Veröffentlichungen, sind *Das kommunistische Manifest* (1848) und *Das Kapital* (1867, mit erweiterten Auflagen in den Folgejahren).

10.2 Philosophische Basis

Die Philosophie von Karl Marx ist stark geprägt von Hegel, vor allem von Hegels Idee der dialektischen Entwicklung, also eines sich notwendig ergebenden geschichtlichen Prozesses.

Er stellte aber die idealistische, theologische Geschichtsphilosophie Hegels „vom Kopf auf die Füße". Das heißt, nach Marx waren die Triebkräfte der Geschichte nicht idealistisch, sondern materiell. Entscheidend sind danach die wirtschaftlichen Kräfte, nicht die Ideen. Dies wird als historischer Materialismus bezeichnet.

Zentrales Element dieser historischen, materialistischen Bewegung ist der Klassenkampf, im Wesentlichen der Kampf zwischen Reich und Arm. Dieser Kampf hat auch eine geistige Komponente: es ist der Kampf für Gerechtigkeit und Freiheit. Aber Gerechtigkeit und Freiheit sind stets an die zugrundeliegenden materiellen und sozialen Gegebenheiten gebunden.

10.3 Ökonomische Basis

Um seinen Kampf zu untermauern, bemühte sich Marx intensiv um die ökonomische Analyse der kapitalistischen Gesellschaft. Dabei war für Marx immer klar, dass es um die Untermauerung eines bereits festgelegten philosophischen Weltbildes ging, nicht um das Auffinden – allenfalls auch neuer und gegensätzlicher – Wahrheiten.

Seine ökonomischen Theorien sind in seinem Hauptwerk *Das Kapital* niedergelegt, einem umfangreichen, dreibändigen Werk.

Das Kapital ist ein äußerst komplexes, schwer verständliches Werk. Nachfolgend seien die drei Hauptelemente der ökonomischen Theorie von Marx beleuchtet, nämlich die Lehre vom Arbeitswert, vom Mehrwert und von der fallenden Profitrate. Grundlage ist dabei die hervorragende, um große Objektivität bemühte Analyse von Mark Blaug.

10.3.1 Die Arbeitswert-Lehre

Ein sehr altes Dilemma, dem wir bereits bei Ricardo begegnet sind, lautet: Was bestimmt den Wert eines Gutes? Es stehen sich vor allem zwei Antworten gegenüber:

- Angebot und Nachfrage,
- die im Produkt steckende Arbeit.

Heute ist unbestritten, dass Angebot und Nachfrage im Allgemeinen den Preis eines Gutes bestimmen. Aber ist der Preis auch der Wert? Wir kommen hier zu einer philosophischen, für praktische Belange aber nicht sehr relevanten Frage. Der Preis ist der gesellschaftlich zugeordnete, finanzielle „Wert" eines Gutes, unabhängig von einem allfälligen „inneren Wert".

Marx hat diesen Unterschied gesehen. Er nennt den Preis auch „Tauschwert". Nebst der Frage ob der „innere Wert" überhaupt relevant ist, ergibt sich das zusätzliche Problem, dass dieser innere Wert oder Arbeitswert praktisch kaum bestimmt werden kann.

Politisch ergibt sich dabei ein Dilemma: Wenn man durch Befehl den Tauschwert dem inneren Wert annähern will, dann zerstört man dabei den Signalcharakter der Preise. Dies ist eines der tiefliegenden und unlösbaren Probleme einer gelenkten Wirtschaft, welche die freie Preisbildung des Marktes durch Verdikte ersetzen will.

10.3.2 Die Mehrwert-Lehre

Ein Mehrwert entsteht dann, wenn die Arbeiter mehr Güter herstellen als für die Aufrechterhaltung ihrer Arbeitskraft notwendig ist. Das ist der Fall, wenn die Arbeiter länger als notwendig arbeiten. Im kapitalistischen System wird nach Marx der Mehrwert von den Kapitalisten aufgrund ihres Eigentums an den Produktionsmitteln beansprucht. Mit anderen Worten: Die Kapitalisten beuten die Arbeiterklasse aus.

10.3.3 Der tendenzielle Fall der Profitrate

Die Kapitalisten können sich aber nur sehr bedingt über diesen Mehrwert oder Profit freuen, da die Profitrate tendenziell sinkt. Karl Marx verwendet zur Begründung dieser Behauptung komplizierte Überlegungen, die hier verkürzt dargestellt werden, wobei aber der wesentliche Gehalt erhalten bleibt. Marx definiert die Profitrate als Profit pro eingesetztem Kapital. Mathematisch entspricht also die Profitrate einem Bruch, einem Quotienten. Im Zähler steht der Profit (oder der Mehrwert), im Nenner das eingesetzte Kapital.

Und nun die Schlussfolgerung von Marx: Der Zähler, also im Wesentlichen der Mehrwert, der auf dem Arbeitseinsatz basiert, lässt sich nur sehr beschränkt vermehren, denn der Arbeitseinsatz, die Ausbeutung der Arbeiter, hat ihre natürlichen Grenzen. Demgegenüber wächst jedoch der Nenner, das eingesetzte Kapital, kontinuierlich an, ohne natürliche Grenze. Wir haben also einen Quotienten (die Profitrate), bei dem der Zähler nur begrenzt wachsen kann, der Nenner jedoch unbegrenzt. Folglich muss dieser Quotient, die Profitrate, tendenziell sinken.

Zur Kritik dieser Argumentation: Wir wissen heute, dass diese Prophezeiung von Marx für sehr viele Länder und für große Zeiträume (bis heute) falsch ist. Dies liegt im Wesentlichen daran, dass Marx die Entwicklung der Arbeitsproduktivität massiv unterschätzt hat. Diese wirkt sich auf das Wachstum des Zählers aus, so dass der Quotient, die Profitrate, tendenziell nicht sinkt.

10.3.4 Schlussfolgerungen aus den ökonomischen Theorien von Karl Marx: Zusammenbruch des Kapitalismus

Es entsteht nun nach Marx eine Abwärtsspirale. Die Profitrate sinkt. Die Kapitalisten erhöhen den Kapitaleinsatz, um die Profite möglichst aufrechtzuerhalten. Gleichzeitig sinkt die Arbeitskräftenachfrage infolge des technischen Fortschritts. Es entsteht eine „industrielle Reservearmee" von Arbeitslosen. Die Entwicklung verstärkt sich, wobei Kapitalkonzentration, Arbeitslosigkeit und Ungleichheit der Verteilung immer mehr zunehmen. Es kommt schließlich zur Revolution und das kapitalistische System wird beseitigt.

Damit schließt sich der Kreis. Was anfänglich eine *nur* philosophische Überzeugung war, nämlich die notwendige dialektische Entwicklung der Weltgeschichte, ist nun nach Marx auch ökonomisch begründet. Und zwar in gewollten Sinne: Die Welt entwickelt sich notwendig hin zum Zusammenbruch des Kapitalismus und zum Heraufdämmern von Sozialismus und schließlich Kommunismus.

10.3.5 Beschleunigung durch Revolution, Vergesellschaftung und Diktatur des Proletariats

Da diese Entwicklung nach Marx notwendigerweise so verläuft, könnte man abwarten und die Dinge geschehen lassen. Dies entspricht aber nicht dem Temperament von Marx. Er engagiert sich aktiv in vielen Ländern in revolutionären Bewegungen.

Praktische Maximen als Ziele solcher Revolutionen sind die Vergesellschaftung (Verstaatlichung) der Produktionsmittel und die vollständige und kompromisslose Übernahme der Macht, die *Diktatur des Proletariats*.

Marx hielt nach eigenem Bekunden seine „Entdeckung", dass es in der Weltgeschichte primär um den Kampf um das Eigentum an den Produktionsmitteln geht, für seine größte wissenschaftliche Leistung.

10.4 Kritik

Die philosophische Behauptung einer notwendigen historischen Entwicklung in Anlehnung an Hegel ist eine Spekulation. Manche mögen dies als großartig und kühn empfinden, aber wissenschaftlich ist es nicht.

Marx wie Hegel haben an eine zwingende Notwendigkeit des Laufs der Geschichte geglaubt. Marx hat versucht, dies durch ökonomische Überlegungen zu beweisen, speziell durch den behaupteten Fall der Profitrate, der zum Zusammenbruch des Kapitalismus führen müsse. Dies kann aber nicht im wissenschaftlichen Sinne als Beweis gelten. Bei vielen Beweisführungen trifft Marx grundlegende Annahmen, die nicht belegt sind und die sich empirisch als falsch herausstellen (z. B. die Nicht-Beachtung der Möglichkeit steigender Arbeitsproduktivität und die Relevanz dieser Nichtbeachtung für das ganze Theoriegebäude). Dazu kommen mehr als fragwürdige politische „Rezepte", von denen hier zwei genannt seien:

- Die Umwertung aller Werte/Besitzverhältnisse
  Es ist offensichtlich, dass eine Umwertung aller Werte und Besitzverhältnisse nicht ohne unendlich viel Blut und Tränen zu erreichen ist, was die Geschichte leider eindrücklich bewiesen hat. Marxisten argumentieren bis auf den heutigen Tag, dies

sei notwendig, um die bestehenden, krass ungerechten Verhältnisse zu beseitigen. Ob dies in gewissen extremen Fällen so sein kann, bleibe dahingestellt. Tatsache ist aber, dass es viele Beispiele einigermaßen friedlicher Entwicklungen zu Wohlstand und angemessener Gerechtigkeit gibt, wie fast alle der heute ökonomisch hochentwickelten Länder zeigen.

- Die Diktatur des Proletariats
  Eine Ideologie, die eine Diktatur propagiert, wird wohl auch in einer Diktatur enden. Dass praktisch alle Länder des „real existierenden Sozialismus" in einer Diktatur endeten, ist kein Zufall. Es liegt nicht daran, dass etwas missverstanden wurde. Es liegt vielmehr in der Ideologie selbst. Sie propagiert nicht nur offen die Diktatur, sie legt auch die ökonomische Basis dazu, indem sie die wirtschaftlichen Entscheidungen des Einzelnen und die damit verbundenen Preis-Signale außer Kraft setzt und durch eine besserwissende Diktatur ersetzt.

Demgegenüber kann man Marx auch eine positive Seite abgewinnen, vor allem zwei Punkte:

- Sein Einsatz für die Armen, Geknechteten dieser Welt. Marx ist ein Empörter, empört über die Ungerechtigkeit auf diesem Planeten. Und diese Empörung spricht er aus, wortgewaltig, in unzähligen Äußerungen von eindrücklicher Suggestivkraft. Dies dürfte auch ein wesentlicher Grund sein für die Anziehungskraft, die Marx schon immer ausübte und heute noch ausübt. Aber Empörung ist das eine, wissenschaftliche Analyse und Aufbau einer Philosophie ein anderes. Wer sich über Ungerechtigkeit empört, muss nicht zwingend Marxist werden. Er sollte bedenken, dass es eine bittere Realität gibt von unzähligen Menschen, welche im Namen des Marxismus umgebracht wurden, von Lenin über Stalin bis zu Mao und Pol Pot. Das große Ziel dieses Buches ist es, einen Mosaikstein für ein Bild zu liefern, wonach eine wirtschaftlich gerechte Welt ohne Marxismus möglich ist.

- Bedeutsam ist aber auch die Erkenntnis, dass das Eigentum an Produktionsmitteln relevant ist. Es ist nicht völlig egal, wem die Produktionsmittel gehören, politisch nicht und auch wirtschaftlich nicht. Dass dies die klassische Ökonomie bis auf den heutigen Tag zu wenig beachtet, ist ein klarer Mangel. Man muss nicht Revolutionär und „Zerstörer" sein, um zu verlangen, dass dieser Punkt vermehrt beachtet werden sollte.

10.5 Bedeutung

Wie wir alle wissen, ist die Bedeutung von Karl Marx ungeheuer groß. Infolge des Zusammenbruchs der meisten kommunistischen Systeme ist seine Bedeutung zwar etwas gesunken, speziell seit 1979 (faktische Machtübernahme durch den Reformer Deng Xiaoping in der Volksrepublik China) und seit 1989 (Zusammenbruch der Sowjetunion). Ein allgemeiner weltweiter Konsens dürfte sein, dass der Kapitalismus über den Kommunismus gesiegt hat. Infolge der Finanzkrise und der krassen Ungerechtigkeiten im internationalen Vergleich und innerhalb einiger Staaten leben marxistische Gedanken jedoch wieder auf.

Der Marxismus ist die vielleicht bedeutendste ökonomische und philosophische Denkrichtung, welche die wirtschaftliche Gerechtigkeit ins Zentrum stellt. Dies dürfte der Hauptgrund sein, dass Marx auch heute noch für viele richtungsweisend ist. Wer sich empört über wirtschaftliche Ungerechtigkeit, findet in Marx einen glühenden, wortgewaltigen Kämpfer. Die Welt ist aber nicht schwarz-weiß. Wer in der freien Markwirtschaft Probleme erkennt, muss nicht zwingend Marxist werden.

Es ist daher außerordentlich wichtig, dass auch eine wesentlich auf Freiheit aufbauende Weltanschauung das Thema wirtschaftliche Gerechtigkeit in zentraler Weise behandelt und nicht den Marxisten überlässt.

11
Die Neoklassik

11.1 Die neoklassische Revolution

11.1.1 Die „Entdecker"

Etwa in den 1870er-Jahren wurden gleichzeitig und unabhängig voneinander sehr wesentliche, neuartige Konzepte entwickelt.

Als eigentliche Väter dieser neuen Theorien gelten:
- William Stanley Jevons (1835–1882, Cambridge)
- Carl Menger (1840–1921, Wien)
- Léon Walras (1834–1910, Lausanne)

11.1.2 Die Vorläufer

Die neoklassische Revolution fiel nicht ganz aus heiterem Himmel. Es gab einige sehr bekannte Wissenschaftler, welche bereits vorher ähnliche Ideen geäußert hatten und von denen die drei wichtigsten genannt sein sollen. Es gibt Historiker der Wirtschaftswissenschaften, welche sogar diese drei als eigentliche Begründer der Neoklassik sehen. Es sind dies:
- Antoine Augustin Cournot (1801–1877)
- Hermann Heinrich Gossen (1810–1858)
- Johann Heinrich von Thünen (1783–1850)

Bei allen dreien finden sich bereits die wesentlichen Elemente der Neoklassik. Insbesondere Gossen ist noch heute in fast jedem ökonomischen Lehrbuch zu finden wegen seiner berühmten zwei *Gossen'schen Gesetze*: dem Gesetz vom abnehmenden Grenznutzen und dem Gesetz vom Grenznutzenausgleich.

Mit Grenznutzen, Grenzkosten usw. bezeichnen die Ökonomen den Zusatznutzen, die Zusatzkosten usw. Es geht bei diesen Begriffen immer um eine Änderung, d. h. Grenznutzen ist gleichbedeutend mit Änderung des Nutzens usw. (mathematisch: die erste Ableitung der Grundgröße). Grenznutzen wird auch etwa marginaler Nutzen genannt. Die neoklassischen Überlegungen zu Grenznutzen, Grenzkosten usw. werden daher auch Marginalismus genannt.

Das erste Gossen'sche Gesetz, das Gesetz vom abnehmenden Grenznutzen, ist eine fundamentale Erkenntnis aller Gesellschaftswissenschaften. Es bedeutet, dass der zusätzliche Nutzen einer bestimmten Einheit eines Gutes kleiner wird, je mehr man von diesem Gut hat. Der Millionär freut sich über ein 100-Dollar-Geschenk vermutlich weniger als der Bettler.

Das zweite Gossen'sche Gesetz vom Grenznutzenausgleich wird in Kap. 15 über Wohlfahrtstheorie noch näher erläutert.

11.1.3 Die Grundgedanken der Neoklassik

Die wesentlichen Grundgedanken der neoklassischen Revolution waren die folgenden:
- der Subjektivismus, also die Hinwendung zu den Entscheidungen der einzelnen Wirtschaftssubjekte (Mikroökonomische Betrachtungsweise),
- der Marginalismus oder die Lehre von Grenzbetrachtungen,
- die Frage, welche schon die Klassik beschäftigt hatte: Wie kommt es zu einem Gleichgewicht in Teilmärkten oder sogar im Gesamtmarkt?

11.1.4 Gründe für diese Entwicklung

Es wird oft die Frage aufgeworfen, warum unabhängig voneinander und gleichzeitig diese bedeutenden Ideen entstanden. Zunächst ist darauf hinzuweisen, dass dies nicht ganz so plötzlich geschah, da die Arbeiten von Gossen, von Thünen und Cournot bereits um 1850 erschienen. Es ist allerdings gut möglich, dass Jevons, Menger und Walras die Arbeiten ihrer Vorläufer nicht kannten.

Ein wesentlicher inhaltlicher Grund der neoklassischen Revolution ist eher die Hinwendung in der Ökonomie zum Wirtschaftssubjekt, also zum Menschen und zu den Unternehmen. Ein Denken, das man heute Mikroökonomie nennt.

Die Klassik war noch eher makroökonomisch orientiert. Sie beschäftigte sich mit der Wirtschaft als Ganzem, weniger mit den handelnden Subjekten.

Die Zeit schien reif, diese Sicht zu vertiefen und vermehrt zu fragen, warum etwas geschieht, nicht nur wie es geschieht.

Die Namensgebung der *Revolution* ist wohl berechtigt. Die Neoklassik findet neue, tiefliegende Erklärungen zu vielen Grundfragen der Ökonomie, also etwa wie Preise entstehen, wie Produktionsmengen geschaffen werden und wie dies alles als Ganzes zusammenhängt.

Ein Vergleich: ab 1867, also gleichzeitig zu den Hauptwerken der Neoklassik, veröffentlichte Karl Marx sein Werk *Das Kapital*. Dieses Werk bildete eine ökonomische Grundlage für spätere Revolutionen und gilt daher als revolutionär. Die Inhalte des *Kapitals* sind aber eher spekulativ und ideologisch, weniger wissenschaftlich. Die eigentliche wissenschaftliche Revolution der Ökonomie der späten 1860er- und 1870er-Jahre war die Neoklassik, nicht das *Kapital*.

11.1.5 Der Prioritätenstreit

Nach Veröffentlichung der Arbeiten von Jevons, Menger und Walras entbrannte ein heftiger Streit um die Vaterschaft der

Ideen, vor allem der Idee des abnehmenden Grenznutzens. 1878 wurde dieser Streit überraschend beendet, als bekannt wurde, dass Hermann Heinrich Gossen schon 30 Jahre früher dieses Gesetz formuliert hatte.

Heute wissen wir, dass das Gesetz vom abnehmenden Grenznutzen weitere 100 Jahre früher bereits formuliert wurde und zwar vom Basler Mathematiker Daniel Bernoulli 1738 in seinem Vorschlag zur Lösung des sogenannten St. Petersburger Paradoxons.

Technische Erläuterungen: Das St. Petersburg-Paradoxon

Dieses Paradoxon spielt eine Rolle bei der Entstehung der Wahrscheinlichkeitstheorie, die wesentlich aufgrund von Spielen entwickelt wurde.

Die Geschichte wurde zuerst erzählt von Niklaus Bernoulli (1713) und handelt von einem Spiel, das in einem hypothetischen Kasino in St. Petersburg gespielt wurde. Das Spiel hat mathematisch eine paradoxe Lösung, daher der Name *St. Petersburg-Paradoxon*.

Es handelt sich um ein Glücksspiel, für das eine Teilnahmegebühr bezahlt werden muss. Die Frage ist, wie hoch diese Teilnahmegebühr sein muss.

Das Spiel geht wie folgt: Es wird eine faire Münze solange geworfen, bis zum ersten Mal *Kopf* fällt. Dann endet das Spiel. Der Gewinn richtet sich nach Anzahl der Münzwürfe. War es nur ein Wurf (also *Kopf*), dann erhält der Spieler 1 €, waren es zwei Würfe (also zuerst *Zahl*, dann *Kopf*), erhält er 2 €, bei drei Würfen erhält er 4 €, bei vier Würfen 8 € usw., d. h. bei jedem weiteren Wurf verdoppelt sich der Betrag. Der Spieler erhält also 2^{k-1} €, wenn die Münze k mal geworfen wird.

Frage: Welchen Betrag würde man anfänglich zahlen, um an diesem Spiel teilzunehmen?

Antwort: Diese Anfangszahlung bemisst sich nach dem erwarteten Gewinn, mathematisch: dem Erwartungswert (d. h. dem *wahrscheinlichkeitsgewichteten Mittelwert*).

Konkret in diesem Beispiel:

Der Gewinn ist 1 € mit Wahrscheinlichkeit $\frac{1}{2}$, 2 € mit Wahrscheinlichkeit $\frac{1}{4}$, 4 € mit Wahrscheinlichkeit $\frac{1}{8}$, usw.

Dies ergibt den Erwartungswert E:

$$E = \frac{1}{2}\cdot 1 + \frac{1}{4}\cdot 2 + \frac{1}{8}\cdot 4 + \cdots = \frac{1}{2} + \frac{1}{2} + \frac{1}{2} + \frac{1}{2} + \cdots = \infty$$

Dies ist ein offensichtlich absurdes Resultat. Niemand würde für ein solches Spiel, bei dem man in der Regel wenige Euro gewinnt, unendlich viel bezahlen. Daher der Name *St. Petersburger-Paradoxon*.
Wie lässt sich dieses Paradoxon lösen?
In der umfangreichen Literatur zu diesem Spiel wurden vor allem zwei Lösungen vorgeschlagen:
- Das Spiel ist endlich, daher kann auch der Erwartungswert nur endlich sein. Nachteil dieser Lösung: Der Wert kann trotzdem sehr hoch werden, die Lösung befriedigt nicht so recht.
- Der Nutzen immer höherer Geldeinheiten nimmt ab und entscheidend für den Teilnehmerbetrag ist der erwartete Nutzen, nicht die erwartete Geldmenge. Diese Lösung ist nichts anderes als das Gesetz vom abnehmenden Grenznutzen. Der Basler Mathematiker Daniel Bernoulli beschrieb dieses Gesetz als Lösungsmöglichkeit des St. Petersburger-Paradoxon im Jahre 1738, also über 100 Jahre vor H. Gossen.

11.2 Léon Walras (1834–1910)

11.2.1 Leben und Zeit

Léon Walras wurde in der Normandie, Frankreich geboren. Er hatte eine enge Beziehung zu seinem Vater, der selbst Ökonom war. Der Vater war überzeugt, dass mathematische Methoden in der Ökonomie sehr hilfreich seien. Er galt deshalb als verschroben und wurde nicht ernst genommen. Seine Artikel wurden von allen Fachzeitschriften abgelehnt, denn die Ökonomie galt als Geisteswissenschaft. Dies beeindruckte und verletzte den jungen Léon schwer. Er beschloss bereits in jungen Jahren, den Ideen des Vaters zu folgen und ihn zu rehabilitieren. Bereits mit 36 Jahren erhielt er den Lehrstuhl für politische Ökonomie der Universität Lausanne in der Schweiz.

Nach seiner Berufung folgte die wissenschaftlich fruchtbarste Zeit im Leben von Léon Walras. Innerhalb von sieben Jahren entstand sein Hauptwerk *Éléments d´économie politique pure, ou théorie de la richesse sociale* (der deutsche Titel lautet *Mathematische Theorie der Preisbestimmung der wirtschaftlichen Güter*).

Der Prioritätenstreit um die Entdeckung des Grenznutzenphänomens setzte ihm zu. Er konzentrierte sich fortan auf die Theorie des Gleichgewichts der Märkte, die seinen eigentlichen Ruhm begründen sollte.

Bereits mit 58 Jahren trat er von seiner Stellung an der Universität Lausanne zurück, 1910 starb er bei Montreux am Genfersee.

11.2.2 Die Gleichgewichtstheorie von Léon Walras

Wenn Walras gelegentlich *Vater der Neoklassik* genannt wird (und damit auch Vater der modernen Wirtschaftswissenschaft), so ist dies nicht nur wegen seiner Grenznutzentheorie, die er gleichzeitig mit Jevons und Menger entwickelt hat, sondern vor allem wegen seiner *Gleichgewichtstheorie*. Mit der Grenznutzentheorie konnten zwar fundamentale Fragen erstmals zufriedenstellend beantwortet werden, vor allem, wie sich Preise bilden und entsprechende Produktionsmengen. Unklar war aber immer noch, wie sich dies nach den Ideen der Klassiker zu einem wunderbaren Gleichgewicht zusammenfügen sollte.

Hier setzte Walras ein, zunächst mit der Metapher des Auktionators. Der Auktionator sammelt zunächst An- und Verkaufsorders zu einem willkürlich festgesetzten Preis ein. Danach ändert er den Preis solange, bis Angebot und Nachfrage gleich sind.

Diese Gedanken setzte Walras nun um in ein System mathematischer Gleichungen. Walras konnte so zeigen, dass bei seinen Gleichungen die Zahl der Unbekannten mit der Zahl der Gleichungen übereinstimmte. Da Walras lineare Abhängigkeiten zwischen den Gleichungen ausschließen konnte, musste nach den Gesetzen der Algebra also genau eine Lösung existieren: das Marktgleichgewicht.

Walras verdient wohl zu Recht den Namen *Vater der Neoklassik* oder *Vater der modernen Nationalökonomie*. Er hat der berühmten Metapher von Adam Smith, der „unsichtbaren Hand", eine logische, mathematische Begründung gegeben.

11.3 Vilfredo Pareto (1848–1923)

11.3.1 Leben und Zeit

Pareto wurde 1848 in Paris als Wilfried Fritz Pareto geboren. Sein Vater war Genueser Patrizier, seine Mutter Französin. Seinen deutschen Vornamen erhielt er in Anspielung auf die Deutsche Revolution 1848.

Pareto studierte Ingenieur-Wissenschaft in Turin. Er arbeitete viele Jahre als Ingenieur, bevor er sich der Ökonomie zuwandte. 1893 wurde er von Léon Walras an die Universität Lausanne als sein Nachfolger berufen. Pareto starb 1923 in Coligny bei Genf.

Pareto war äußerst vielseitig. So beschäftigte er sich auch intensiv mit Fragen der Soziologie, wo er eine Theorie der Eliten entwarf. Später brachte ihm dies den Vorwurf ein, Faschist zu sein, unter anderem auch, weil Mussolini ihn lobte. Er selbst stritt dies ab. Sein Denken war auch viel zu unabhängig, um so einfach klassiert zu werden.

Viele Erkenntnisse sind mit seinem Namen verbunden, so vor allem die folgenden drei, von denen uns vor allem das letztgenannte *(Pareto-Optimum)* interessiert:

- Das *Pareto-Prinzip,* besser bekannt als 80/20-Regel, soll auf Pareto zurückgehen. Es besagt, dass 80 % der Ergebnisse eines Projekts in 20 % der Zeit erreicht werden. Die restlichen 20 % des Projekts benötigen 80 % der Zeit.
- Die *Pareto-Verteilung:* dies ist eine stetige Wahrscheinlichkeitsverteilung. Pareto entwickelte sie, um die Einkommensverteilung zu beschreiben. Die Pareto-Verteilung wird heute oft verwendet, zum Beispiel für Schaden-Verteilungen in der Versicherung.
- Das *Pareto-Optimum:* dieser Begriff spielt in der Wirtschaftswissenschaft und auch in diesem Buch eine wichtige Rolle. Er wird anschließend kurz erklärt und ausführlich behandelt.

11.3.2 Begründung der neuen Wohlfahrtstheorie

Vilfredo Pareto hat der Wirtschaftswissenschaft bedeutende Impulse gegeben. Seine Ideen bilden eine wichtige Basis der Wohlfahrtstheorie (Kap. 15). Nachfolgend zunächst zwei Begriffe:
- Das Pareto-Optimum
  Pareto formulierte diese Form eines Optimums in Zusammenhang mit seinen Untersuchungen zur Wohlfahrtstheorie, als deren Begründer er gilt. Danach ist eine wirtschaftliche Situation (oder Güterverteilung) dann optimal, wenn es nicht mehr möglich ist, jemanden besser zu stellen, ohne dass ein anderer schlechter gestellt wird. Der Begriff des Pareto-Optimums ist aus der heutigen Wirtschaftswissenschaft, vor allem der Wohlfahrtstheorie, nicht mehr wegzudenken.
- Ordinaler und kardinaler Nutzen
  Pareto war einer der ersten, der betonte, dass man den Nutzen nicht messen und auch nicht zwischen verschiedenen Menschen vergleichen könne (kardinaler Nutzen). Er akzeptierte

nur ordnende Aussagen, ob beispielsweise ein Güterbündel für einen bestimmten Menschen mehr Nutzen bringe als ein anderes (ordinaler Nutzen).

Mit dieser streng genommen richtigen Erkenntnis, dass Nutzen nicht kardinal gemessen werden kann, gehen die meisten Vergleichsmöglichkeiten verloren. Es bleibt nur noch der Vergleich, ob eine Situation insgesamt für einen bestimmten Menschen besser oder schlechter ist als eine andere Situation. Will man eine Situation für eine gesamte Wirtschaft vergleichen und nutzenmäßig bewerten, bleibt praktisch nur noch das Pareto-Optimum als Optimums-Definition übrig.

11.4 Schulen

Die drei großen Neoklassiker Jevons, Menger und Walras waren zusätzlich auch Ausgangspunkt für sogenannte Schulen.

Carl Menger gilt als Begründer der Österreicher Schule, die berühmte Ökonomen hervorbrachte, wie insbesondere Joseph Schumpeter, Friedrich August von Hayek und Ludwig von Mises. Die österreichische Schule steht generell für eine große Skepsis gegenüber dem Staat und eine starke Hinwendung zum freien Unternehmertum.

Jevons steht für die Cambridger Schule, welche ebenfalls große Namen hervorbrachte wie Alfred Marshall, Robert Hicks, J. M. Keynes und Cecil Pigou. Diese Schule steht – sehr grob gesagt – für ein durchaus freiheitliches Gedankengut, das aber Staatseingriffe zur Verbesserung der Wohlfahrt der Menschen und der Funktionstüchtigkeit des Marktes als denkbar oder sogar notwendig erachtet. Dieses Cambridge in England ist nicht zu verwechseln mit Cambridge, USA, welches Sitz der Universität Harvard ist und ebenfalls Heimstätte bedeutender Ökonomen.

Nach Walras wurde die Lausanner Schule benannt. Deren berühmtester Vertreter neben Walras ist Pareto. Sie steht für eine verstärkte Mathematisierung der Ökonomie, eine intensive Beschäftigung mit der Frage des allgemeinen Gleichgewichts in der Ökonomie sowie der Begründung der neuen Wohlfahrtstheorie.

11.5 Die Grenzproduktivitätstheorie und die Verteilung des BIP

Die Betrachtung marginaler Größen ermöglicht einen entscheidenden Fortschritt beim Verständnis wirtschaftlicher Zusammenhänge.

Jede wirtschaftliche Produktion ergibt sich durch den Einsatz von Produktionsfaktoren. Als Produktionsfaktoren werden im allgemeinen Arbeit, Boden und Kapital bezeichnet. Eine der fundamentalen Fragen der Wirtschaftstheorie ist diejenige nach den Preisen für den Einsatz der Produktionsfaktoren. Was ist der Preis für Arbeit (d. h. der Lohn)? Was ist der Preis für Kapital (d. h. der Zins)? Was ist der Preis für die Zurverfügungstellung von Boden (Miete, Bodenrenten)?

Zur Beantwortung dieser Fragen betrachten wir ein sehr einfaches Beispiel. Es sei ein bestimmtes Produktionsmittel zunächst gegeben, z. B. Boden, etwa Ackerland. Darauf werden von einem Unternehmer (oder Bauern) Arbeiter beschäftigt zur Produktion eines Gutes, z. B. Getreide. Zusätzliche Arbeiter erhöhen die Produktion, aber ab einer bestimmten Zahl von Arbeitern wird die Zusatzproduktion durch einen Zusatzarbeiter abnehmen. D. h. wie beim Nutzen gilt auch bei der Produktion im Allgemeinen das Gesetz der abnehmenden Grenzproduktion. Die Frage ist nun: Wie lange ist es wirtschaftlich sinnvoll, zusätzliche Arbeiter einzustellen? Die Antwort liegt auf der Hand: Solange, als die zusätzlichen Kosten für die Arbeiter nicht höher werden als der Erlös aus dem Verkauf der zusätzlichen Produktion.

Daraus ergeben sich die fundamentalen Gleichheiten:

Grenzprodukt = Grenzerlös *oder*

Grenzkosten = Grenzerlös

Man kann diese Überlegungen nun analog auf andere Produktionsfaktoren anwenden und erhält das allgemeine Gesetz: Der Wert des Grenzproduktes in Bezug auf einen Produktionsfaktor ist gleich dem Wert des Grenzerlöses durch den Einsatz dieses Faktors.

Diese Zusammenhänge können auch relativ einfach mathematisch dargestellt werden. Es ergibt sich dann zusätzlich das Resultat, dass bei dieser Aufteilung auch die gesamte Produktion genau auf die Produktionsfaktoren aufgeteilt wird.

Durch diese Überlegungen mit Marginalgrößen wird also sowohl die Preisbestimmung erklärt als auch die Verteilung (Distribution) auf die Produktionsfaktoren. Dies wurde erstmals mathematisch bewiesen vom amerikanischen Ökonomen J. B. Clark (1890).

Dadurch hat die Neoklassik ungeheure Fortschritte erzielt. Léon Walras bewies, dass der freie Markt einem Gleichgewicht zustrebt, und Clark zeigte, wie sich im freien Markt Preise für die Produktionsfaktoren bilden und dass damit die gesamte Produktion gerade vollständig verteilt wird. Dies gilt allerdings nur unter gewissen Bedingungen: Vorausgesetzt wird der *homo oeconomicus,* also der rational handelnde, nutzenmaximierende Mensch. Zudem gelten Preisbestimmung und vollständige Verteilung nur bei vollkommenem Wettbewerb.

Die Erkenntnisse sind aber trotz dieser Einschränkungen so überzeugend und so „ästhetisch", dass die Neoklassik bis auf den heutigen Tag das zentrale Modell ist für die Erklärung von Preisbildung und Verteilung, allerdings mit dem Bewusstsein von wichtigen Abweichungen.

So ist etwa bei der Lohnbestimmung heute unbestritten, dass der Lohn nicht in jedem Einzelfall der Grenzproduktivität der entsprechenden Arbeitskräfte gleichkommt (z. B. bei Löhnen von Topmanagern; vgl. dazu u. a. Sraffa und Robinson, Abschn. 17.1.2).

11.6 Gleichgewichtsmodelle und Wohlfahrtstheorie

Zur Neoklassik gehören im Wesentlichen die folgenden beiden Theorien, welche aus Gründen des inhaltlichen Zusammenhangs separat dargestellt werden:
- Gleichgewichtsmodelle (Kap. 14)
- Wohlfahrtstheorie (Kap. 15)

12
John Maynard Keynes (1883–1946)

12.1 Leben und Zeit

John Maynard Keynes wurde in Cambridge (England) geboren, wo sein Vater Logik und politische Ökonomie lehrte. Seine Jugendzeit war nicht einfach. Oft wurde er von seinem Vater geschlagen und trotzdem hing er sehr an seinem Vater. Er entwickelte sich früh zu einem hochintelligenten, sehr sensiblen Jungen. Als junger Erwachsener hatte er seine ersten homosexuellen Kontakte. Seine latente Homosexualität erklärt wohl zum Teil seine große Fähigkeit zur kritischen Distanz zu Hergebrachtem und damit auch zur Suche nach unkonventionellen, gegen den Mainstream gerichteten Lösungen. J. M. Keynes war verheiratet mit einer Tänzerin. Ihre Beziehung war geprägt von großer Zuneigung und Respekt.

1919 nahm Keynes als Chefunterhändler des britischen Finanzministeriums an den Friedensverhandlungen in Versailles teil. Er war tief deprimiert über die Uneinsichtigkeit der Siegermächte, welche Deutschland mit ungeheuren Reparationszahlungen in die Knie zwangen und überdies einen demütigenden Frieden diktierten. Im Juni 1919 trat Keynes von seinem Posten zurück und schrieb ein Buch über *Die wirtschaftlichen Folgen des Friedensvertrages*. Die Lehren aus diesem Buch wurden 1945, nach Ende des zweiten Weltkrieges, gezogen und führten u. a. zum Marshall-Plan. Sicher hat Keynes dazu beigetragen, dass die

Fehler von 1919 nicht wiederholt wurden und ein wirtschaftlicher Wiederaufstieg Westeuropas nach 1945 möglich wurde.

12.2 Die große Weltwirtschaftskrise

Im Oktober 1929 brach eine weltumspannende Depression aus, die schwerste Krise in Friedenszeiten seit Menschengedenken. In Europa und den USA gab es viele Millionen Arbeitslose ohne soziale Absicherung. Ebenso schlimm wie die Schwere der Krise war ihre lange Dauer.

Noch während der Weltwirtschaftskrise erschien 1936 das Hauptwerk von Keynes *The General Theory of Employment, Interest and Money* (deutsch: *Allgemeine Theorie der Beschäftigung, des Zinses und des Geldes*). In diesem Werk befasst sich Keynes auf völlig neuartige Weise mit den Ursachen und Lösungsmöglichkeiten der Krise. Das Buch schlug ein wie eine Bombe und begründete Keynes Ruf als wohl größter Ökonom des 20. Jahrhunderts. Noch Anfang der 70er-Jahre, 30 Jahre nach Keynes Tod, sagte der amerikanische Präsident Richard Nixon: „Wir sind alle Keynesianer".

Was war 1929 schief gelaufen? Nach der herrschenden Meinung der Neoklassik kann es Arbeitslosigkeit über längere Zeit gar nicht geben. Es galt das Say'sche Theorem, dass sich Produktion ihre eigene Nachfrage schafft.

Mit einer Mischung aus genialer Intuition und intellektueller Brillanz erkannte Keynes, dass es das Phänomen der Nachfragelücke geben kann. Die Nachfrage war eingebrochen, und zwar als Folge von geringem Konsum.

Damit erkannte er auch die Möglichkeit eines Sparparadoxes: Es ist zwar durchaus sinnvoll, wenn der Einzelne auf einen gewissen Konsum verzichtet und dafür etwas spart und Vermögen bildet. Wenn aber alle dies tun, dann kann es zu einer Nachfragelücke kommen. Dieses Paradox zwischen dem Verhalten Einzelner und den Auswirkungen auf die Gesamtheit erinnert entfernt an de Mandeville oder Adam Smith. Das „Laster" oder der gemäßigte Egoismus des Einzelnen ist gut für die Gesamtheit, hier: vermehrter Konsum.

Mit seinem Spürsinn für wirtschaftliche Zusammenhänge lag Keynes schon einmal richtig: 1919, bei seiner Kritik des Versailles-Vertrages. Und nun, 1936, legte er mit seiner Analyse die Grundlage für die Überwindung der Weltwirtschaftskrise. Dass seine Rezepte und Detailanalysen nicht immer zutreffen, schmälert diese große Leistung nicht.

12.3 Gegenpol zur „naiven" Neoklassik: Notwendigkeit von Staatsinterventionen in gewissen Fällen

Keynes war nicht der fundamentale Gegenpol zur Neoklassik: Das waren Karl Marx und seine Nachfolger. Keynes war weit davon entfernt, Marxist zu sein. Im Gegenteil: Er war liberal, dem Gedanken der Freiheit verpflichtet.

Aber er glaubte nicht an die automatische Ausgeglichenheit auf allen Märkten. Er widersprach den Neoklassikern seiner Zeit, welche die Krise darauf zurückführten, dass sich Preise und vor allem Löhne nicht schnell genug den Gegebenheiten anpassten.

Die Neoklassiker waren der Meinung, dass sich die Löhne nach unten anpassen müssten, langfristig würde dann die Arbeitslosigkeit verschwinden. Keynes widersprach diesem Standpunkt. In diesem Zusammenhang fiel das wohl berühmteste Wort von Keynes: „Langfristig sind wir alle tot."

Die wohl nachhaltigste Erkenntnis von Keynes ist die, dass Staatsinterventionen unter gewissen Umständen nicht nur erlaubt, sondern sogar notwendig sind. Die Begründung dazu lautet, dass langfristige Ungleichgewichte in der Marktwirtschaft möglich sind. So empfahl er vor allem staatliche Nachfrageförderung, einerseits durch Beschäftigungsprogramme, andererseits aber auch durch entsprechende Wirtschaftspolitik, vor allem Geldpolitik, und hier speziell durch Geldmengenausweitung. Keynes war stets klar darin, dass diese Geldmengenausweitung wieder vorsichtig zurückgefahren werden musste, sobald die Nachfragekrise sich abschwäche.

Zur tieferen Begründung seiner Sicht entwickelte Keynes eine ganze Palette von Theorien unter anderem auch eine Geld- und eine Investitionstheorie (Abschn. 12.4), welche die Diskussion auf Jahrzehnte, z. T. bis heute, beeinflussten.

Technische Erläuterungen: Die Investitionstheorie von Keynes und der Multiplikator

Die Theorie des Multiplikators stammt nicht von Keynes, sondern wurde bereits 1906 von einem Ökonomen namens Johanson entwickelt. Im meistverkauften Lehrbuch der Ökonomie, dem Standardwerk von Paul Samuelson, wird diese Theorie ausführlich dargestellt. Sie wurde damit zum Rüstzeug einer ganzen Generation von Ökonomen.

Der Multiplikator ist diejenige Zahl, mit der man die Veränderung der Investitionen multiplizieren muss, um die daraus resultierende Veränderung des Volkseinkommens zu erhalten (Samuelson, Teil II, Kap. 12).

Wie wird der Multiplikator bestimmt? Samuelson führt das folgende Beispiel an: Angenommen, die Investitionen werden um $1000 erhöht. Zum Beispiel durch den Bau einer Garage. Wichtig ist nun, wie viel die Arbeiter, die diese Garage bauen, für den zusätzlichen Konsum ausgeben (sog. Grenzneigung des Konsums). Sind das z. B. $\frac{2}{3}$, dann geben sie $666,67 aus, die anderen Personen zufließen. Ist deren Grenzneigung zum Konsum ebenfalls $\frac{2}{3}$, dann geben diese $\frac{2}{3}$ von $\frac{2}{3}$, d. h. $\left(\frac{2}{3}\right)^2$ oder $444,44 aus usw. Man kann diese Überlegung fortsetzen und erhält für das induzierte gesamte zusätzliche Einkommen eine geometrische Reihe: $1000 + 1000 \cdot \frac{2}{3} + 1000 \cdot \left(\frac{2}{3}\right)^2 + \cdots$ usw., oder wenn wir für $\frac{2}{3}$ die Größe a setzen (Grenzneigung zum Konsum): Zusätzliches Einkommen ist $1000 \cdot \left(1 + a + a^2 + a^3 + \cdots\right)$. Die Größe in der Klammer ist der Multiplikator.

Dies ist eine geometrische Reihe, und man kann sehr einfach zeigen, dass gilt:

$$\left(1 + a + a^2 + a^3 + \cdots\right) = \frac{1}{1-a}$$

Ist zum Beispiel $a = \frac{2}{3}$, dann ist der Multiplikator $\frac{1}{1-\frac{2}{3}} = 3$

Allgemein, wenn wir Grenzneigung zum Konsum mit GNK abkürzen und *Multiplikator* mit m, gilt:

$$m = \frac{1}{1 - GNK}$$

Da sich Grenzneigung zum Konsum (GNK) und Grenzneigung zum Sparen (GNS) ergänzen wie siamesische Zwillinge (d. h. die Arbeiter können das zusätzliche Einkommen entweder konsumieren oder sparen), gilt:

$$GNK + GNS = 1$$

Daher gilt für den Multiplikator auch:

$$m = \frac{1}{GNS}$$

Und nach Definition des Multiplikators gilt:

Veränderung des Volkseinkommens = m · Veränderung der Investitionen

Mit anderen Worten: Je höher die zusätzlichen Konsumausgaben, desto höher der Multiplikator und daher desto höher das Volkseinkommen. Und je mehr bei jeder Ausgabenrunde in zusätzliche Ersparnisse abfließt, desto kleiner der Multiplikator. Und daraus die zentrale Forderung von Keynes: Besteht eine Nachfragelücke, dann soll man nicht mehr sparen, sondern mehr konsumieren!

Das heißt nun aber nicht, dass Sparen negativ ist und zu suboptimalem Wirtschaftswachstum oder gar zu Depression führt! Vielmehr ist es so, dass Unternehmer nicht nur Konsumgüter herstellen, sondern auch Investitionsgüter. Das heißt, sie halten ihre Aktivität aufrecht, wenn ihnen nur ein Teil der ausbezahlten Löhne und übrigen Einkommen in Form von Konsumgüterkäufen zufließt, nämlich der Teil, der die Kosten der Konsumgüterproduktion deckt. Das Sparen der Haushalte ist solange nicht negativ, sondern positiv, solange es den Betrag nicht übersteigt, den Unternehmer gewinnbringend investieren können.

Anders gesagt: Ein stabiles Gleichgewicht wird erreicht, wenn die geplanten Ersparnisse der Haushalte und die geplanten Investitionen der Unternehmen gleich sind.

Und hier folgt die zentrale Aussage von Keynes: Es ist möglich, dass diese Gleichheit auch längerfristig nicht gegeben ist. Sparentscheidungen der Haushalte und Investitionsentscheidungen der Unternehmen können längerfristig auseinanderklaffen. Daher muss der Staat durch eigene Investitionstätigkeit, Konsumförderung oder insbesondere auch durch Geld- und Fiskalpolitik die Vollbeschäftigung sicherstellen.

Abschließend zu diesem Abschnitt zur Investitionstheorie:
Keynes entwickelte zur Untermauerung seiner Thesen weitere Theorieansätze. Der wichtigste Ansatz neben der Investitionstheorie ist seine Geldtheorie, die hier nur äußerst kurz dargestellt werden soll.

Geld ist nach Keynes nicht bloß „Schmiermittel" wie Öl in einem Motor. Dies ist es zwar auch, aber es hat weitere Eigenschaften. Die Geldmenge ist z. B. zinsabhängig, da die Nachfrage nach Geld bei tiefen Zinsen steigt, weil dann die Nachfrage nach festverzinslichen Anlagen sinkt und Anleger umschichten (Liquiditätspräferenztheorie). Auch hier widersprach Keynes den Modellen der Neoklassik, welche im Allgemeinen von einer relativ naiven Quantitätstheorie ausgingen, also der Ansicht, dass das allgemeine Preisniveau und die Geldmenge einigermaßen proportional seien (Kap. 13).

12.4 Würdigung

Keynes gilt wohl zu Recht als einer der größten Ökonomen des 20. Jahrhunderts.

Die nachhaltigste Wirkung basierte auf seiner Überzeugung, dass es langfristige Ungleichgewichte geben kann, welche durch die Marktkräfte allein nicht zu beheben sind. Demzufolge bedarf es der Intervention des Staates, insbesondere zur Ankurbelung der Nachfrage.

Diese Sicht hat die Wirtschaftswissenschaft zutiefst beeinflusst. Keynes ökonomische Theorien sind dagegen nicht unumstritten. So hat etwa seine Geldtheorie im Monetarismus einen wichtigen Gegenspieler bekommen (Kap. 13).

Das vielleicht größte Verdienst von Keynes liegt aber in seinem Einfluss auf die praktischen Geschehnisse. Die Überwindung der großen Depression und der wirtschaftliche Aufschwung der westlichen Welt nach dem Zweiten Weltkrieg sind sicher zum Teil Keynes zu verdanken.

Erst in den späten 70er-Jahren des 20. Jahrhunderts verblasste sein Einfluss, weil seine Rezepte nicht unbekümmert in allen Situationen angewendet werden können. Das Festhalten an Keynes'schen Theorien führte zu einem giftigen Gemisch aus hoher Inflation und hoher Arbeitslosigkeit. Damit erfolgte eine Wiederbesinnung auf die Grundsätze des freien Marktes, allerdings mit gewissen Modifikationen, welche immer noch auf Keynes zurückzuführen waren.

Ungefähr seit dem Jahr 2000, nachdem nun auch gewisse Übertreibungen des freien Marktes deutlich wurden (Dotcom-Krise 2002, Finanzkrise 2008), wird wieder begonnen, zum Teil Keynes'sche Rezepte anzuwenden.

Die Sicht einer Mehrheit der Ökonomen heute dürfte sein, dass Keynes die neoklassische Theorie nicht „zerstört", sondern relativiert hat. Es gilt bis heute als eine der wesentlichen Aufgaben der Makroökonomie, die Grundthesen der Neoklassik und diejenigen von Keynes zu vereinen (Kap. 17 zur modernen Makroökonomie).

Was die Hauptthemen dieses Buches betrifft, nämlich wirtschaftliche Gerechtigkeit und das Maß wirtschaftlicher Freiheit, hat Keynes zum zweiten Wesentliches beigesteuert, zum ersten dagegen (wirtschaftliche Gerechtigkeit) keine direkten Aussagen gemacht. Ähnlich der Neoklassik begnügte er sich damit, primär das Funktionieren der Wirtschaft zu erklären und zu beeinflussen, in der stillschweigenden Annahme, dass dies auch der wirtschaftlichen Gerechtigkeit zugutekäme.

13
Der Neoliberalismus

13.1 Begriff und Zusammenhang

Der Begriff des Neoliberalismus wird nicht einheitlich verwendet. Oft wird er negativ gebraucht im Sinne eines übertriebenen, fundamentalistischen Liberalismus.

Hier wird der Begriff verwendet zur Bezeichnung des Wiederauflebens liberaler Gedanken, also von Denkrichtungen, in deren Zentrum die Verteidigung der Freiheit steht, wobei die Betonung der Freiheit zuweilen etwas sehr stark ist und auf Kosten der Gerechtigkeit gehen kann.

Dieses Wiederaufleben lässt sich sowohl im philosophisch/politischen als auch im ökonomischen Bereich beobachten.

Philosophisch/politisch geht es vor allem um eine Reaktion auf die Erfahrungen mit antifreiheitlichen Ideologien, speziell dem kommunistischen und nationalsozialistischen Totalitarismus. Die Wiederbesinnung auf die fundamentale Bedeutung der Freiheit begann schon vor dem Zweiten Weltkrieg, hatte einen Höhepunkt danach und dürfte als gemäßigter Liberalismus (ohne „Neo") die vorherrschende Denkweise in vielen Ländern der Welt geblieben sein.

Wichtige Vertreter des Neoliberalismus sind neben Nozick (Kap. 8) vor allem F.A. v. Hayek und M. Friedman. Beide werden in diesem Buch den Ökonomen zugerechnet, obwohl ihre

Hauptwirkung eher politisch war. Beide sind aber auch Träger des Nobelpreises für Wirtschaft.

Im ökonomischen Bereich gibt es ebenfalls eine ähnliche Gegenbewegung, allerdings nicht gegen den Totalitarismus, sondern gegen die wesentlich harmloseren Formen von Staatsinterventionismus, wie insbesondere gegen die Lehrmeinungen von J.M. Keynes. Auch hier nehmen F.A. v. Hayek und M. Friedman wichtige Gegenpositionen ein.

13.2 Friedrich August von Hayek (1899–1992)

13.2.1 Leben und Zeit

F.A. v. Hayek wurde 1899 in Wien geboren. Er wuchs in großbürgerlichem Milieu auf. Stark geprägt wurde er vom Ersten Weltkrieg, den er im Alter von 15 bis 19 Jahren erlebte. Er beschäftigte sich intensiv mit den Möglichkeiten, wie die wirtschaftliche und politische Welt verbessert werden könnte. Nach seinem Studium von Recht, Volkswirtschaft und Philosophie war er zunächst begeistert von sozialistischen Ideen.

Bald wurde er jedoch bekannt mit den Thesen seines Mentors Ludwig von Mises: der Unmöglichkeit der Wirtschaftsrechnung im sozialistischen Gemeinwesen. Dies sollte fortan sein Denken prägen. F.A. v. Hayek hatte enge Beziehungen zur angelsächsischen Welt. Ab 1931 lebte er oft in London und erhielt 1938 die englische Staatsbürgerschaft. 1950–1962 lehrte er in Chicago. 1962 kehrte er zurück nach Europa. Er lehrte hauptsächlich in Freiburg im Breisgau, wo er 1992 verstarb.

13.2.2 Ökonomische Lehren

Die wirtschaftlichen Überlegungen v. Hayeks sind nicht der Hauptgrund seiner großen Bekanntheit, und dies, obwohl er 1974 den Nobelpreis für Wirtschaft erhielt (zusammen mit Gunnar Myrdal). Daher nur äußerst kurz:

F.A. v. Hayek erklärte Konjunkturschwankungen durch Spannungen im Zinsgefüge, vor allem durch das Auseinanderklaffen des von den Banken und der Zentralbank festgelegten Zinses und des *natürlichen* Zinses, der sich bei freiem Markt ergäbe.

Als Folge dieser – heute wieder aktuellen – Sicht war v. Hayek ein Gegner der von Keynes vorgeschlagenen Staatsinterventionen zur Nachfrageförderung.

13.2.3 Liberalismus

F.A. v. Hayek ist vor allem berühmt für seinen lebenslangen Kampf für die Freiheit. 1944 erschien sein Hauptwerk *Der Weg zur Knechtschaft*.

Seine Überlegung war, dass alle Arten von Sozialismus, Kollektivismus und Planwirtschaft unweigerlich zur Zerstörung der Freiheit und in die Knechtschaft führen. Dasselbe gilt für den Faschismus, der für v. Hayek seelenverwandt ist mit dem Sozialismus (vgl. die Ausführungen zur *coincidentia oppositorum* Abschn. 19.2.2).

Hayeks Hauptargumente sind bereits bei Ludwig von Mises zu finden: Menschen sind nicht in der Lage, alles zu planen. Versuchen sie es dennoch, kommt es über kurz oder lang zur Zerstörung der Freiheit.

Später erweiterte er seine Theorie bis hin zu einer umfassenden Ablehnung sämtlicher Staatsinterventionen. So verabscheute er auch das Wort *sozial*. Er bezeichnet es als „Wiesel-Wort" (amerikanisch: weasel-word). Dies kommt vom Wiesel, das angeblich ein Ei leer saugen kann, ohne dass man dies von außen sieht.

13.2.4 Bedeutung

F.A. v. Hayek war äußerst einflussreich. Seine kompromisslose Haltung für die Freiheit und gegen jegliche Staatsinterventionen hinterließ einen tiefen Eindruck, vor allem zur Zeit des kalten Krieges mit dem Gegner Sowjetunion. Margret Thatcher und Ronald Reagan waren tief beeindruckt von Hayek. Ein Beispiel ist Reagans Satz: „Der Staat ist nicht die Lösung, sondern das Problem."

Nach dem Zusammenbruch der Sowjetunion wurde v. Hayek zu einer der Symbolfiguren des neuen Aufbruchs in den Nachfolgestaaten. Heute ist man wieder etwas zurückhaltender. Wirtschaftliche Freiheit allein, ohne entsprechend unterstützende Politik und Rahmenbedingungen, führt nicht zu optimalen Resultaten.

13.3 Milton Friedman (1912–2006)

13.3.1 Leben

Neben F.A. v. Hayek ist Milton Friedman die zweite Galionsfigur des Neoliberalismus. Er wurde 1912 geboren als Sohn jüdischer Einwanderer in Brooklyn, New York. M. Friedman war ein hochbegabter Schüler, der mit 16 Jahren das Ökonomiestudium begann, zunächst in New York, dann in Chicago. Mit 34 Jahren wurde er Professor in Chicago, wo er bis zu seiner Emeritierung blieb. Danach setzte er seine Tätigkeit fort an der Universität Stanford in Kalifornien

13.3.2 Ökonomische Lehren

M. Friedman war ebenso wie v. Hayek Träger des Nobelpreises für Wirtschaft (1976). Im Gegensatz zu v. Hayek warfen seine ökonomischen Erkenntnisse hohe Wellen und waren lange Zeit, z. T. bis heute, im Zentrum heftiger Diskussionen. Bekannt wurde er durch seine Geldtheorie, den Monetarismus.

Obwohl die Geldtheorie auch heute wieder im Zentrum der wirtschaftlichen Diskussion steht, kann hier nicht sehr tief darauf eingegangen werden, da Geldpolitik und Geldtheorie nur indirekt mit den zentralen Themen dieses Buches zusammenhängen, nämlich mit den Fragen nach wirtschaftlicher Gerechtigkeit und einem optimalen Wirtschaftssystem.

Sehr kurz zusammengefasst: M. Friedman war der Begründer des Monetarismus, im Wesentlichen einer Fortsetzung der neoklassischen Quantitätstheorie. Die zentrale praktische Aussage lautet, dass eine Erhöhung der Geldmenge zu einer proportionalen Erhöhung des Preisniveaus führt, bei Übertreibungen also zu Inflation.

Damit stellte sich M. Friedman klar gegen Keynes und seine Vorschläge der Nachfrageankurbelung.

13.3.3 Liberalismus

Nach M. Friedman ist die Wirtschaft nur Mittel zum Zweck. Der Zweck ist die individuelle Freiheit.

Politisch vertritt Friedman ähnliche (vielleicht etwas weniger extreme) Positionen wie v. Hayek. Der Staat soll so wenig eingreifen wie möglich. Er soll das Privateigentum schützen, das Land verteidigen und die Ärmsten vor Hunger und Not bewahren. Sonst nichts.

M. Friedman zieht dabei recht weitgehende Folgerungen. Der Staat soll z. B. folgendes abschaffen: den Führerschein, Arztlizenzen, Schulpflicht, Drogenverbot und vieles mehr. Speziell soll er sich aus der Wirtschaftspolitik heraushalten und keine Konjunkturpolitik betreiben.

13.3.4 Bedeutung

Die Bedeutung von Milton Friedman ist außerordentlich groß. Er gilt als einer der einflussreichsten Ökonomen der zweiten Hälfte des 20. Jahrhunderts. Dabei ist sein Einfluss sowohl politisch als auch ökonomisch bedeutend. Politisch ist er – neben Hayek – eine Galionsfigur des Neoliberalismus, mit großem Einfluss auf Politiker wie Ronald Reagan und Margareth Thatcher. Seine kritiklose Unterstützung des (neoliberalen) Diktators Pinochet verursachte allerdings einige Kratzer an seinem Bild. Insgesamt war er einer der führenden Köpfe des Trends zu großer Wirtschaftsfreiheit der Jahre 1970 bis 2000.

Ökonomisch war er ebenfalls sehr einflussreich. Etwa in den 70er-Jahren schwankten die Zentralbanken langsam auf monetaristische Positionen von M. Friedman ein, da die Geldmengenausweitung als Folge der Nachfrageankurbelung nach Keynes immer deutlicher zu Inflation führte.

Seit der Dotcom-Krise 2002 und der Finanzkrise 2008 wird sein liberales Credo wieder vermehrt hinterfragt.

Ebenso der Monetarismus: die gigantische Geldmengenvermehrung der letzten Jahre hat bisher nicht zu Inflation geführt. Allerdings sind sich die meisten Ökonomen einig, dass hier ein gewaltiges verstecktes Inflationspotenzial besteht und die Zentralbanken extrem achtsam sein müssen, diese Geldmengen rechtzeitig wieder zu reduzieren.

14
Gleichgewichtsmodelle

14.1 Bedeutung von Gleichgewichtsmodellen

Der Gleichgewichtsgedanke ist wohl einer der ältesten der ganzen Philosophiegeschichte. Ursprünglich ging es nicht so sehr um wirtschaftliche Zusammenhänge, als vielmehr um das Gleichgewicht in der Natur, wobei aber der Mensch auch Teil der Natur ist. Ein solches Ur-Gleichgewicht kann auch Harmonie genannt werden. Der Harmoniegedanke ist zentral für die meisten älteren Philosophen und Religionen, von der alten chinesischen Philosophie (Laotse und Konfuzius), über die klassische griechische Philosophie (vor allem Pythagoras, aber auch Sokrates, Platon, Aristoteles) bis hin zum Christentum (z. B. wenn Christus sagt, man solle sich nicht zu sehr kümmern und ängstigen, es sei für alle gesorgt).

Man mag solche Vorstellungen als etwas naiv empfinden. Die Aussage ist jedoch, dass nicht nur die Natur, sondern auch die Gesellschaft einem harmonischen Zustand zustreben würde, wenn die Menschen hinreichend vernünftig wären. Da sie dies aber nicht immer sind, braucht es flankierende Maßnahmen. Für die Wirtschaft wurde der Gedanke des Gleichgewichts und der Harmonie von Adam Smith eingeführt, wobei er statt dem Wort *Harmonie* den Begriff „unsichtbare Hand" verwendete.

Der zweite große Name im Zusammenhang mit dem Gleichgewichtsgedanken ist Léon Walras. Er bewies 1877, dass unter recht allgemeinen Bedingungen die freie Konkurrenzwirtschaft zu einem allgemeinen Gleichgewicht führt (Kap. 11).

Der dritte große Name im Zusammenhang mit dem Gleichgewichtsgedanken gehört zwei Personen, nämlich Arrow und Debreu.

14.2 Kenneth Arrow (geb. 1921)

Kenneth Arrow wurde in New York City geboren. Er war ein Leben lang in der Forschung und Beratung tätig. Ab 1940/1941 war er Professor für Wirtschaft und Statistik, zuerst in Stanford, dann in Harvard, schließlich wieder in Stanford.

1951 veröffentlichte er das *Unmöglichkeitstheorem* (Kap. 15). 1954 folgte, zusammen mit Gerard Debreu, die Veröffentlichung des Beweises der Existenz und Effizienz eines allgemeinen Marktgleichgewichts.

Arrow selbst nennt als seine wissenschaftlich wichtigsten Beiträge, neben dem Unmöglichkeitstheorem und dem Beweis eines allgemeinen Marktgleichgewichts, vor allem seine Arbeiten über Informations-Asymmetrien, Gesundheitsökonomie und Rassendiskriminierung.

1972 erhielt Arrow den Nobelpreis für Wirtschaft, für seine Beiträge zur Gleichgewichtstheorie.

14.3 Gerard Debreu (1921–2004)

Gerard Debreu wurde in Calais in Nordfrankreich geboren. 1945 schloss er sein Studium an der Universität Paris in Mathematik ab und wandte sich der Ökonomie zu. Ab 1948 folgte eine rege

Forschungs- und Dozententätigkeit, vor allem an Universitäten in den USA, ab 1960 auch weltweit.

1983 erhielt Debreu den Nobelpreis für Wirtschaft, für seine Beiträge zur Gleichgewichtstheorie.

14.4 Das Gleichgewichtsmodell von Arrow und Debreu

Léon Walras hatte 1877 bewiesen, dass unter recht allgemeinen Bedingungen die freie Konkurrenzwirtschaft zu einem allgemeinen Gleichgewicht führt.

Arrow und Debreu erweiterten diesen Ansatz in ganz wesentlicher Weise. In einer gemeinsamen Veröffentlichung von 1954 beweisen sie, dass eine reine Konkurrenzwirtschaft (also eine freie Marktwirtschaft) nicht nur zu einem Gleichgewicht gelangt, sondern dass dieses Gleichgewicht auch pareto-optimal, also effizient ist. Pareto-optimal bedeutet, dass man keinen Menschen oder keine Menschengruppe besser stellen kann, ohne einen anderen Menschen oder eine andere Menschengruppe schlechter zu stellen (Kap. 11 und 15).

Das Gleichgewichtsmodell von Arrow und Debreu wird im nächsten Kapitel (Wohlfahrtstheorie) noch eingehender betrachtet.

Voraussetzungen für das Theorem von Arrow und Debreu sind vor allem zwei Annahmen:

- Der Mensch handelt *rational* (d. h. insbesondere nutzenmaximierend)
- Der Markt ist frei, und auch alle relevanten Informationen sind frei zugänglich

Dies wird noch eingehender zu diskutieren sein (Kap. 15).

Dieses Ergebnis ist aber fundamental. Es ist eine Art Höhepunkt der Theorie des freien Marktes, und gleichzeitig ist es die Grundlage für die beiden Hauptsätze der neueren Wohlfahrtstheorie.

Der mathematische Beweis dieses Theorems ist sehr abstrakt und anspruchsvoll. Es verwendet Methoden aus dem Bereich der Topologie. Die Topologie ist ein modernes Gebiet der Mathematik, das sich mit den Strukturen des Raumes befasst (Topos: griechisch für *Raum*).

Von der praktischen Relevanz her ist dieses phänomenale und fundamentale Resultat allerdings etwas zu relativieren, und zwar in mindestens dreierlei Hinsicht:

Erstens gibt es den völlig rationalen Menschen, den *homo oeconomicus*, nicht wirklich.

Zweitens gibt es diese freie Marktwirtschaft, mit völliger Konkurrenz und symmetrischer Information, auch nicht wirklich.

Und schließlich, drittens, ist eine pareto-optimale Wirtschaft nicht unbedingt eine gerechte Wirtschaft.

Diese drei Kritikpunkte sind grundsätzlicher Natur und sind natürlich noch eingehender zu betrachten.

Die beiden ersten, die Annahmen der völligen Konkurrenz und des homo oeconomicus, sind Gegenstand intensiver Auseinandersetzungen der modernen Wirtschaftswissenschaft. Sie werden in den folgenden Kapiteln noch kurz beschrieben. Zu diesen beiden Kritikpunkten lässt sich jedoch folgendes sagen: Die Tatsache, dass die beiden Voraussetzungen nicht vollständig zutreffen, bedeutet nicht, dass die Erkenntnisse von Arrow/Debreu völlig falsch sind. Es gilt hier nicht die streng mathematische Logik, dass eine Schlussfolgerung falsch ist, wenn die Voraussetzungen nicht völlig richtig sind. Vielmehr gilt hier wie in allen angewandten Wissenschaften eine Annäherung an die Wirklichkeit. Wenn die Wirtschaft „hinreichend" frei ist, die Menschen

„hinreichend" rational sind, dann sind auch die Schlussfolgerungen „hinreichend" vernünftig.

Dies ist kein Satz der mathematischen Logik und er dürfte auch Widerspruch auslösen. Es ist aber ein Satz der praktischen Vernunft, und ein Blick in die Realität bestätigt dies.

Von anderer Art ist der dritte Kritikpunkt: Pareto-Optimalität heißt noch nicht Gerechtigkeit. Dieser Punkt ist fundamental, und er ist auch einer der Ausgangspunkte der nachfolgenden Überlegungen (Kap. 15, und auch Teile III, IV und V dieses Buches).

Streng genommen ist dies aber keine Kritik am Theorem von Arrow/Debreu. Das Theorem sagt ausdrücklich nicht, die freie Marktwirtschaft führe zu gerechten Lösungen, es sagt nur, sie führe zu pareto-optimalen Lösungen.

Daher bleibt das Gleichgewichtsmodell von Arrow und Debreu eine der fundamentalsten Erkenntnisse der Wirtschaftswissenschaft, wenn auch eine, die mit Vorsicht zu interpretieren ist und die gerade deshalb Raum öffnet für wichtige weitere Überlegungen.

14.5 Übergang zu den weiteren Kapiteln von Teil II

Die etwa 15 Jahre nach Ende des zweiten Weltkrieges, also bis etwa 1960, sind eine Art vorläufiger Höhepunkt der ökonomischen Lehre, da hier, vielleicht zum letzten Mal, umfassende Sichtweisen der Wirtschaftswissenschaft erarbeitet wurden. Seitdem hat sich die Wirtschaftswissenschaft in unglaublichem Maße aufgefächert und in viele Teilbereiche aufgegliedert. So wird etwa Paul Samuelson, welcher 1949 die *foundations of economic analysis* veröffentlichte, oft als letztes „Universalgenie" der Wirtschaftswissenschaft bezeichnet. Später verfasste er sein berühmtes

Lehrbuch *Economics* (deutsch: Volkswirtschaftslehre), welches zum meistverkauften Buch der Wirtschaftswissenschaft wurde und Generationen von Ökonomen beeinflusste.

Mit diesen Bemerkungen endet die chronologische Darstellung des ökonomischen Denkens in diesem Buch. Die Auffächerung der verschiedenen Denkrichtungen wird nun so groß, dass von hier an nach Themengruppen unterschieden wird.

15
Wohlfahrtstheorie

15.1 Einleitung

Die Wohlfahrtstheorie bzw. Wohlfahrtsökonomie beschäftigt sich nicht primär mit Fragen der Produktion oder der Preisgestaltung, sondern allgemeiner mit dem wirtschaftlichen Wohlergehen der Menschen. Teilweise geht sie auch über das rein Wirtschaftliche hinaus.

Das Bruttoinlandsprodukt und die Effizienz wirtschaftlichen Handelns sind durchaus ein Thema. In vielen Betrachtungen ist die Größe des Bruttoinlandsprodukts denn auch ein Indikator für die Wohlfahrt. Daneben spielen aber auch Fragen der Verteilung von Einkommen oder Vermögen eine Rolle.

Ein zentraler Begriff der Wohlfahrtstheorie ist der Nutzen oder die Nützlichkeit für die Menschen. In ihren Anfängen hat sich diese Theorie denn auch an Ideen um Jeremy Bentham und John Stuart Mill angelehnt (Kap. 5).

Die Wohlfahrtstheorie ist ein sehr breit angelegtes Gebiet, das auch recht schwierig gegenüber anderen Bereichen abzugrenzen ist. Sie ist stark geprägt durch die Neoklassik und gilt auf weiten Strecken als ein Teilgebiet der Mikroökonomie, also des Teils der Ökonomie mit individualistischem Ansatz. Einige Bereiche gehören aber durchaus zur Makroökonomie.

Zeitlich gehen wir in den Abschn. 15.2. und 15.3. wieder vor Arrow/Debreu zurück. Wichtige Teile der Wohlfahrtstheorie wurden bereits vor 1960 entwickelt. Aus Gründen der Einheit der Materie werden sie aber auch hier in Kap. 15 behandelt.

Die Vorschläge in Teil III und IV dieses Buches können zur Wohlfahrtsökonomie gezählt werden und zwar eher zum makroökonomischen Bereich. Aus diesem Grund wird die Wohlfahrtstheorie hier etwas ausführlicher behandelt als die übrigen Teile der Ökonomie.

15.2 Ältere Wohlfahrtsökonomie

15.2.1 Jeremy Bentham und John Stuart Mill

Die ältere Wohlfahrtsökonomie geht wesentlich auf J. Bentham zurück. Bentham postuliert als Ziel der Gesellschaft oder des Staates den größtmöglichen gesamten Nutzen. Konzentriert man sich auf den wirtschaftlichen, messbaren Nutzen, und geht man zudem davon aus, dass der Nutzen verschiedener Menschen gemessen und zusammen gezählt werden kann (sog. kardinaler Nutzen), dann ergibt sich als Gesamtnutzen recht genau das Bruttoinlandsprodukt. Die Optimierung des Bruttoinlandsprodukts ist daher aus dieser Sicht das Ziel gesellschaftlichen und staatlichen Handelns.

Dies ist ein Gedanke, der auch heute noch von großer Wichtigkeit ist und die ökonomische Wissenschaft bis heute stark prägt.

Einen recht großen Haken hat diese Sicht allerdings: Die Verteilung des Bruttoinlandsprodukts spielt keine Rolle. Ob viele Arme und wenig Reiche, oder ob einigermaßen gerechte Verteilung: Hauptsache, das Bruttoinlandsprodukt wächst. Diesen Mangel haben bereits J. Bentham und vor allem J. St. Mill gesehen. Mill schlägt dafür ausgleichende Maßnahmen vor. Dennoch bleibt es nach Sicht der älteren Wohlfahrtstheorie dabei, dass die Optimierung des BIP Ziel des gesellschaftlichen und staatlichen Handelns sei.

15.2.2 Alfred Marshall (1842–1924)

Sowohl A. Marshall als auch sein Schüler A. C. Pigou sind große Ökonomen am Übergang zwischen Neoklassik und Moderne.
Beide haben überragende Verdienste. Hier soll aber vor allem deren Beitrag zur Wohlfahrtsökonomie hervorgehoben werden. Die bahnbrechende Neuigkeit in der Wohlfahrtstheorie gegenüber Bentham und Mill war die systematische Einführung der Idee des abnehmenden Grenznutzens.

Wie bereits in Kap. 11 beschrieben wurde, ist der Nutzen von 100 Geldeinheiten für den Armen höher als für den Reichen. Berücksichtigt man bei der Addition der zahlenmäßig messbaren (kardinalen) Nutzen aller Individuen das Gesetz vom abnehmenden Grenznutzen, ergibt sich ein ganz neues Bild. Verteilt man 100 Geldeinheiten von einem Reichen zu einem Armen, dann steigt der Gesamtnutzen. Diesen Gedanken kann man nun wiederholen und man endet beim Resultat, dass der Gesamtnutzen am größten ist bei völliger Gleichverteilung!

Sowohl Marshall als auch Pigou war klar, dass dieses Resultat nicht sinnvoll war und auch nicht durchsetzbar wäre. Dagegen sprechen vor allem Gründe der Anreize und der Gerechtigkeit.

Völlige Gleichverteilung ist ungerecht, weil der Fleißige mehr belohnt werden soll als der Faule. Und völlige Gleichverteilung zerstört den Anreiz (incentive) zu Leistung, da Belohnung ein wichtiger Anreiz ist. Marshall und Pigou forderten daher keineswegs Gleichverteilung. Ihre Erkenntnisse waren aber überzeugend genug, um eine progressive Einkommens - und Vermögenssteuer zu postulieren.

15.2.3 Arthur Cecil Pigou (1877–1959)

A. C. Pigou war ein Zeitgenosse von Keynes und lehrte auch mit ihm zusammen in Cambridge (England). Er stand zeitlebens im Schatten seines berühmten Kollegen. Er vertrat im Gegensatz zu

Keynes neoklassische Ansichten und war daher hilflos in Bezug auf die große Depression.

In verschiedenen Beziehungen war er jedoch hochmodern und seiner Zeit weit voraus. Er gilt als einer der Gründer der Wohlfahrtstheorie. Vor allem zwei Erkenntnisse sind bis heute einflussreich geblieben.

Erstens beschäftigte er sich mit Wohlfahrtsfunktionen. Wohlfahrtsfunktionen sind mathematische Definitionen des Begriffs Wohlfahrt. Sie werden weiter hinten noch ausführlich behandelt. Pigou erkannte, dass Wohlfahrt nicht nur von der Höhe des Pro-Kopf-Einkommens abhängt, sondern auch von anderen Dingen, wie insbesondere der Einkommens- und Vermögensverteilung. Er sprach explizit aus, dass eine Wohlfahrtsfunktion diese beiden Größen beinhalten sollte: das Bruttoinlandsprodukt pro Kopf und einen Parameter für die Verteilung. Bei der Verteilung kam er allerdings aufgrund von Grenznutzenüberlegungen zu völliger Gleichverteilung. Dies konnte nicht stimmen, aber eine (mathematische) Lösung dieses Problems fand er nicht.

Zweitens beschreibt Pigou erstmals das, was heute bekannt ist unter dem Namen *externe Effekte*.

Externe Effekte sind Kosten- oder Nutzen-Konsequenzen, die nicht bei demjenigen anfallen, der eine bestimmte Entscheidung getroffen hat, sondern bei anderen, und die nicht durch Marktpreise abgegolten werden.

Solche externen Effekte sind nicht seltene Ausnahmen, sondern recht häufig. Ein wichtiges Beispiel für externe Kosten sind etwa Schäden durch Abgase.

Entscheidend ist Pigous Erkenntnis, dass solche Effekte wohlstandsreduzierend sind, wenn sie nicht finanziell abgegolten werden, da sie zu Fehlallokationen führen.

Dies ist gleichzeitig ein Beispiel für die Modernität von Pigou: er forderte bereits 1920 Umweltschutz-Abgaben.

15.3 Neuere Wohlfahrtstheorie

Die neuere Wohlfahrtstheorie geht entscheidend auf Vilfredo Pareto zurück und wird daher oft auch *paretianische* Wohlfahrtstheorie genannt.

Der Grundgedanke der neueren Wohlfahrtstheorie ist der Übergang vom kardinalen zum ordinalen Nutzen (vgl. Abschn. 11.3). Obwohl dieser Schritt durch Pareto schon wesentlich früher vollzogen wurde als die wohlfahrtstheoretischen Überlegungen von Pigou, setzte sich dieses Denken erst allmählich durch und führte zum Namen *neuere* Wohlfahrtstheorie.

Der Übergang vom kardinalen zum ordinalen Nutzen ist gleichzeitig fundamental und zwiespältig. Fundamental ist er, weil nun interpersonelle Vergleiche nicht mehr ohne weiteres möglich sind. Vor allem können nicht mehr vergleichbare Zahlen den individuellen Nutzen zugeordnet werden, und damit entfällt natürlich die Möglichkeit, solche Zahlen einfach zu addieren und so einen *Gesamtnutzen* zu bestimmen.

Zwiespältig ist dieser Übergang vom kardinalen zum ordinalen Nutzen, weil damit das Kind mit dem Bade ausgeschüttet wird.

Die Schwierigkeit einer Gesamtnutzen-Betrachtung sei in Abb. 15.1 gezeigt.

Ausgangspunkt sei der Punkt A. Bei Punkt A ist ein gewisser Gesamtnutzen für die Personen 1 und 2 gegeben. Nun ist klar, dass in der schwarzen Fläche oben rechts der Gesamtnutzen beider Personen größer ist als in A, da er ja für beide dort größer ist. In der Fläche unten links von A ist der Gesamtnutzen kleiner. In diesen Bereichen kann der Gesamtnutzen mit A verglichen werden.

Aber was ist mit den weißen Gebieten, beispielsweise bei Punkt B? Im Punkt B ist der Nutzen für Person 1 größer als in Punkt A, für Person 2 jedoch kleiner. Was ist mit dem Gesamtnutzen für beide Personen? Wenn wir den Zusatznutzen für Person 1 und

138 Die Fairness-Formel

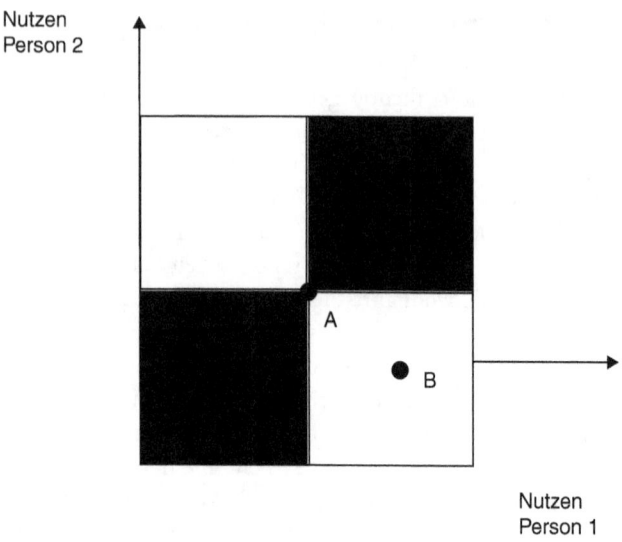

Abb. 15.1 Gesamtnutzen-Betrachtung

die Nutzeneinbuße für Person 2 nicht vergleichen können, dann können wir auch nicht sagen, ob der Gesamtnutzen in Punkt A größer, kleiner oder gleich ist im Vergleich zu Punkt B.

Wenn Nutzen zwischen verschiedenen Personen nicht mehr verglichen werden kann, dann kann man auch nicht mehr den Nutzen höherer oder tieferer Einkommen oder Vermögen bestimmen und miteinander vergleichen. Man kann also keine Vergleiche und schon gar nicht Optimalitäts-Überlegungen anstellen zur Einkommens- oder Vermögensverteilung.

Die Wohlfahrtstheorie wird damit reduziert auf gesamtwirtschaftliche Fragen ohne Berücksichtigung der Verteilung, ohne Berücksichtigung von Begriffen wie Verteilungsgerechtigkeit. Dies ist eine sehr abgemagerte Wohlfahrtstheorie, die Frage der Verteilungsgerechtigkeit wird ausgeklammert. Trotzdem ist nicht zu verkennen, dass der ordinale Nutzenbegriff psychologisch und philosophisch richtig ist. Menschen sind verschieden, und es ist ein gewaltiger Fortschritt, diese Verschiedenheit auch anzuerkennen, indem man die Gleichheit des Nutzens ablehnt.

Es ist denn auch heute kaum bestritten, dass aus tiefliegenden psychologischen und philosophischen Gründen der ordinale Nutzenbegriff dem kardinalen vorzuziehen ist. Er entspricht dem Respekt vor der Verschiedenartigkeit der Individuen.

Eine andere Frage ist, ob nicht doch gewisse Ähnlichkeiten bestehen, auf denen man aufbauen könnte. Menschen sind zwar verschieden, sie haben aber auch große Ähnlichkeiten. Dies zusammenzubringen, ist die vielleicht größte Herausforderung der Wohlfahrtstheorie.

Kann man, wenn man von der Ordinalität des Nutzens ausgeht (d. h. Nicht-Vergleichbarkeit und Nicht-Addition) überhaupt noch irgendwelche Aussagen über eine optimale Wirtschaft machen?

Dies ist möglich und führt direkt zur Optimalitäts-Definition, die Pareto vorschlägt und die seither Pareto-Optimum heißt: Eine wirtschaftliche Situation ist dann optimal, wenn niemand mehr besser gestellt werden kann, ohne gleichzeitig einen anderen schlechter zu stellen. Bildlich gesprochen bewegen wir uns bei dieser Definition in den schwarzen Flächen der obenstehenden Grafik, wo ein Vergleich möglich ist.

Bei dieser Definition benötigt man keinen Nutzenvergleich zwischen verschiedenen Personen.

Dies ist auch die einzig mögliche Optimalitäts-Definition, wenn man vom ordinalen Nutzen ausgeht. Denn jede Änderung, bei welcher einzelne Personen besser gestellt werden, andere aber schlechter, kann beim ordinalen Nutzenbegriff nicht beurteilt werden, da man nicht entscheiden kann, was stärker ist: der Nutzenzuwachs der Verbesserung oder der Nutzenverlust der Verschlechterung.

Das Pareto-Optimum ist daher eine logische Konsequenz des ordinalen Nutzenbegriffs. Gleichzeitig ist aber evident, dass das

Pareto-Optimum nichts zu tun hat mit Gerechtigkeit. Ein Land mit einem superreichen Menschen, in welchem alle anderen mausarm sind, kann pareto-optimal sein, wenn man den Armen nichts geben kann, ohne es dem Superreichen wegzunehmen. Damit zeigt sich, dass das Pareto-Optimum ein reines Effizienzkriterium ist. Die Lage für einige zu verbessern, ohne sie für andere zu verschlechtern, kann als Effizienzsteigerung gedeutet werden. Pareto-optimal bedeutet effizient, mit Gerechtigkeit hat es nichts zu tun.

Technische Erläuterungen: Die Pareto-Bedingungen

Die Frage lautet: Unter welchen Bedingungen kann ein Pareto-Optimum erreicht werden?

In der Literatur zur Wohlfahrtstheorie nimmt die Beantwortung dieser Frage oft breiten Raum ein. Mathematisch geht es um die Optimierung einer Zielfunktion (z. B. der Nutzen eines Individuums) unter Nebenbedingungen (z. B. dass der Nutzen aller anderen Individuen unverändert bleibt).

Dieses mathematische Problem kann gelöst werden durch Einführung einer sogenannten Lagrange-Funktion mit den Lagrange-Multiplikatoren. Dies soll hier nicht näher erläutert werden.

Als Resultat ergeben sich Bedingungen, die erfüllt sein müssen, damit ein Pareto-Optimum entsteht.

Die Lösungen haben technischen Charakter und lauten etwa wie folgt: Betrachtet man beispielsweise den Gütereinsatz für die Produktion in verschiedenen Unternehmen, dann lautet die Pareto-Bedingung, dass die Grenzrate der Substitution zweier Produktionsfaktoren für alle Unternehmen, die diese Faktoren einsetzen, gleich sein muss.

Ebenso wichtig oder wichtiger als diese Bedingungen ist die Auseinandersetzung mit den Fällen, in welchen ein Pareto-Optimum prinzipiell nicht erreichbar ist. Es sind insbesondere folgende Fälle:
- Marktversagen, speziell infolge von externen Effekten oder asymmetrischer Information,
- Marktmacht, vor allem durch die Existenz von Monopolen.

15.4 Die drei Hauptsätze der Wohlfahrtstheorie

Die drei Hauptsätze der Wohlfahrtstheorie sind alle mit dem Namen von Kenneth Arrow aufs Engste verbunden (vgl. Kap. 14.4), der erste Hauptsatz auch mit Gerard Debreu. Der dritte Hauptsatz wird gelegentlich nicht als Hauptsatz bezeichnet, sondern lediglich als *Unmöglichkeitstheorem von Arrow*. In dieser Sicht gibt es dann nur zwei Hauptsätze.

15.4.1 Erster Hauptsatz

Dieser Satz ist identisch mit dem Gleichgewichts-Theorem von Arrow und Debreu. Wie dort bereits dargelegt, ist es eine Aussage über die Effizienz der freien Marktwirtschaft. Die Marktwirtschaft führt nicht nur zu einem Gleichgewicht; dieses Gleichgewicht ist auch effizient im Sinne der Pareto-Optimalität.

Der erste Hauptsatz lautet:

Das Gleichgewicht, zu dem der freie Markt gelangt, ist pareto-optimal.

Dieses Ergebnis erlaubt auch eine Schlussfolgerung: Die Marktwirtschaft allein, ohne weitere Rahmenbedingungen, führt nicht notwendigerweise zu einem gerechten Gleichgewicht!

Das heißt, dass die Metaphern vom steigenden Wasser, das alle Boote anhebt, oder vom Heruntersickern des Reichtums, nicht zwingend zutreffen.

Sehr wichtig bei diesem Hauptsatz (und auch bei den weiteren Hauptsätzen) sind die Voraussetzungen, unter welchen sie bewiesen werden können.

Ein rigoroser mathematischer Beweis, wie er bei allen drei Hauptsätzen vorliegt, erfordert entsprechend rigorose, klar formulierte Voraussetzungen. Diese Voraussetzungen sind zwar bei allen Hauptsätzen erstaunlich allgemein, aber doch nicht ganz beliebig. So wird stets davon ausgegangen, dass Menschen in der Wirtschaft rational handeln und der Markt frei funktioniert. Auf diese beiden Voraussetzungen wird noch zurückzukommen sein (Abschn. 15.5).

15.4.2 Zweiter Hauptsatz

Der zweite Hauptsatz lautet:
Zu jeder vorgegebenen Verteilung gibt es eine durch die freie Marktwirtschaft erzielbare pareto-optimale Lösung.

Eine noch genauere Formulierung enthält der Zusatz, dass dies bereits gilt, wenn nur *marktneutrale Instrumente* verwendet werden, d. h. Steuern und Transferzahlungen. Mit anderen Worten heißt dies, dass es immer möglich ist, mit marktneutralen Instrumenten eine gewünschte Einkommensverteilung zu erzielen. Der freie Markt sorgt dann dafür, dass im Rahmen dieser Vorgaben eine pareto-optimale, also effiziente Lösung erreicht wird.

Damit wird ein entscheidender Schritt über den ersten Hauptsatz hinaus getan. Nach dem ersten Hauptsatz ist das Marktgleichgewicht pareto-optimal und damit effizient. Es kann aber völlig ungerecht sein. Wir wollen aber nicht nur irgendein Pareto-Optimum, sondern ein möglichst gerechtes. Der zweite Hauptsatz sagt nun, dass dies möglich ist. Es können gerechte Lösungen gefunden werden, ohne dass es dadurch zu Effizienzeinbußen kommt. Die Voraussetzung ist allerdings die Anwendung marktneutraler Instrumente, und das heißt Pauschalsteuern und Pauschaltransfers. Pauschal heißt, dass das wirtschaftliche Verhalten der Empfänger dadurch nicht verändert wird.

Praktisch heißt dies, dass der zweite Hauptsatz nur näherungsweise gilt, da es solche Instrumente in Reinform nicht gibt. Das heißt, dass bei Steuern und Transferzahlungen gewisse Ineffizienzen in Kauf genommen werden müssen, will man das Ziel einer gerechten Wirtschaft erreichen.

15.4.3 Dritter Hauptsatz

Der dritte Hauptsatz ist auch bekannt unter dem Namen *Unmöglichkeitstheorem von Arrow*. Dazu einige Vorbemerkungen.

In Abschn. 15.2.3 wurde der Begriff der Wohlfahrtsfunktion erläutert. Eine Wohlfahrtsfunktion ist im Wesentlichen eine mathematische Definition der Wohlfahrt. Wohlfahrt wird in Abhängigkeit bestimmter Parameter beschrieben, wie z. B. Bruttoinlandsprodukt, Einkommensverteilung und anderes. Wohlfahrtsfunktionen spielen in der Wohlfahrtstheorie eine große Rolle, da sie aufzeigen, welche Parameter Wohlfahrt bestimmen und in welcher Weise.

In der Neoklassik, in welcher Wohlfahrtsfunktionen entstanden sind, ging man davon aus, dass man eine Wohlfahrtsfunktion dadurch erhält, dass man von bestimmten Annahmen über den individuellen Nutzen ausgeht und die gesellschaftliche Wohlfahrt durch Aggregation (Zusammenfügen) der individuellen Nutzen erhält.

Arrow machte mit seinem Theorem einen dicken Strich durch solche Bemühungen. Es gilt nämlich das Unmöglichkeitstheorem von Arrow:

Es ist nicht möglich, mit (höchst vernünftigen) Annahmen über den individuellen Nutzen und (höchst vernünftigen) Annahmen über den Aggregationsprozess eine widerspruchsfreie und vollständige Wohlfahrtsfunktion zu konstruieren.

Mit diesem Theorem wird die Hoffnung zerstört, man könne Wohlfahrtsfunktionen aufgrund von sinnvollen Annahmen über das menschliche, individuelle Verhalten entwickeln. Wohlfahrtsfunktionen sind aber wichtig, geben sie doch die Richtung an, in der sich Wirtschaft und Gesellschaft entwickeln sollten, um die Wohlfahrt zu erhöhen.

Zunächst ist zu erklären, was mit „höchst vernünftig" gemeint ist.

Arrow traf vorweg allgemein anerkannte Annahmen über die Bestimmung des individuellen Nutzens (z. B. die Transitivität, d. h. wenn jemand die Situation a der Situation b vorzieht und die Situation b der Situation c, dann zieht er auch die Situation a der Situation c vor; mathematisch: wenn $a>b$ und $b>c$, dann gilt auch $a>c$).

Zudem formulierte er einige wenige, allgemein anerkannte Regeln für den Aggregationsprozess (z. B. das Verbot eines Diktators, d. h. es darf niemanden geben, der anderen seine Präferenzen aufzwingt).

Und nun bewies Arrow mit mathematischen Methoden sein höchst erstaunliches Theorem.

15.5 Auswirkungen der drei Hauptsätze

Die ersten beiden Hauptsätze enthalten für die Diskussion zur Frage des „besten" Wirtschaftssystems fundamentale Erkenntnisse. Nach Hauptsatz 1 führt der faire Markt nicht nur zu einem Gleichgewicht, sondern auch zu einem pareto-optimalen, also effizienten Gleichgewicht.

Nach Hauptsatz 2 kann mit Hilfe des freien Marktes auch jede gewünschte Verteilung erreicht werden, allerdings braucht es dazu entsprechende Vorgaben und Einflüsse durch den Staat.

Bei beiden Ergebnissen spielen zwei Voraussetzungen eine große Rolle:
- Der homo oeconomicus
- Der vollkommene Wettbewerb

Da diese Voraussetzungen in der Wirklichkeit nicht gegeben sind, ist eine Auseinandersetzung mit den Abweichungen von diesen Annahmen notwendig. Diese Auseinandersetzung führte zu interessanten Erkenntnissen und ganz neuen Bereichen der Wirtschaftswissenschaft.

Die Abweichungen von der Annahme des homo oeconomicus führte u. a. zur Verhaltensökonomie (vgl. Abschn. 16.2). Die Abweichungen von der Annahme des vollkommenen Wettbewerbs führten u. a. zur Theorie des Marktversagens (vgl. Abschn. 15.7).

Auch das Unmöglichkeitstheorem (oder Hauptsatz 3) erwies sich als sehr fruchtbar. Zunächst hatte es eine tiefe Verunsicherung zur Folge. Erst nach einiger Zeit löste sich der Schock und führte zu lebhaften und fruchtbaren Auseinandersetzungen.

Verantwortlich für den dritten Hauptsatz sind vor allem zwei Voraussetzungen, die nun genauer diskutiert werden:
- Die Annahme der Ordinalität des Nutzens (vgl. Abschn. 15.5.1).
- Die Problematik der Aggregation. Die Diskussion dazu führte zu einer neuen Theorie, die Sozialwahltheorie (*Social Choice*, vgl. Abschn. 15.5.2).

15.5.1 Die Problematik der Ordinalität

Die von der Psychologie her begründbare, „richtige" Erkenntnis der Ordinalität des Nutzens erwies sich nun in vielerlei Hinsicht als Hypothek.

Wenn der Nutzen nicht in interpersonell vergleichbaren Zahlenwerten gemessen werden kann, dann wird die Diskussion über Wohlfahrt und wirtschaftliche Gerechtigkeit schwieriger.

Es wird schwierig, verschiedene Situationen zu vergleichen und zu ordnen. Als Vergleichsprinzip bleibt scheinbar nur noch die Pareto-Optimalität übrig, welche aber keine Aussagen über Verteilungsgerechtigkeit erlaubt. Vgl. aber Teil IV, wo ein solches Vergleichsprinzip definiert wird.

Der erste Hauptsatz der Wohlfahrtstheorie ist zwar bedeutungsvoll, aber im Hinblick auf Gerechtigkeitsüberlegungen ist er blutleer. Dies ist wesentlich auf die Ordinalität des Nutzens zurückzuführen.

Auch das Unmöglichkeitstheorem von Arrow ist hauptsächlich eine Folge der Ordinalität des Nutzens.

Für die philosophische Position des Utilitarismus wird es ebenso schwierig. Der Utilitarismus postuliert ja, dass der Gesamtnutzen zu optimieren sei. Was sind hier noch für Aussagen möglich, wenn man Nutzen nicht messen und nicht interpersonell vergleichen kann?

Grundsätzlich gibt es drei Möglichkeiten, um aus der Stagnation des Unmöglichkeitstheorems herauszukommen.

1. Möglichkeit: Man gibt die Idee der Ordinalität auf.

Man bleibt zwar beim individualistischen Ansatz, d. h. man sucht Aussagen über die Wohlfahrt weiterhin auf Annahmen über das individuelle Verhalten abzustützen. Dafür verlässt man den Boden der (reinen) Ordinalität und kehrt zurück zu einer neuen Form von Kardinalität.

Dies gelingt durch die Annahme, die Menschen seien eben im Wesentlichen vergleichbar, vor allem bei ihren wichtigsten wirtschaftlichen Prioritäten. Dazu dient etwa die Vorstellung eines objektiven, rationalen und wohlwollenden Menschen, der die Bedürfnisse aller Menschen ohne spezielle Extravaganzen widerspiegelt.

2. Möglichkeit: Man gibt die Idee der Aggregation auf.

Dabei bleibt man bei der Ordinalität des Nutzenbegriffs, geht aber ab von der Vorstellung, Aussagen über die Wohlfahrt müssten sich auf Annahmen über das individuelle Verhalten axiomatisch abstützen. Das heißt nicht, dass das individuelle Verhalten nicht mehr wichtig ist, sondern nur, dass es nicht mehr atomistisch zusammengesetzt wird, sondern in anderer Form berücksichtig wird.

3. Möglichkeit: Man geht neue Wege
Man kann natürlich auch versuchen, eine Wohlfahrtsfunktion auf neue Weise zu definieren, ohne Abstützung auf (vermeintlich) individuelles Verhalten und ohne Nutzenbegriff. Die in diesem Buch entwickelte Fairness-Formel, die auch eine Art sehr einfache Wohlfahrtsfunktion ist, gehört in diese Kategorie des *neuen Weges*.

15.5.2 Fragen zur Aggregation

Die Auseinandersetzung mit dem Unmöglichkeitstheorem von Arrow und speziell mit der Aggregationsproblematik war Ausgangspunkt für eine neue, interessante Theorie, die Sozialwahltheorie oder Theorie der kollektiven Entscheidung (*Social Choice*).

Es geht dabei darum, wie aufgrund von Präferenzen einzelner Individuen oder Gruppen sinnvolle Entscheidungen für die Gesamtheit zustande kommen. Vor allem interessieren Verfahren, die verhindern, dass einzelne Gruppen übermäßig Einfluss nehmen können oder andere sogar manipulieren und sich gegeneinander ausspielen können. Diese Theorie hat sich zu einer selbständigen wissenschaftlichen Disziplin entwickelt, mit starken Berührungspunkten zur neuen politischen Ökonomie (Abschn. 16.1) und zur Spieltheorie (Abschn. 16.3). Als wichtigste Vertreter der Sozialwahltheorie gelten James Buchanan und Amartya Sen.

Ahnherr solcher Überlegungen ist der Marquis de Condorcet, der bereits 1785 das berühmte nach ihm benannte Paradox entdeckt hatte: wenn z. B. drei Personen X, Y und Z unterschiedliche Prioritäten bei drei Alternativen haben, also etwa (a > b > c), (b > c > a) und (c > a > b), dann kann durch einfache Mehrheitswahl keine eindeutige beste Lösung ermittelt werden [Das Zeichen > steht für Priorität].

15.6 Wohlfahrtsfunktionen und soziale Indikatoren

15.6.1 Die Bedeutung einer Wohlfahrtsfunktion

Die Definition einer Wohlfahrtsfunktion wurde bereits in Abschn. 15.2. gegeben. Dort wird auch ausgeführt, dass Wohlfahrtsfunktionen ein natürliches und wichtiges Instrument der Wohlfahrtstheorie sind. Dies gilt nicht nur für die Theorie, sondern könnte auch von großer praktischer Bedeutung sein. Wäre eine aussagekräftige Wohlfahrtsdefinition in Form einer Funktion vorhanden, dann ließe sich durch Optimierung die Wohlfahrt verbessern. Konkret: durch Einflussnahme auf die Parameter, und zwar in messbarer Weise, könnte Wohlfahrt optimiert werden.

Ein weiterer Vorteil der Definition einer solchen Wohlfahrtsfunktion ist der, dass damit die Vorherrschaft des Begriffs *Bruttoinlandsprodukt* (BIP) als fast alleinherrschender Indikator für die wirtschaftliche Wohlfahrt in Frage gestellt wird. Obwohl dem BIP mit Sicherheit eine wichtige Rolle bei der Definition wirtschaftlicher Wohlfahrt zukommt: Allein genügt es nicht.

Selbst wenn man jeder Wohlfahrtsfunktion Mängel vorwerfen kann: Die Gleichsetzung von Wohlfahrt und BIP ist sicher suboptimal. Es gilt der Satz: Lieber ungefähr richtig (nämlich mit einer sinnvollen Wohlfahrtsfunktion) als exakt falsch (nämlich mit der zwar exakten Bestimmung des BIP, unter Vernachlässigung anderer zentraler Aspekte, beispielsweise der wirtschaftlichen Gerechtigkeit). Und damit sind wir beim zentralen Thema dieses Buches.

Als Folge von Arrows Unmöglichkeitstheorem kann eine solche Wohlfahrtsfunktion nicht durch Aggregation individueller Nutzenvorstellungen aufgebaut werden. Sie kann aber sehr wohl makroökonomisch, also durch Verwendung makroökonomischer Größen, definiert werden.

Ein konkretes Beispiel einer solchen Definition erfolgt in Teil IV dieses Buches.

15.6.2 Soziale Indikatoren

Bereits bei der Aufstellung einer Wohlfahrtsfunktion stößt man auf die grundlegende Frage, welche Größen in einer solchen Funktion Eingang finden sollen. Von was hängt die *Wohlfahrt* ab?

Solche Größen werden Indikatoren genannt, da sie zum Begriff der Wohlfahrt entscheidend beitragen, also Indikatoren sind für die Wohlfahrt.

- Mit den sozialen Indikatoren geht man über das rein Wirtschaftliche hinaus. Dies hat den großen Vorteil, dass auch andere als wirtschaftliche Aspekte betrachtet werden, welche zum gefühlten Begriff *Wohlfahrt* wesentlich beitragen. Wichtige soziale Indikatoren sind etwa Gesundheit, Bildung oder Sicherheit.
- Indikatoren werden nicht mehr zu einer einzigen Größe verschmolzen, die dann optimiert werden kann. Vielmehr stehen sie nebeneinander. Dies ist auch naheliegend, denn Indikatoren wie *Bildung, Gesundheit, Sicherheit* lassen sich kaum mehr zusammenfassen.

Soziale Indikatoren spielen in der Wohlfahrtsdiskussion heute eine große Rolle. Sie ersetzen praktisch eine Wohlfahrtsdefinition. Dies dürfte ein wichtiger Grund sein, dass die Konstruktion einer Wohlfahrtsfunktion etwas in den Hintergrund getreten ist, obwohl eine solche durchaus sinnvoll wäre, vor allem wegen der Möglichkeit der Optimierung.

Und schließlich eine letzte Bemerkung zu diesem Abschnitt: Wohlfahrtsfunktionen und Indikatoren schließen sich nicht aus! Es ist durchaus möglich, beide zu verwenden. Indikatoren sind sehr sinnvoll und geben ein Gesamtbild, wobei auch außerwirtschaftliche Faktoren einbezogen werden können. Wohlfahrtsfunktionen dagegen definieren wirtschaftliche Wohlfahrt in mathematischer Gestalt und eignen sich zu praktischen Anleitungen zur Optimierung der Wohlfahrt.

15.6.3 Das reale Bruttoinlandsprodukt pro Kopf als Indikator

Gehen wir zurück zur wirtschaftlichen Wohlfahrt. Als Indikator für die wirtschaftliche Wohlfahrt wird im Allgemeinen das reale Bruttoinlandsprodukt (oder Bruttoinlandsprodukt pro Kopf) verwendet. In der Regel gilt dieses nicht nur als wichtiger Indikator, sondern als *einziger* Indikator.

Dies hat gewichtige Vor- und Nachteile.

Vorteile sind, dass das BIP allgemein als gute Näherung für die wirtschaftliche Wohlfahrt gilt. Zudem ist es kardinal messbar, daher auch leicht vergleichbar, vor allem wenn man bei internationalen Vergleichen mit kaufkraftbereinigten Größen operiert. Das Bruttoinlandsprodukt (oder Bruttoinlandsprodukt pro Kopf) hat sich denn auch weltweit als wichtiges Maß durchgesetzt. Es gilt vielen als Synonym für wirtschaftliche Wohlfahrt.

Das Bruttoinlandsprodukt hat aber auch gewichtige Nachteile.

Zum einen sind Mängel bei der Definition und Messung zu nennen, wie etwa Unfallkosten, Krankheitskosten, Schwarzarbeit, unentgeltliche Arbeit, Umweltproblematik und einiges mehr (darauf wird in Kap. 24 noch näher eingegangen).

Zum zweiten ist materieller Wohlstand nicht identisch mit Zufriedenheit, wie insbesondere die Glücksforschung festgestellt hat (vgl. Abschn. 15.9).

Und zum dritten hängt Wohlfahrt sehr wesentlich auch mit der Verteilung des Bruttoinlandsprodukts zusammen, also der Einkommens- und wohl auch der Vermögensverteilung.

Diese Erkenntnis ist viel älter als die Wohlfahrtstheorie. Sie wurde aber speziell auch betont bei den Anfängen dieser Theorie, z. B. von J. St. Mill oder A. C. Pigou. Pigou schlug vor, eine Wohlfahrtsfunktion zu bilden, welche nur die zwei Größ0en Bruttoinlandsprodukt und dessen Verteilung enthält. Unabhängig von diesem historischen Bezug wird ein analoges Konzept in Teil IV dieses Buches vorgeschlagen.

15.6.4 Verteilungs-Koeffizienten als soziale Indikatoren

Einen ganz anderen Charakter als das BIP haben Verteilungs-Koeffizienten, welche in einem weiteren Sinne auch als soziale Indikatoren betrachtet werden können. Es geht darum, die Gleichmäßigkeit oder Ungleichmäßigkeit der Einkommens- oder Vermögensverteilung in einer einzigen Zahl auszudrücken.

Der bekannteste solche Indikator ist der Gini-Koeffizient. Er wird in Teil IV dieses Buches ausführlich beschrieben.

15.7 Theorie des Marktversagens

Das Thema *Marktversagen* ist außerordentlich wichtig und grundsätzlich für die gesamte Wirtschaftswissenschaft. Es gehört daher streng genommen nicht unbedingt zur Wohlfahrtstheorie. Die Berührungspunkte sind allerdings sehr eng, weshalb das Thema hier kurz behandelt wird. Gerade die nächsten vier Beispiele sind eng verknüpft mit der Wohlfahrtstheorie.

- Externe Effekte
Spätestens seit Pigou wissen wir, dass externe Effekte nicht durch den freien Markt beseitigt werden. Will man ihre teilweise schädlichen Auswirkungen mildern, geht das nur über staatliche Interventionen.
- Marktmacht
Es ist seit Langem bekannt, dass der freie Markt zu Machtballungen führen kann, die das Funktionieren des freien Marktes unterminieren können. Es geht vor allem um Monopole und Oligopole. Diesem Thema ist ein ganzer Wissenszweig innerhalb der Wirtschaftswissenschaft gewidmet.
- Asymmetrische Information
In praktisch allen Freimarkt-Modellen wird vollkommene Information unterstellt. Fehlt vollkommene Information, dann ist die Funktion des freien Marktes im Kern berührt. Seit einiger Zeit wird daher die Frage und die Auswirkung unvollkommener oder asymmetrischer Information vertieft untersucht.
Ein praktisches Beispiel asymmetrischer Information ist die Antiselektion in der Versicherungswissenschaft. Es bezeichnet die Tatsache, dass beim Versicherungsabschluss der Kunde evtl. mehr weiß über risikorelevante Tatsachen als die Versicherungsunternehmen. Diese nimmt daher Risikoprüfungen vor.
- Makroökonomische Gründe von Marktversagen
Hier verlassen wir den Bereich der Wohlfahrtstheorie. Das bekannteste Beispiel aus der Geschichte der Wirtschaftswissenschaft dürfte die von John M. Keynes diagnostizierte Nachfragelücke sein. Die wissenschaftliche Analyse solcher Ungleichgewichte und die Synthese mit der gleichgewichtsorientierten Neoklassik ist eines der wichtigsten Forschungsgebiete der modernen Makroökonomie. Wir werden diesem Thema in Kap. 17 wieder begegnen.

Neben dem eigentlichen Marktversagen gibt es jedoch auch den Begriff der Marktverzerrungen. Es geht darum, dass der Markt zwar durchaus funktionieren kann, die Resultate jedoch aus außerwirtschaftlichen Gründen fragwürdig sind.

Ein wichtiges Beispiel zu den Marktverzerrungen ist eine sehr ungleichmäßige Einkommens- oder Vermögensverteilung. Eine starke Ungleichheit kann, trotz Funktionieren des Marktes, eine noch weiter wachsende Ungleichheit bewirken.

Die Beurteilung einer Verteilung ist aber normativ. Es geht um ein Werturteil, das allerdings gut begründet sein kann.

Viele Wissenschaftler lehnen solche normativen Aussagen als unwissenschaftlich ab. Sie akzeptieren sie vielleicht menschlich, aber nicht innerhalb der Wissenschaft.

Dies dürfte der Grund sein, dass solche Themen in der Wirtschaftswissenschaft eher stiefmütterlich behandelt werden.

15.8 Theorie des Zweitbesten, Kompensationskriterien und Kosten-Nutzen-Analyse

15.8.1 Theorie des Zweitbesten

Die Pareto-Bedingungen für ein Pareto-Optimum (vgl. Abschn. 15.3.2) sind in der Realität sehr oft nicht erfüllt, praktisch immer sind Abweichungen von diesen Bedingungen gegeben.

Versucht man, die Abweichung bei einer der Bedingungen zu verkleinern, während alle anderen gleich bleiben, dann resultiert daraus nicht unbedingt eine Erhöhung der Wohlfahrt. Es ist gut möglich, dass diese sogar verkleinert wird.

Mit anderen Worten: Die Optimierung in einem Teilsystem verbessert nicht unbedingt das Gesamtsystem. Dies ist ein äußerst komplexes Problem, da man ja auf Optimierungen nicht gänzlich verzichten will. Meade schlägt vor, das *zweitbeste* Resultat zu wählen. Das heißt, die Optimierung in einem Teilsystem soll durchaus angestrebt werden, aber nur soweit, dass das Resultat auch möglichst optimal wird für das Gesamtsystem.

15.8.2 Kompensationskriterien

Will man sich in der Praxis dennoch nach wohlfahrtsökonomischen Kriterien ausrichten, dann können auch andere Bedingungen entwickelt werden: die Kompensationskriterien. Der Name kommt daher, dass bei wirtschaftspolitischen Maßnahmen meist Gewinner und Verlierer entstehen. Die Idee ist nun, dass die Gewinner die Verlierer bis zu einem gewissen Grad kompensieren.

Das bekannteste Kompensationskriterium ist das Kaldor-Hicks-Kriterium, das Folgendes vorschlägt: Eine Wohlfahrtssteigerung liegt dann vor, wenn die Gewinner die Verlierer kompensieren können und ihnen noch ein Nettogewinn verbleibt. Es wird nicht verlangt, dass die Kompensation tatsächlich stattfindet, die Möglichkeit genügt.

Mit diesem Kriterium ist man nicht mehr weit weg vom Postulat der Gewinnmaximierung, oder – auf den ganzen Staat bezogen – vom Postulat der BIP-Erhöhung.

15.8.3 Kosten-Nutzen-Analyse

Auch hier geht es um eine praktische Anwendung wohlfahrtstheoretischer Konzepte.

Die Kosten-Nutzen-Analyse beschäftigt sich mit einer möglichst umfassenden Betrachtung der Auswirkungen von wirtschaftspolitischen Maßnahmen. Wichtig ist dabei der Begriff der Opportunitätskosten. Opportunitätskosten sind eine rechnerische Größe. Mit dieser wird ausgedrückt, dass man anstelle der geplanten Maßnahme auch anderes tun könnte, das nun infolge der Maßnahme entfällt.

Auffallend ist – im Zusammenhang mit dem Thema dieses Buches – dass die Kosten-Nutzen-Analyse in der Regel ohne Berücksichtigung von Verteilungsergebnissen erfolgt.

Änderungen der Vermögens- oder Einkommensverteilung durch eine getroffene Maßnahme werden nicht in die Analyse einbezogen. Man kann die in Teil IV dieses Buches entwickelte Fairness-Formel und die Beispiele in Teil V auch als Erweiterung der Kosten-Nutzen-Analyse sehen, da durch diese Formel der Aspekt der Verteilungswirkungen einbezogen wird.

15.9 Einige spezielle Bereiche der Wohlfahrtstheorie

Gewisse Gebiete haben sich verselbständigt und werden heute nur noch teilweise der Wohlfahrtstheorie zugeordnet. Die vier folgenden seien kurz erwähnt. Die ersten zwei (Optimale Besteuerung und Glücksforschung) hängen eng mit dem Thema dieses Buches zusammen, die nächsten zwei (Umweltökonomie und Gesundheitsökonomie) werden aufgrund ihrer Wichtigkeit wenigstens genannt.

15.9.1 Optimale Besteuerung

Wie der deutsche Name schon sagt, dienen Steuern nicht nur der Geldbeschaffung des Staates, sie sind auch ein wichtiges Instrument zur Steuerung der Wirtschaft. Es liegt auf der Hand, dass sich auch die Wohlfahrtstheorie damit befasst. Bekannte Modelle stammen von J. Mirrlees (Nobelpreis 1996), die aber so abstrakt und speziell sind, dass sie hier nicht beschrieben werden. Kap. 31

in Teil V dieses Buches befasst sich mit dem Thema *Optimale Steuern* als Folge der im Teil IV beschriebenen Definition einer Wohlfahrtsfunktion.

15.9.2 Glücksforschung

Die Glücksforschung ist ein neuer aber mittlerweile etablierter Zweig der Wirtschaftswissenschaft mit naher Verwandtschaft zur Wohlfahrtstheorie. Sie versucht, das Wohlbefinden oder *Glück* der Menschen durch Befragungen empirisch festzustellen und herauszufinden, von welchen politischen, sozialen oder wirtschaftlichen Umständen das Wohlbefinden der Menschen abhängt. Glücksforschung dürfte in Zukunft noch wichtiger werden, denn das Ziel der meisten politischen und wirtschaftlichen Bemühungen ist ja letzten Endes, Konzepte zu entwerfen, die das Glück der Menschen zumindest ermöglichen.

15.9.3 Umwelt- und Ressourcenökonomie

Die Umwelt- und Ressourcenökonomie oder auch die moderne Ausprägung der ökologischen Ökonomie (*ecological economics*) befasst sich mit einem der großen Themen der Zukunft der Menschheit.

Man kann sie durchaus als Kind der Wohlfahrtstheorie betrachten. Eine extrem wichtige Rolle spielt beispielsweise der Begriff der externen Kosten.

Trotz ihrer außerordentlichen Wichtigkeit kann sie hier aber nicht vertieft dargestellt werden, da sie mit dem Thema dieses Buches nicht direkt zusammenhängt.

Wichtig ist jedoch der Hinweis, dass der in diesem Buch verwendete Fairness-Begriff (vgl. Teil IV) nicht im Widerspruch zu ökologischen Bemühungen steht. Ökologische Anliegen können durchaus in einem modifizierten Begriff des BIP Platz finden.

15.9.4 Gesundheitsökonomie

Auch dies ist ein (ehemaliger) Teilbereich der Wohlfahrtstheorie, der wohl in seiner Bedeutung weiter zunehmen wird. In den wirtschaftlich fortgeschrittenen Ländern liegen die Gesundheitskosten bereits deutlich über 10 % des BIP, Tendenz steigend.

Obwohl die wachsenden Gesundheitskosten auch mit dem Thema *Gerechtigkeit* zu tun haben, soll hier die Gesundheitsökonomie nicht näher betrachtet werden, da die Einkommens- und Vermögensverteilung nicht ihr zentrales Anliegen ist.

15.10 Schlussbemerkungen

Die Wohlfahrtstheorie ist ein sehr breit angelegtes, wichtiges Gebiet. Man kann sie als fundamental ansehen, da die Wohlfahrt im Zentrum steht, also das wirtschaftliche Wohlbefinden möglichst vieler, wenn möglich aller Menschen. Wirtschaft ist ja nur Mittel zum Zweck, und der Zweck kann mit Wohlbefinden umschrieben werden. Diese Sicht ist verwandt mit dem Utilitarismus, geht aber in vielerlei Hinsicht darüber hinaus. Wohlfahrtstheorie hat sich zu einem wesentlich komplexeren Gebilde entwickelt als der einfache Utilitarismus.

Die Wohlfahrtstheorie ist ein theoretisch sehr fruchtbares Gebiet mit verschiedensten Möglichkeiten praktischer Anwendung. Allerdings bestehen auch noch erhebliche Probleme.

15.10.1 Probleme der Wohlfahrtstheorie

Ein großes Problem zeigt sich darin, dass die oft hochstehenden theoretischen Konzepte nicht oder nicht direkt praktisch anwendbar sind. Dies dürfte mit der starken Interdependenz zusammenhängen. Um wissenschaftlichen, vor allem mathematischen

Ansprüchen zu genügen, sind oft starke Einschränkungen und Abstraktionen notwendig, wie etwa die Ordinalität des Nutzenbegriffs. Damit kann sich aber die praktische Relevanz verflüchtigen.

Ein weiteres Problem liegt im Spannungsfeld zwischen reiner Objektivität und bewertender, normativer Sicht. Darf Wissenschaft werten? Wenn man *Wohlbefinden* möglichst aller Menschen anstrebt, dürfte es nicht ganz ohne Wertung gehen. Eine Wertung muss aber sehr gut begründet sein und offengelegt werden. Darüber mehr in Teil III und IV.

Versucht man, ohne Wertung auszukommen, wie etwa beim Begriff des Pareto-Optimums, dann besteht die große Gefahr der Blutleere. Tiefliegende Fragen wie diejenige nach Verteilungsgerechtigkeit können nicht mehr diskutiert werden. Im Übrigen ist auch die Idee des Pareto-Optimums nicht wertfrei. Es enthält die Wertung, dass mehr besser ist als weniger. Von einem philosophischen oder religiösen Standpunkt aus ist dies keineswegs selbstverständlich. Immerhin: Solange Menschen hungern, frieren oder anderweitig wirtschaftliche Not leiden, ist diese *Wertung* hilfreich.

15.10.2 Verdienste der Wohlfahrtstheorie

Betrachten wir nach den Problemen die Verdienste der Wohlfahrtstheorie etwas näher, so lassen sich etwa die vier folgenden Bereiche unterscheiden.
- Erkenntnisse
  Die Wohlfahrtstheorie hat zu vielen grundsätzlichen Erkenntnissen geführt. So etwa zu den drei Hauptsätzen oder zu den Pareto-Bedingungen für ein Marktgleichgewicht. Außergewöhnlich ist aber auch ihr Beitrag zur Entwicklung von Methoden, Begriffen und einer großen Zahl von Teilbereichen.

- Methoden
  Viele der heute verwendeten Methoden verdanken wir der Wohlfahrtstheorie, wie z. B. Wohlfahrtsfunktionen, Kompensationskriterien, Kosten-Nutzen-Analyse oder soziale Indikatoren.
- Begriffe
  Auch wesentliche Begriffe entstammen der Wohlfahrtstheorie, wie etwa externe Effekte oder Opportunitätskosten.
- Weiterentwicklungen
  Der Wert einer Theorie kann oft auch darin liegen, dass sie Denkanstöße vermittelt. Die Wohlfahrtstheorie ist Ausgangspunkt für viele Weiterentwicklungen, von der Theorie des Marktversagens über ökologische Ökonomie, Gesundheitsökonomie und weitere Ansätze bis hin zur Glücksforschung.

Wie bereits zu Beginn dieses Kap. 15 ausgeführt, kann auch der *neue Ansatz* dieses Buches im weiteren Sinn zur Wohlfahrtstheorie gerechnet werden. Aus diesem Grunde ist dieses Thema etwas ausführlicher dargestellt als andere Bereiche der Wirtschaftswissenschaft.

16
Neue Entwicklungen in der Mikroökonomie

In den folgenden zwei Kapiteln Kap. 16 und 17 wird nach der allgemein üblichen Aufteilung in Mikro- und Makroökonomie vorgegangen. Die Unterscheidung ist aber keineswegs immer eindeutig.

Mikroökonomie, kurz gesagt, geht vom Verhalten des Einzelnen aus und leitet daraus allgemeine Aussagen zur Ökonomie ab.

16.1 Institutionen und Rechtsrahmen

Die Wirtschaft funktioniert nicht einfach so ohne Weiteres. Vielmehr bedarf es in allen Fällen einer Rechtsordnung, in die sie eingebettet ist (z. B. Schutz des Eigentums) und ebenfalls funktionierender Institutionen. Der ältere und der neuere Institutionalismus versucht, diese Zusammenhänge zu analysieren.

16.1.1 Die älteren Ansätze

Die wichtigsten Exponenten des „klassischen" Institutionalismus sind Thorstein Veblen (1857–1929) und John Kenneth Galbraith (1908–2006). Veblen ist einer der ersten grundsätzlichen Kritiker der Neoklassik, vor allem von deren Fundamenten. Er kritisiert den Ansatz, dass Menschen rational handeln, und ebenso die Methode der Herleitung der neoklassischen Erkenntnis, welche der Physik abgeschaut sei und zentrale Elemente des Zusammenlebens, wie Rechtsordnung und Institutionen, vernachlässige.

Ähnlich zwei oder drei Generationen später, wird John Kenneth Galbraith zu einem der wichtigsten und wortgewandtesten Kritiker der Annahmen der Neoklassik. Er hält das Konzept des vollkommenen Wettbewerbs für hochgradig unrealistisch. Tatsächlich würden Märkte mit unvollkommenem Wettbewerb vorherrschen, in welchen vor allem Machtstrukturen eine wichtige Rolle spielen. Mächtige Unternehmen betreiben auch manipulative Werbung, um den Absatz zu steigern. In den entwickelten Ländern entsteht so überflüssiger Konsum (*The Affluent Society*). Die Wohlfahrt kann in diesen Ländern kaum mehr durch zusätzlichen Konsum gesteigert werden, sondern viel eher durch eine Ausweitung des Angebots an öffentlichen Gütern. Hier zeigt sich eine Seite, die beim Institutionalismus oft zu finden ist: eine Neigung zu staatlichen Interventionen.

16.1.2 Die neue politische Ökonomie

Klassik und Neoklassik gehen von Individuen aus, die ihren (wirtschaftlichen) Nutzen maximieren. Wie ist es mit Politikern? Es ist konsistent und auch in Übereinstimmung mit der täglichen Erfahrung, wenn man annimmt, dass auch Politiker ihren persönlichen Nutzen optimieren. Die neue politische Ökonomie wählt daher einen ökonomischen Ansatz zur Analyse der politischen Entscheidungen.

Es ist offensichtlich, dass viele Entscheidungen von Politikern und auch Wählern nur unter diesem Aspekt zu verstehen sind. Zwei wichtige Forscher der politischen Ökonomie sind George J. Stigler und James M. Buchanan.

G. J. Stigler gilt als einer der Hauptvertreter der neuen politischen Ökonomie. Er gehört zur Chicago-Schule, die bekannt ist für ihre kritische Haltung gegenüber Staatseingriffen (ein anderer Vertreter ist z. B. M. Friedman). Er untersuchte speziell politische Gruppen und prangerte an, wie solche Gruppen über Marktregulierungsvorschriften ihre Interessen gegenüber dem freien Markt durchsetzen.

Buchanan analysierte u. a. das Verhalten von Politikern bezüglich Finanz- und Steuerentscheidungen. Für viele Politiker ist es offensichtlich leichter, Ausgaben zu erhöhen als sie zu bremsen. Dies führt zu den bekannten Staatsdefiziten und späteren Steuererhöhungen. Als mögliche Lösungen empfiehlt Buchanan etwa Steuerwettbewerb zwischen verschiedenen Gebietskörperschaften, um die Bürger vor übermäßigen Steuern zu schützen. Ein anderes Beispiel ist eine gesetzlich verankerte Schuldenbremse, wie sie in der Schweiz erfolgreich umgesetzt wurde und beispielsweise in den USA 2013 zu einem dramatischen politischen Seilziehen geführt hat.

Auch die Ideen von John Rawls (vgl. Kap. 7) und andere Vorschläge für Gerechtigkeitsprinzipien und Umverteilungsgrundsätze sind Thema der neuen politischen Ökonomie.

16.1.3 Die Theorie der Verfügungsrechte

Ein zentraler Begriff bzw. eine zentrale Institution allen Wirtschaftens ist das Eigentum. Spätestens seit den Auswirkungen des Marxismus wissen wir, dass eine übermäßige Beschränkung des privaten Eigentums die Wirtschaft sehr rasch zerstören kann.

Mit solchen Themen befasst sich die (ökonomische) Theorie der Verfügungsrechte. Es geht also nicht um eine juristische Analyse des Eigentumsrechts.

Eigentum ist ein genereller Begriff. Eigentum schafft die Möglichkeit, über etwas zu verfügen (Verfügungsrechte oder *property rights*). Der Pionier der Analyse der Verfügungsrechte ist Ronald H. Coase.

Wichtige Erkenntnisse sind, dass für das Funktionieren eines Wirtschaftssystems die Verfügungsrechte geschützt und möglichst eindeutig definiert sein müssen.

Eine bekannte Thematik im Zusammenhang mit einer klaren Zuordnung der Verfügungsrechte ist die Principal-Agent-Theorie. Principal: Auftraggeber, Agent: Auftragnehmer.

Sie besagt kurz ausgedrückt, dass ohne sehr gute Kontrolle der *Agent* (z. B. der Manager) seine Eigeninteressen vor diejenigen des *Principal* stellt (also z. B. der Aktionäre als Unternehmenseigentümer). Konkret heißt das, dass Manager (oder Politiker) dazu tendieren, ihre Eigeninteressen über diejenigen der Firma (bzw. der Öffentlichkeit) zu stellen. Dies erfordert sehr klare Verträge bei der Anstellung oder Einsetzung von Managern (oder Politikern).

Ein sehr wichtiger Faktor bei der Principal-Agent-Theorie ist die asymmetrische Information. Der *Agent* verfügt in der Regel über wesentlich mehr Information, was ihm eine Machtposition verschafft.

16.2 Verhaltensökonomie (Behaviorismus)

Der Behaviorismus gehört zur Mikroökonomie, da vom Verhalten der Einzelnen ausgegangen wird. Es geht im Wesentlichen darum, das Verhalten der Menschen in seinen wirtschaftlichen Auswirkungen empirisch zu untersuchen. Ein wesentlicher Baustein der Neoklassik ist der nutzenmaximierende, rationale *homo oeconomicus*.

Bereits in Abschn. 16.1 (Institutionen und Rechtsrahmen) wird dieses Bild kritisiert und als oft einseitig erachtet. Eine wohl noch tiefergehende Kritik erfolgt aufgrund psychologischer, speziell auch experimenteller Erkenntnisse: der Behaviorismus.

Wichtigste Vertreter oder Auslöser sind Kahneman und Tversky. In vielen experimentellen Untersuchungen stellten sie fest, dass Menschen oft irrational handeln oder urteilen. Beispiele dafür sind etwa:

- Schätzen von Wahrscheinlichkeiten: wenn zum Beispiel beim Münzenwerfen mehrmals hintereinander Zahl kommt, nimmt man auch bei einer *fairen* Münze an, die Wahrscheinlichkeit für Kopf werde jetzt höher.
- Einfluss durch *Vorfragen*. Zum Beispiel hängt die Beantwortung von Fragen davon ab, was für vorhergehende Fragen gestellt wurden.
- Beeinflussung durch das Verhalten anderer.
- Abhängigkeit von Stimmungen und vieles mehr.

Ein sehr berühmtes und folgenschweres Beispiel ist der vor der Finanzkrise von 2008 beobachtete *irrationaler Überschwang* (*irrational exuberance*), als Erklärung für einen nicht mehr rational zu rechtfertigenden Höhenflug der Aktienpreise. Der Ausdruck stammt von Robert Shiller und wurde auch vom damaligen FED-Präsidenten Alan Greenspan verwendet.

Der Behaviorismus oder die experimentelle Ökonomie ist aus der heutigen Wirtschaftswissenschaft nicht mehr wegzudenken und wird auch in diesem Buch (Teil IV) als wichtige Grundlage für die empirische Bestimmung einer technischen Größe verwendet.

Es gibt allerdings auch Kritik, insbesondere dahingehend, dass man von Experimenten nicht ohne weiteres auf „den Ernstfall" der wirtschaftlichen Realität schließen könne oder dass sich Irrationalitäten Einzelner im Durchschnitt ausgleichen.

Damit lassen sich aber verschiedene Beobachtungen, wie etwa die Ansteckung, Herdentrieb u. ä., nicht wegdiskutieren.

Eine Relativierung psychologischer Aspekte ist sicher erlaubt, aber wichtige Erkenntnisse bleiben. Die experimentelle Ökonomie schafft keinen grundsätzlichen Gegensatz zur Neoklassik, sondern eine sinnvolle, ernstzunehmende Ergänzung. Insbesondere bei der Diskussion der Grenzen der freien Marktwirtschaft ist sie nicht wegzudenken.

16.3 Spieltheorie

16.3.1 Definition/Beschreibung

Die Spieltheorie analysiert in mathematischer Form Entscheidungen, welche rationale Menschen treffen, die sich in einer spiel-ähnlichen Situation gegenüberstehen. Das Wort *Spiel* in diesem Zusammenhang ist historisch zu verstehen, da sich die Spieltheorie in ihren Anfängen tatsächlich mit Spielen (Roulette, Würfelspiele, Kartenspiele) beschäftigt hat. Heute verwendet man sie allerdings als abstrakte Form des wirtschaftlichen Zusammenlebens. Die Spieltheorie ist eine typische Disziplin der Mikroökonomie, da sie vom Verhalten Einzelner ausgeht.

16.3.2 Historische Entwicklung

Die Spieltheorie entwickelte sich im 17. Jahrhundert bei der Analyse von Spielen. Berühmte Namen sind die Mathematiker aus der Familie Bernoulli aus Basel. Aus diesen Anfängen heraus entwickelte sich die Wahrscheinlichkeitstheorie, die heute zu den umfangreichsten Teilgebieten der Mathematik gehört und zu den wichtigsten in den praktischen Anwendungen (Statistik, Versicherungswissenschaft und vieles mehr).

Den neuen Durchbruch unter dem Namen Spieltheorie ist dem Buch von J. v. Neumann und O. Morgenstern zu verdanken

(*Spieltheorie und wirtschaftliches Verhalten*, englisch *Theory of Games and Economic Behavior*), das 1944 veröffentlicht wurde. Der Mathematiker J. v. Neumann, Mitwirkender beim Bau der ersten Atombombe im Manhattan-Projekt, und der Ökonom Oskar Morgenstern erkannten als Erste das Potential der Spieltheorie bei der Analyse wirtschaftlichen Verhaltens. Das Buch wurde mit Begeisterung aufgenommen und galt sofort nach Erscheinen als größte Hoffnung für eine umfassende mathematische Grundlegung der Ökonomie – und darüber hinaus aller Gesellschaftswissenschaften. Diese Hoffnung erfüllte sich jedoch nicht und schlug in Enttäuschung um, da längere Zeit eine fruchtbare Weiterentwicklung der Ansätze von J. v. Neumann und O. Morgenstern nicht zu gelingen schien. Obwohl bereits in den 50er-Jahren wichtige Durchbrüche gelangen (vor allem Nash mit dem Beweis des sog. Nash-Gleichgewichts), lebte die Spieltheorie auf breiter Front erst etwa in den 80er-Jahren auf und gilt heute als wichtiger Bestandteil der (Mikro-)Ökonomie.

16.3.3 Grenzen und Bedeutung

Die Spieltheorie ist heute eine anerkannte und wichtige Disziplin sowohl in der Mikroökonomie als auch in der Mathematik. Sie liefert eine Vielzahl interessanter Erkenntnisse. Nicht zuletzt erlaubt sie ein hohes Maß an Flexibilität. Durch Erweiterung der *Spielregeln* lässt sich ein breites Feld an realen wirtschaftlichen Gegebenheiten theoretisch abbilden (von gesellschaftlichen und auch psychologischen).

Ob sich allerdings die anfängliche Hoffnung erfüllt, dass die Spieltheorie Basis der gesamten ökonomischen Wissenschaft wird, ist noch offen. Eine gewisse Skepsis ist wohl angebracht.

Denkbar ist auch, dass es in der Ökonomie ein ähnliches Theorem gibt wie das Unmöglichkeitstheorem von Arrow in der Wohlfahrtstheorie: Vielleicht ist es gar nicht möglich, Makro- und Mikroökonomie nahtlos in Übereinstimmung zu bringen.

Technische Erläuterungen: Einige Ergänzungen zur Spieltheorie

Einige Begriffe

- Kooperative versus Nichtkooperative Spieltheorie: Bei der kooperativen Spieltheorie sind bindende Absprachen zwischen den Akteuren zulässig, bei der nichtkooperativen nicht.
- Nullsummenspiele versus Nichtnullsummenspiele:
  Wie der Name sagt, gehen bei Nullsummenspielen die Gewinne der einen Partei vollumfänglich auf Kosten der anderen, die gesamten Gewinn- und Verlustsummen am Ende sind gleich groß. Bei Nichtnullsummenspielen ist dies nicht der Fall. So ist es beispielsweise möglich, dass alle gewinnen, die eine Partei vielleicht mehr als die andere.
- Minimax-Strategie:
  Dies ist eine Strategie, welche das Ziel hat, das zahlenmäßig tiefstmögliche Ergebnis (Minimum) möglichst groß zu machen (Maximum). Der Begriff ist wichtig in der Spieltheorie und wurde bereits von J. v. Neumann/O. Morgenstern eingeführt, da viele Lösungen spieltheoretischer Probleme mit dieser Strategie möglich sind. Der Begriff beeinflusste u. a. auch John Rawls sehr stark (vgl. Kap. 7), wobei dies auch die Kritik auslöste, dass das Minimax-Prinzip aus psychologischer Sicht einen gewissen Pessimismus enthalte.

Nichtkooperative Spiele

Das Gefangenen-Dilemma: Um den Charakter der Spieltheorie am einfachsten und wohl bekanntesten Beispiel zu erläutern, wird dieses *Spiel* kurz erläutert:

Zwei Personen werden verdächtigt, gemeinsam einen Raub begangen zu haben. Man kann ihnen aber nur unerlaubten Waffenbesitz nachweisen. Der Staatsanwalt bietet nun den getrennt gehaltenen Tätern folgenden Deal an: Gesteht einer den gemeinsamen Raub, der andere nicht, kommt der Geständige frei, der andere bekommt zehn Jahre Gefängnis. Gestehen beide, erhalten beide fünf Jahre Gefängnis, gesteht keiner, erhalten sie ein Jahr wegen unerlaubten Waffenbesitzes. Diese Situation kann nun in die mathematische Sprache übersetzt werden, in Form einer sog. (*Auszahlungs-*)Matrix. Die Matrix sieht im Fall des Gefangenen-Dilemmas wie folgt aus:

Aus Sicht des Gefangenen A

		Gefangener B	
		Gesteht	Gesteht nicht
Gefangener A	Gesteht	5	0
	Gesteht nicht	10	1

Aus Sicht des Gefangenen B

		Gefangener B	
		Gesteht	Gesteht nicht
Gefangener A	Gesteht	5	10
	Gesteht nicht	0	1

Verfolgen beide Gefangene eine Minimax-Strategie, da sie nicht wissen, was der Kollege tut, dann wählen sie das Geständnis und kassieren beide fünf Jahre Gefängnis. Könnten sie kooperieren, dann würden sie gemeinsam den Raub abstreiten und bekämen beide nur ein Jahr Gefängnis.

Nash-Gleichgewicht

Nash bewies 1951, dass unter sehr allgemeinen Bedingungen Gleichgewichte existieren, als Lösungen solcher Dilemmas. Nash bewies dies sehr allgemein, für Zwei -und Mehrpersonenspiele, für Nullsummen- und Nichtnullsummenspiele und auch für Spiele mit unvollständigen Informationen. Im Fall des Gefangenen-Dilemmas ist das Resultat (5 Jahre) ein Nash-Gleichgewicht.

Die Entdeckung der Nash-Gleichgewichte hat – mit zeitlicher Verzögerung – der Spieltheorie großen Auftrieb gegeben.

> **Evolutorische Anwendung**
> In den 80er- und 90er-Jahren wurden spieltheoretische Modelle verwendet zur Erklärung evolutorischer *Entscheidungen*. Damit wird es möglich, die Entstehung menschlicher Verhaltensweisen und Institutionen spieltheoretisch zu erklären. Dies wirft u. a. auch ein neues, interessantes Licht auf die Annahme eines *Gesellschaftsvertrages* – ein solcher muss gar nicht bewusst erfolgen, sondern kann sich auch evolutorisch ergeben.
>
> **Kooperative Spiele**
> Hier geht es im Wesentlichen um Fragen der Verhandlungsstrategie. Auch in diesem Bereich hat Nash bereits in den 50er-Jahren wichtige mathematische Grundlagen zur Weiterentwicklung geliefert. Dies soll hier nicht weiter vertieft werden. Interessant ist, dass heute bei der Ausbildung in Verhandlungsstrategie und Diplomatie vermehrt Ansätze der kooperativen Spieltheorie verwendet werden.

16.4 Bedeutung der neuen Mikroökonomie für dieses Buch

Die moderne Mikroökonomie führt zu wichtigen Erkenntnissen, welche auch in diesem Buch aufgenommen werden. Obwohl die Teile III, IV und V eher makroökonomisch ausgerichtet sind, gibt es doch wesentliche Berührungspunkte mit mikroökonomischen Konzepten. Genannt seien etwa:

- Die Erkenntnis, dass außerökonomische Strukturen auch für die Wirtschaft entscheidend sind, wie etwa Institutionen, Rechtsrahmen, Verfügungsrechte usw.
- Die Wichtigkeit des Menschenbildes, u. a. die Grenzen des homo oeconomicus.

- Die Bedeutung der Verhaltensökonomie. In Teil IV wird vorgeschlagen, die wichtige, noch zu definierende Größe λ mit verhaltensökonomischen Methoden zu bestimmen.
- Die Bedeutung spieltheoretischer Konzepte, Das wichtigste Grundprinzip der Gerechtigkeitstheorie von John Rawls basiert auf dem Minimax-Gedanken der Spieltheorie (vgl. Kap. 7).

17
Neue Entwicklungen in der Makroökonomie

17.1 Hauptströmung

Die Makroökonomie ist ein äußerst breites und komplexes Gebiet. Nimmt man nur die in Abschn. 17.1 (Hauptströmung) und Abschn. 17.2 (Ökonometrie) genannten Gebiete zusammen, dann ergibt sich, dass über ein Drittel der bisherigen Nobelpreise in diesen beiden Bereichen vergeben wurden.

Trotz dieser zentralen Bedeutung soll das Thema hier nur kurz behandelt werden, da es für das Anliegen dieses Buches nicht im Zentrum steht. Dies ist deshalb so, weil die wichtigsten Aspekte der Makroökonomie nach wie vor Themen des Gleichgewichts bzw. Ungleichgewichts, der Produktion, der Geldtheorie, Arbeitslosigkeit und vieles mehr sind. Auch die Verteilung spielt eine Rolle, aber nicht normativ, wie eine gerechte Verteilung sein sollte, sondern erklärend, wie eine Verteilung zustande kommt. Dies alles ist äußerst wichtig und sei hier keineswegs kritisiert. Aber es ist nicht das Hauptanliegen dieses Buches. In diesem Buch wird nach einem Ansatz gesucht, wie die Verteilungsgerechtigkeit im normativen Sinn definiert oder zumindest schrittweise erreicht werden könnte.

Das Gebiet der modernen Makroökonomie ist wegen seiner Vielfalt auch schwer zu gliedern. Im Folgenden wird zur Gliederung davon ausgegangen, dass es ein Hauptanliegen der modernen Makroökonomie sei, eine Synthese zu finden zwischen dem neoklassischen Modell einerseits und den Ansätzen von Keynes andererseits. Ein anderes Hauptanliegen dürfte die Mikrofundierung der Makroökonomie sein, also die Erklärung makroökonomischer Zusammenhänge aufgrund von Einzelentscheidungen durch Haushalte, Unternehmen und Staat. Dieses zweite Anliegen wird hier nur kurz erwähnt.

Stellt man den Aspekt der Synthese ins Zentrum einer Gliederung, dann zeigt sich wiederum eine Art Pendelbewegung:

- starke Betonung der Neoklassik: *neue klassische Makroökonomie* (nachfolgend Abschn. 17.1.1)
- starke Betonung der Keynes'schen Ansätze: *Postkeynesianismus* (nachfolgend Abschn. 17.1.2)
- Versuch einer Synthese: *Neue makroökonomische Synthese* oder *neue keynesianische Makroökonomie* (nachfolgend Abschn. 17.1.3)

17.1.1 Neue klassische Makroökonomie

Dies ist eine Art „Gegenrevolution" gegen den Keynesianismus. Der Titel einer Gegenrevolution rührt daher, dass die Ideen von Keynes als Revolution gegenüber der Neoklassik empfunden wurden – vor allem dessen Überzeugungen, dass Staatsinterventionen unter gewissen Umständen notwendig seien.

Den Titel einer Gegenrevolution gegen Keynes erhielt aber auch bereits der Monetarismus, und speziell die Person von Milton Friedman. In der zweiten Hälfte des 20. Jahrhunderts galt die Kontroverse Keynes/Friedman als eine der zentralsten Kontroversen der ökonomischen Wissenschaft. Die Auseinandersetzung Keynes/Friedman, soweit sie sich auf den geldtheoretischen Aspekt des Monetarismus bezog, war aber eigentlich nicht die wichtigste Komponente dieser Kontroverse. Tieferliegend war die Frage nach der Freiheit des Marktes und der Rolle des Staates.

17 Neue Entwicklungen in der Makroökonomie

Da die Freiheit des Marktes in der neuen klassischen Makroökonomie ein zentrales Thema ist, gilt diese Theorie eher als eigentliche Gegenrevolution gegen den Keynesianismus.

Die wichtigsten beiden Ansätze der neuen klassischen Makroökonomie sind:

- das Postulat des Gleichgewichts der Märkte
- die Theorie der rationalen Erwartungen

Die neue klassische Makroökonomie postuliert wiederum (wie Klassik, Neoklassik und Neoliberalismus), dass der Markt prinzipiell einem Gleichgewicht zustrebt. Diese Idee hat sich jedoch nicht mehr wirklich durchsetzen können. Zu offensichtlich ist die Tatsache, dass es in der Realität viele schwerwiegende und lang andauernde Ungleichgewichte gibt. Insbesondere existiert in vielen Ländern hartnäckige, unfreiwillige Arbeitslosigkeit. Auf diesen Ansatz wird daher hier nicht näher eingegangen.

Hingegen fand die Theorie der rationalen Erwartungen breite Anerkennung. Sie gilt heute als eigentliches, wichtigstes Verdienst der neuen klassischen Makroökonomie. Die Theorie der rationalen Erwartungen geht vor allem auf E. Lucas zurück.

Die wesentliche Idee dieser Theorie lautet: die Akteure der Wirtschaft antizipieren die Auswirkungen von Staatseingriffen, d. h. sie verändern ihr Verhalten so, dass die Wirkung von Staatseingriffen verpufft oder doch nicht so ist wie geplant. Aus dieser Erkenntnis werden zwei unterschiedlich weit gehende Konsequenzen gezogen:

- Die weitergehende Konsequenz:
  Staatseingriffe verpuffen wirkungslos und sind daher völlig sinnlos, da deren Ziele antizipiert werden, was eine entsprechende Gegenwirkung erzeugt. Dies ist ein Minderheitsstandpunkt geblieben, da sich diese sehr weitgehende Konsequenz weder theoretisch noch empirisch belegen lässt.

- Die weniger weitgehende Konsequenz:
  Staatseingriffe sollten die Reaktion der Marktteilnehmer einbeziehen und im Rahmen vorher definierter Regeln erfolgen. Sind sie nicht regelgebunden, sondern sporadisch und ohne Berücksichtigung der Reaktionen der Marktteilnehmer (Fachwort: diskretionär), dann reagiert der Markt nicht oder nur mit Verspätung. Jedenfalls entstehen, bis zur Erreichung eines neuen Gleichgewichts, mehr Effizienzverluste als bei regelgebundener Intervention. Diese weniger weitgehende Konsequenz dürfte klar der Mehrheitsstandpunkt und heute weitgehend akzeptiert sein.

17.1.2 Der Postkeynesianismus

Von den vielen Konzepten des Postkeynesianismus, die heute zum Teil Eingang gefunden haben in die Bemühungen um eine umfassende Synthese, seien die drei wohl wichtigsten kurz erläutert, nämlich das Menschenbild, die Verteilungstheorie und die Geldtheorie.

- Das Menschenbild: Wie rational ist der Mensch?
  Die Neoklassik basiert auf der Konstruktion des *homo oeconomicus*, des rationalen, nutzenmaximierenden Menschen. Der Postkeynesianismus korrigiert dieses Bild. Der Mensch ist zwar bis zu einem gewissen Grad rational, er ist aber auch abhängig von bestimmten Regeln und vor allem vom Verhalten anderer. Man hat dafür etwa auch den Begriff prozedural-rational verwendet. Entsprechende Ideen gehen auf H.A. Simon zurück, der sich selbst aber nicht zum Postkeynesianismus zählte.
  Gerade angesichts der Finanzkrise seit 2008, dürfte diese Sicht heute wieder viele Anhänger finden. Wichtiger bei der Kritik des *homo oeconomicus* sind jedoch die noch weitergehenden Erkenntnisse der Verhaltensökonomie (vgl. Kap. 16.2).

- Verteilungstheorie
  Aufgrund dieses Menschenbildes hält der Postkeynesianismus die neoklassische Theorie der Preisbildung und der Verteilung des Sozialprodukts für fragwürdig. Vor allem bei der Bestimmung des Lohnes scheint dies unrealistisch.
  Joan Robinson entwickelte die Theorie, dass der Lohn viel weniger dem Grenzprodukt der Arbeit entspricht, sondern viel eher mit Machtkonstellationen zu tun hat. Sie stützte sich dabei auf Ideen von Keynes und vor allem von Piero Sraffa, einem brillanten, jüngeren Kollegen von Keynes.
  Auch diese Idee ist heute wieder aktuell. Zumindest was die Löhne im Topmanagement betrifft, ist die Machtkonstellation wohl wesentlich wichtiger als die Grenzproduktivität der Arbeit.
- Geldtheorie
  Auch hier bezieht der Postkeynesianismus eine Gegenposition zur Neoklassik, oder präziser: zum Monetarismus.
  Das Hauptargument lautet, dass die Zentralbank die Geldmenge nur sehr beschränkt beeinflussen kann, da sie im Wesentlichen die vom Markt geforderte Geldmenge anbieten müsse und nicht völlig frei sei in der Bestimmung der Geldmenge. Die wichtigste Konsequenz dieser Sicht betrifft die Inflation. Da das Geldangebot im Wesentlichen von Marktkräften abhängt, kann es nicht Ursache von Inflation sein. Inflation widerspiegle eher Lohn-Verteilungskämpfe oder auch die Geldschöpfung durch Privatbanken als die Politik der Zentralbank. Auch dies ein hochaktueller Ansatz.

17.1.3 Neue makroökonomische Synthese

Das neoklassische Modell ist nicht nur – trotz Mängeln – theoretisch überzeugend, auf wichtigen und vernünftigen mikroökonomischen Annahmen aufgebaut und von großer Einfachheit und „Schönheit", es erklärt auch sehr viele wirtschaftliche Phänomene.

Die Mängel sind aber ebenfalls nicht zu übersehen. Der wohl wichtigste Mangel ist der, dass es die höchst realen und gewichtigen Abweichungen von einem allgemeinen Marktgleichgewicht nicht erklären kann.

Die Hauptströmung der modernen Makroökonomie geht daher in die Richtung, eine Synthese zu finden zwischen dem neoklassischen Modell und Erklärungen für solche Abweichungen von einem allgemeinen Marktgleichgewicht. Da J.M. Keynes der „Urvater" solcher Analysen der Abweichungen von Marktgleichgewichten ist, wird diese Hauptströmung auch etwa *neue keynesianische Makroökonomie* genannt, wobei auch wesentliche Elemente des Postkeynesianismus übernommen werden. Wählt man diesen Namen, dann sieht man die *neue makroökonomische Synthese* als noch nicht vollendetes Zukunftsprojekt an, was durchaus berechtigt ist.

Einen wichtigen Platz in der neuen makroökonomischen Synthese nehmen Überlegungen zur Entstehung und Beseitigung von Marktungleichgewichten ein.

Es werden vor allem drei wichtige Formen von Marktungleichgewichten bzw. Ineffizienzen untersucht:

- Preis- und Lohnrigiditäten wurden bereits von den Neoklassikern erkannt und als Grund dafür gesehen, dass sich Gleichgewichte nicht rasch ergeben. In der neuen keynesianischen Makroökonomie werden solche Rigiditäten vertieft analysiert und als Ursache grundsätzlicher, nicht bloß vorübergehender Marktungleichgewichte erkannt. Als Beispiel wird etwa die Tatsache genannt, dass Personalwechsel für Unternehmen mit Kosten verbunden sind und diese daher lieber höhere Löhne zahlen als Nichtbeschäftigte einzustellen.
- Koordinationsmängel, speziell bei Arbeitslosigkeit, sind ein sehr wichtiges Thema. Es geht dabei allgemein um die Analy-

se von Märkten mit Friktionen. Als Lösungen kommen nicht nur staatliche Maßnahmen infrage, sondern auch moderne Formen von Kooperation und Informations-Vermittlung.
- Als drittes Beispiel wird das Thema *Asymmetrische Information* intensiv untersucht. Dieses Thema wurde bereits im Kapitel zur Wohlfahrtstheorie behandelt, da Marktversagen auch dort von zentraler Bedeutung ist. Es gilt aber auch allgemeiner. Das Thema Marktungleichgewichte spielt in verschiedenen Bereichen der Wirtschaftswissenschaften eine wichtige Rolle, nicht nur in der Wohlfahrtstheorie, sondern auch in anderen Gebieten wie der Institutionenlehre (Kap. 16.1) oder der Verhaltensökonomie (Kap. 16.2).

Abschließende Bemerkungen: Die *neue makroökonomische Synthese* oder *neue keynesianische Makroökonomie* ist noch keine homogene, abgeschlossene Theorie. Sie bildet aber einen lebendigen und wichtigen Teil der modernen Wirtschaftswissenschaft.

Ein wichtiges Ziel ist auch die Mikrofundierung der Makroökonomie. Dabei wird versucht, individuelle Nutzenmaximierung unter Nebenbedingungen und keynesianische und postkeynesianische Erkenntnisse zu vereinigen.

Die entsprechende Theoriebildung ist noch bei Weitem nicht abgeschlossen, wie u. a. die Kontroversen im Zusammenhang mit Fragen der Staatsverschuldung zeigen.

17.2 Ökonometrie

Die Ökonometrie befasst sich mit der quantitativen Analyse ökonomischer Zusammenhänge. Sie ist sehr stark mathematisch ausgeprägt.

Die Anfänge der modernen Ökonometrie gehen zurück in die 30er-Jahre des 20. Jahrhunderts. Maßgebend waren die Arbeiten von Ragnar Frisch aus Norwegen und Jan Tinbergen aus den Niederlanden, die zusammen den ersten Nobelpreis erhielten (1969).

Ökonometrische Methoden spielen in der heutigen Wirtschaftswissenschaft eine riesige Rolle. Je komplexer die untersuchten Zusammenhänge, desto mehr lassen sie sich nur noch mit mathematischen Methoden analysieren. Daher dürfte die Wichtigkeit der Ökonometrie in Zukunft eher noch zunehmen.

Zum Thema dieses Buches, Freiheit und Gerechtigkeit, sind ökonometrische Modelle bisher kaum relevant und daher wird hier nicht weiter auf die Ökonometrie eingegangen. In Teil IV dieses Buches wird eine mathematische Formel zum Thema der wirtschaftlichen Gerechtigkeit im weitesten Sinn angegeben. Diese Formel ist aber so einfach, dass man sie nicht als ökonometrisches Modell bezeichnen kann. Weitere Entwicklungen in diese Richtung sind aber denkbar. Erste Ansätze dazu sind in Teil V enthalten.

Die Wichtigkeit der Ökonometrie spiegelt sich auch in der großen Zahl von Nobelpreisen wider, die für Arbeiten in diesem Bereich verliehen wurden (vgl. Einleitung zu Teil II).

17.3 Wachstumsmodelle

17.3.1 Allgemein

Wachstumsmodelle versuchen, wichtige Bestimmungsgrößen und Zusammenhänge für ein langfristiges Wachstum (des BIP) zu finden.

Im Zentrum stehen dabei makroökonomische Größen, welche mit Wachstum in engem Zusammenhang stehen könnten wie etwa Kapitalbildung, Zinssätze, Sparquote, Konsumquote und ähnliches. Die Verteilungsgerechtigkeit wurde bisher nicht als ein bestimmender Parameter für Wachstum gesehen. Ein solcher Einbezug wäre zwar ein sehr interessanter Aspekt, ist aber wohl wegen seiner Komplexität der Zukunft vorbehalten. Wegen des Fehlens des Einbezugs von Gerechtigkeitsgedanken werden Wachstumsmodelle im Folgenden nur sehr kurz beleuchtet, wobei immerhin die Hoffnung erlaubt sei, dass Vertreter der Wirtschaftswissenschaften den Zusammenhang Wachstum/Gerechtigkeit inskünftig untersuchen könnten.

Zunächst seien die bekanntesten Wohlfahrtsmodelle kurz erwähnt (Abschn. 17.3.2), danach wird ein Wachstumsmodell etwas näher beleuchtet, weil es in einem Buch 2013 veröffentlicht wurde, das in kürzester Zeit eine Auflage von weit über einer Million erreichte: *Das Kapital* von Thomas Piketty (Abschn. 17.3.3).

17.3.2 Wachstumsmodelle von J. v. Neumann, Harrod/Domar, Solow und Phelps

- John v. Neumann
  Bereits 1937 entwickelte John v. Neumann ein dynamisches Modell, das meistens als dynamisches Gleichgewichtsmodell betrachtet wird, das aber durchaus auch zu den Wachstumsmodellen gezählt werden kann.
  J. v. Neumann geht davon aus, dass die Produktionsprozesse der Wirtschaft durch ein lineares mathematisches Gleichungssystem dargestellt werden können. Mit Hilfe von Sätzen der linearen Algebra und der linearen Programmierung gelingt es J. v. Neumann erstmals zu zeigen, dass dieses System eine Lösung hat, ein solcher Wachstumsprozess also existiert. Zudem ergibt sich, dass im Gleichgewicht die Wachstumsrate der Volkswirtschaft (g) gleich dem Zins (r) ist, also g = r

Dieser Zusammenhang zwischen Wachstum und Zins ist eine höchst interessante Erkenntnis, die oft auch als *goldene Regel* bezeichnet wird. Dieser Begriff wird allerdings auch für andere, meistens ähnliche Zusammenhänge verwendet.

Mit seinem Wachstumsmodell hat J. v. Neumann nicht nur auf interessante Zusammenhänge hingewiesen, sondern auch gezeigt, dass moderne mathematische Methoden hilfreich sein können. 15 Jahre später entwickelten Arrow und Debreu mit ähnlichen Gedankengängen und ebenfalls mit Methoden der (damals) modernen Mathematik ihr Gleichgewichtsmodell und den Beweis der pareto-optimalen Effizienz der freien Marktwirtschaft.

- Harrod/Domar, Solow und Phelps

Die bekanntesten Wachstumsmodelle wurden von den im Titel zu diesem Abschnitt genannten Wissenschaftlern entwickelt. Es würde zu weit führen, sie hier im Einzelnen darzustellen.

Allen gemeinsam ist, dass sie aufgrund relativ einfacher mathematischer Umformungen von ökonomischen Grundgleichungen oder Definitionen einen Zusammenhang aufzeigen zwischen dem Wirtschaftswachstum und wichtigen makro- oder mikroökonomischen Parametern wie Sparquote, Konsumquote, Kapitalintensität oder Kapitalkoeffizient. (Kapitalintensität: Verhältnis der Produktionsfaktoren Kapital und Arbeit; Kapitalkoeffizient: Verhältnis von Investitionen und Einkommenswachstum).

Bekannt geworden ist beispielsweise eine Schlussfolgerung aus dem Wachstumsmodell von Solow, nämlich, dass Wachstum des BIP pro Kopf nur möglich ist bei technischem Fortschritt.

Die genannten drei Wachstumsmodelle wurden schon vor einigen Jahrzehnten entwickelt:

– Harrod/Domar: 1939, 1946
– Solow: 1956
– Phelps: 1961

17.3.3 Wachstumsmodell von Thomas Piketty

Thomas Pikettys Buch *Das Kapital* mit dem Zusatz *im 21. Jahrhundert* erschien 2013 auf Französisch, 2014 auf Englisch und Deutsch.
Es behandelt im Wesentlichen zwei große Aspekte, die zusammenhängen:

- sehr umfangreiche Statistiken zur Einkommens- und Vermögensverteilung in vielen Ländern,
- theoretische Ausführungen mit einer zentralen Erkenntnis oder Formel (eine Weltformel?), welche am ehesten zur Wachstumstheorie gehört und deshalb in diesem Kapitel behandelt wird. Diese zentrale These lautet:
$r > g$
wobei r für Kapitalzins im weitesten Sinne steht, g für das Wirtschaftswachstum.

Der Grund, warum Pikettys Wachstumsmodell hier etwas ausführlicher behandelt wird als die früher entwickelten Wachstumsmodelle, liegt nicht so sehr in der von Piketty propagierten Formel. Vielmehr liegt er im starken, statistisch untermauerten Fokus Pikettys auf die Einkommens- und Vermögensverteilung. Da sich auch das vorliegende Buch wesentlich mit Fragen der wirtschaftlichen Gerechtigkeit befasst, kann ein kurz vorher erschienenes Buch mit ähnlichem Fokus nicht übersehen werden, auch wenn die Vorgehensweise und die zugrundeliegende Weltanschauung sehr verschieden sind.

Die Bemerkungen zu Pikettys Buch werden wie folgt gegliedert:

1. Zur Weltanschauung
2. Die Hauptaussage $r > g$

3. Warum hat das Buch einen solchen Erfolg?
4. Schlussbemerkungen

1. Zur Weltanschauung

Wenn jemand ein Buch schreibt mit dem Haupttitel *Das Kapital* und dem wesentlich kleiner gedruckten Zusatz *im 21. Jahrhundert*, dann ist naheliegend, dass man mit dem Werk von Karl Marx vergleicht, das den gleichen Titel trägt: *Das Kapital*.

Das Buch von Piketty kann kaum als marxistisch bezeichnet werden, obwohl er an Marx lediglich kritisiert, dieser hätte auch bereits eine Statistik über die Ungleichheit von Einkommen und Vermögen machen können und er hätte damit noch bessere Argumente für seine Theorien gehabt.

Dennoch gibt es eine sehr wichtige Parallele zu Marx: der Glaube an ein tiefliegendes „Weltgesetz", das schließlich den Kapitalismus zu Fall bringt. Bei Marx ist dies die fallende Profitrate, bei Piketty ist es die Formel $r > g$.

2. Die Hauptaussage r > g

Die Formel $r > g$ ist als allgemeines Gesetz sehr fragwürdig. Zur Analyse bedarf es jedoch näherer, etwas technischer Ausführungen (vgl. Technische Erläuterungen im Anschluss an die Schlussbemerkungen).

3. Warum hat das Buch einen solchen Erfolg?

Schließlich die vielleicht interessanteste Frage zum Buch von Piketty: Warum hat dieses Buch einen solch riesigen Erfolg? Dazu kann man nur Vermutungen äußern. Zwei Punkte scheinen zentral:

Die Statistiken über die Einkommens- und Vermögensverteilung sind allgemein von größtem Interesse. Hier gebührt Piketty durchaus ein Kompliment für diese große und wichtige Arbeit.

Die Frage der wirtschaftlichen Ungleichheit scheint einen Nerv unserer Zeit zu treffen, vor allem seit der Finanzkrise 2008/2009.

4. Schlussbemerkungen

Es ist jedoch zweifelhaft, wenn man aus Empörung über wirtschaftliche Ungleichheit wieder in die Nähe marxistischer Ideen rückt. Man kann gegen diese Ungleichheit mit besseren Mitteln vorgehen, nämlich im Rahmen der freiheitlichen Marktordnung, ohne Rückgriff auf Weltformeln oder Untergangsprophezeiungen.

Dies heißt nun jedoch nicht, dass Piketty nicht den Finger auf einen wunden Punkt legt: die wachsende Schere zwischen Reich und Arm. Nur: Dies allein führt nicht zum Zusammenbruch des „Kapitalismus", wie immer er auch definiert sein mag.

Statt eines solchen Untergangszenarios bedarf es vielmehr eines rechtsstaatlichen Willensentscheides, dass diese Schere nicht zu groß werden soll. Daran führt nichts vorbei, auch nicht eine vielleicht gutgemeinte Weltformel.

Wenn schon eine Formel, dann eher eine andere: ein Entscheid zu mehr Fairness in der Wirtschaft, eine Fairness-Formel.

Technische Erläuterungen zur Hauptaussage r > g

Definitionen

r: *Kapitalzins, Kapitalertrag* (Rate of return on capital)
β: Quotient Kapital zu Einkommen eines Landes, d. h. Verhältnis Kapitalstock zu Volkseinkommen, Kapital Koeffizient (capital/income-ratio)
α: Anteil des Kapital-Einkommens am gesamtem Einkommen
g: Wachstum des Gesamteinkommens

Tautologie: Es gilt $\alpha = r \cdot \beta$ oder $r = \dfrac{\alpha}{\beta}$

Zahlenbeispiel

β ist meist um 4 bis 6 herum (Piketty: $\beta \cong 6$). Falls nun der Kapitalzins r z. B. 5 % ist ($\alpha = 0\ 05$), dann ergibt sich für $r : r = 0,05 \cdot 6 = 0,3$, d. h. 30 % des Gesamteinkommens ist Kapitalzins (und 70 % ist übriges Einkommen). Dies ist heute einigermaßen so.

Behauptung von Piketty: $r > g$ („Weltformel")

Falls dies gilt (die „Weltformel"), dann wächst der Kapitalstock schneller als das Volkseinkommen, und das heißt, β wächst.

Da nun aber $r = \frac{\alpha}{\beta}$ (Tautologie), heißt das für r:

r ist ein Quotient mit der wachsenden Größe β im Nenner. r muss daher sinken, sofern nicht α auch wächst, und zwar mindestens wie β.

Nun gilt aber $\alpha < 1$, d. h. irgendwann einmal – vielleicht nach mehr als zehn Jahren – wird r sinken müssen, falls die „Weltformel" gelten soll.

Gälte die „Weltformel", dann müsste nun auch g sinken. Dies ist aber keineswegs bewiesen. Ebenso gut, wenn nicht sogar wesentlich wahrscheinlicher, wird r sinken und damit möglicherweise kleiner sein als g.

Das heißt, die „Weltformel" ist eine Behauptung ohne Beweis. Wenn sie einige Zeit zutreffen sollte, was durchaus möglich ist, dann wächst der Druck, dass r zu sinken beginnt.

Dies ist auch intuitiv klar: r ist ein Entgelt, ein Preis, für das Gut *Kapital*. Je mehr Kapital im Überfluss vorhanden ist, desto stärker wird der Druck, dass r sinkt.

Eine schwierige Grafik

Im Buch von Piketty gibt es denn auch keinen Beweis für diese Behauptung. Einzig eine Grafik soll dies nahelegen, die jedoch mit Vorsicht zu genießen ist.

Die Grafik (genau genommen sind es zwei, die aber dasselbe aussagen) findet sich in Kap. 10, S. 352 der englischen Ausgabe [FIGURE 10.11 After tax rate of return versus growth rate at the world level, from Antiquity until 2200].

Auf den ersten Blick entsteht der Eindruck, als wäre tatsächlich praktisch immer $r > g$, von der Antike bis ins Jahr 2200. Bei genauem Hinsehen zeigt sich jedoch, dass auf der horizontalen Achse nicht die Zeit abgebildet ist, sondern Periodenzeitpunkte. Und der Punkt, bei dem $r > g$ nicht gilt, sondern $g > r$ ist nicht ein Punkt, sondern das gesamte 20. Jahrhundert.

Fazit

Mit anderen Worten: Anders als von Piketty vorausgesagt, bricht der *Kapitalismus* nicht in sich zusammen (wie auch Marx schon, mit anderen Begründungen, glaubte). Vielmehr sorgt der freie Markt

> für eine Korrektur. Die *Weltformel* ist theoretisch nicht haltbar, und politisch auch nicht.
> Es ist durchaus möglich, dass $r > g$, und dies allenfalls für einige Zeit. Es ist aber nicht möglich, dass dies auf Dauer so ist. Und zudem beweist die Realität der letzten 100 Jahre (bis heute!), dass dies nicht zutraf.
> Die Formel gilt also nur bis zum Jahre 1900 (was hier nicht überprüft werden soll). Dies ist keine überzeugende Basis für die Behauptung, sie gelte wieder ab dem Jahr 2000.

17.4 Außenhandel und Entwicklungsländer

17.4.1 Außenhandelstheorie

Die theoretische Basis zum Thema *Handel* war bis in die 70er-Jahre des 20. Jahrhunderts das Prinzip der komparativen Kostenvorteile von David Ricardo (vgl. Kap. 9). Nach diesem Prinzip ist es wahrscheinlich, dass vor allem Länder mit unterschiedlicher Wirtschaftsausstattung Handel treiben, also insbesondere bei Unterschieden in der Produktivität beider Dienstleistungen. Dies wurde denn auch vor allem bis zum Zweiten Weltkrieg beobachtet. Es kam zu zunehmendem Handel zwischen den Industrieländern, die kapitalintensive Industriegüter produzierten, und Entwicklungsländern, die arbeitsintensive Agrargüter herstellten.

Nach dem Zweiten Weltkrieg kam es aber zu einer tiefgreifenden Änderung: Der Handel entwickelte sich sehr stark zwischen den Industrieländern.

Dies bedurfte einer Erklärung und eine solche folgte mit der *neuen Außenhandelstheorie*, die vor allem mit dem Namen von Paul Krugman verbunden ist (Krugman erhielt den Nobelpreis für Wirtschaft 2008). Krugman und andere erkannten, dass komparative Kostenvorteile nicht das einzige Motiv für Handel sind, sondern dass Handel beispielsweise auch erklärt werden kann durch das Phänomen zunehmender Skalenerträge, also das Phänomen von Größenvorteilen. Dazu konnte Krugman auf Modelle zurückgreifen, die solche zunehmenden Skalenerträge erklären auf Basis von unvollkommenem oder sogar monopolistischem Wettbewerb (u. a. von Stiglitz).

Krugman konnte schließlich auch zeigen, dass die beiden Außenhandelstheorien – also die auf komparativen Vorteilen und die auf zunehmenden Skalenerträgen basierende – sich nicht ausschließen, sondern ergänzen.

Eine Frage bleibt bei beiden Theorien offen, nämlich die Frage nach Gerechtigkeit beim Handel. Ist Handel immer gerecht? Diese Frage musste bisher offen bleiben, da die Wissenschaft nicht werten will. Und dennoch: Ist es denn nicht möglich, sich Gedanken zu machen und vielleicht sogar Erkenntnisse zu gewinnen über die Gerechtigkeit beim Handel, und dies in möglichst objektiver Weise?

Dazu braucht es allerdings *Vorarbeiten*. Zu den Vorarbeiten vgl. Teil IV dieses Buches, zur Anwendung auf die Frage des gerechten Handels Teil V, Kap. 30.

17.4.2 Entwicklungsländer

Beim Thema *Entwicklungsländer* sind zwei Aspekte zu unterscheiden:

- die Beziehungen zwischen „reichen" und „armen" Ländern,
- die Situation im Entwicklungsland selbst.

Beide Aspekte sind wichtig und tragen zur Erklärung bei, warum es gewisse Länder so schwer haben, aus der Armut herauszufinden.

Bei den Beziehungen zwischen reichen und armen Ländern werden etwa folgende Gründe für die Armut armer Länder genannt:

- Verschlechterung der *Terms of Trade*. Die typischen Exportprodukte der Entwicklungsländer sind Rohstoffe und Agrarprodukte. In den letzten Jahrzehnten sind gerade hier, von einigen Ausnahmen wie Erdöl abgesehen, die Preise tendenziell gesunken.
- Der Protektionismus der Industrieländer, gerade bei Agrarprodukten.
- Zerstörung der Verdienstmöglichkeiten breiter Bevölkerungsschichten (Bauern) durch billige Agrarimporte aus Industrieländern.
- Fehlende Konkurrenzfähigkeit beim Aufbau neuer Industrien. Trotz komparativer Vorteile können junge Industrien in Entwicklungsländern die Wettbewerbsfähigkeit oft nicht erlangen. Als Abhilfe empfahl schon Friedrich List 1827 zeitlich beschränkte Schutzzölle beim Aufbau junger Industrien.
- Ungleiche Machtverteilung. Die Industrieländer nutzen ihre Machtposition aus, sowohl beim Handel als auch beispielsweise beim Patentschutz.
- Braindrain. Durch die besseren Lebensbedingungen in reicheren Ländern suchen gerade die talentierteren Menschen aus Entwicklungsländern eine Stelle in einem reicheren Land.

Neben diesem Aspekt der Beziehungen zwischen reichen und armen Ländern gibt es auch wichtige Gründe für den Verbleib in der Armut innerhalb dieser Länder selbst.

Zu nennen sind etwa:

- extreme Ungleichheit,
- Korruption,
- fehlende Strukturen und Rechtssicherheit,
- keine leistungsfördernde Kultur.

18
Finanztheorie

18.1 Zusammenhang mit der Frage der wirtschaftlichen Gerechtigkeit

Auf den ersten Blick hat die Finanztheorie mit der Frage der wirtschaftlichen Gerechtigkeit wenig zu tun. Dennoch soll kurz auch dieser Bereich skizziert werden, und zwar aus den folgenden drei Gründen:

- Das Thema Finanztheorie ist heute von einer solchen Wichtigkeit, dass eine Darstellung ökonomischer Grundlagen ohne eine Behandlung der Finanztheorie unvollständig ist, auch wenn diese Behandlung extrem kurz ist.
- Wichtige Probleme der heutigen Wirtschaft haben wesentlich mit den Finanzen zu tun. Die Krisen der Jahre 2002/2003 und 2008 heißen darum auch *Finanzkrisen*.
- Es ist eine oft gehörte Ansicht, die mathematischen Modelle der Finanztheorie seien mitschuldig an der Finanzkrise (sowohl 2002 als auch, noch stärker, 2008). In einem Buch, das auch eine mathematische Formel enthält, muss diese Frage kurz diskutiert werden.

18.2 Unternehmensfinanzierung

Die moderne Theorie der Unternehmensfinanzierung ist vor allem verbunden mit zwei Namen: Franco Modigliani und Merton H. Miller.

Bereits 1958 veröffentlichten die beiden Forscher ihre grundlegenden Einsichten zur Unternehmensfinanzierung. Ihr Hauptaugenmerk galt dem Zusammenhang zwischen Verschuldungsgrad und Kapitalkosten eines Unternehmens oder einer Investition. (Verschuldungsgrad: Verhältnis zwischen Fremdkapital und Eigenkapital).

Unter recht restriktiven Bedingungen, wie z. B. dass es vollständige Information gibt, oder dass Insolvenzkosten vernachlässigbar sind, erkennen sie neue Zusammenhänge. Die beiden wichtigsten sind folgende zwei Theoreme:

- Der Verschuldungsgrad hat keinen Einfluss auf den Wert des Unternehmens.
- Die Art der Finanzierung einer Investition (mit Fremd- und Eigenkapital) ist unerheblich für die Frage, ob die Investition lohnend ist.

Die Begründung für diese neuen Einsichten ist im Wesentlichen, dass bei geringem Eigenkapital zwar die Eigenkapitalrendite steigt, gleichzeitig aber auch in gleichem Maße das Risiko.

Außerhalb des Themas *Unternehmensfinanzierung* entwickelte Modigliani außerdem die Lebenszyklushypothese. Diese besagt, dass das Sparverhalten des Einzelnen über den Verlauf seines Lebens eine typische Struktur aufweist: in jungen Jahren wachsend, im Alter wieder sinkend. Dies hat, verbunden mit der demografischen Entwicklung, Einfluss auf das Sparverhalten eines Landes und damit auch auf das Investitionsverhalten.

18.3 Effiziente Finanzmärkte

Die wichtigsten Meilensteine der modernen Theorie der Finanzmärkte sind sehr stark verbunden mit den Namen von zwei US-Amerikanern: Eugene Fama und Robert J. Shiller.

Die zwei Genannten entwickelten ihre Ansichten aber nicht gemeinsam, sondern völlig selbstständig, sogar kontrovers.

- Eugene Fama
  Eugene Fama veröffentliche seine wichtigsten Erkenntnisse bereits ab 1970. Durch umfangreiche empirische Studien kam er zum Schluss, dass Finanzmärkte hocheffizient sind, vor allem durch rasches Einpreisen neuer Informationen. Dies ist eine Analogie zur klassischen These der Effizienz freier Märkte. Die These der Effizienz der Finanzmärkte ist fundamental und bildet u. a. auch die Basis für fast alle weiteren Entwicklungen der modernen Finanztheorie, insbesondere der Portfoliotheorie (Abschn. 18.4.) und der Preisbildung von Derivaten (Abschn. 18.5.)
- Robert Shiller
  Robert Shiller ist in gewissem Sinne der „Gegenspieler" von E. Fama. Er betont die Reibungen und Abweichungen von der Effizienz-These. Von ihm stammt der Begriff *irrationaler Überschwang*. Er prognostizierte bereits vor der Dotcom-Krise (2001/2002) einen Absturz der Aktienmärkte, ähnlich vor 2008 die Finanzkrise. Er gilt daher bei vielen als Guru.

Wer hat nun Recht, Fama oder Shiller? Offensichtlich beide!

Finanzmärkte sind – allerdings von wichtigen Ausnahmen abgesehen – in der Regel hocheffizient, und diese Hypothese führt auch zu weiteren wichtigen Einsichten, welche ebenfalls in der Regel zutreffen. Daneben gibt es aber die wichtigen Ausnahmen irrationalen Verhaltens, z. B. des Herdentriebes. Dies hat wichtige Konsequenzen. Zwar kann im Prinzip von der Effizienz der Finanzmärkte ausgegangen werden. Es muss aber das vernünftig Mögliche getan werden, um irrationale Überschwänge zu verhindern. Dazu gehört einiges: von der Vermeidung falscher Anreize durch Lohnexzesse und absurde Vergütungskonzepte bis hin zu genügend Kapitalpuffern bei Banken, Versicherungen und Pensionskassen.

18.4 Portfoliotheorie

Ziel der Portfoliotheorie ist es, Handlungsanweisungen zur bestmöglichen Kombination von Anlagen bei der Bildung eines optimalen Portfolios zu geben.

Auch die Entwicklung der Portfoliotheorie ist mit einigen Namen eng verbunden, hier vor allem mit zwei US-amerikanischen Nobelpreisträgern: Harry M. Markowitz, William F. Sharpe und einem weiteren Amerikaner: Stephen A. Ross (nicht zu verwechseln mit dem Milliardär Stephen M. Ross).

- Harry M. Markowitz
  Bereits in den 50er-Jahren des letzten Jahrhunderts entwickelte H.M. Markowitz seine bahnbrechende Portfoliotheorie. Basis dieser Theorie ist die Annahme effizienter Märkte und rationales Verhalten der Marktteilnehmer.
  Im Zentrum steht das Verhältnis zwischen Rendite und Risiko einer Aktie. Als Risiko wird die Streuung dieser Renditen definiert, genannt Volatilität (mathematisch: die Quadratwurzel der Varianz).
  Markowitz betrachtet nun eine Mischung aus verschiedenen Aktien (ein Portfolio). Die Gesamtrendite dieses Portfolios entspricht dem arithmetischen Mittel der Einzelrenditen, das Gesamtrisiko ist jedoch kleiner als das Mittel der Einzelrisiken, da Diversifikationseffekte wirken. Mathematisch lässt

sich dieser Zusammenhang darstellen und führt zur Erkenntnis, dass es im Rendite/Risiko-Diagramm eine Effizienzkurve gibt. Alle effizienten Portfolios mit einer optimalen Rendite/Risiko-Kombination liegen auf dieser Kurve. Optimal heißt, dass die Rendite nicht mehr erhöht werden kann, ohne auch das Risiko zu erhöhen, und das Risiko nicht mehr verkleinert werden kann, ohne auch die Rendite zu schmälern.

Nimmt man bei solchen Portfolios auch noch risikolose Anlagen hinzu, dann gelingt es sogar, einen speziellen Punkt auf der Effizienzkurve zu bestimmen: das optimale Portfolio.

Eine weitere wichtige Entdeckung von Markowitz ist die Aufteilung aller Aktienrisiken in systematische und unsystematische Risiken. Unsystematische Risiken können (im Gegensatz zu systematischen Risiken) durch Diversifikation eliminiert werden.

- William F. Sharpe und Stephen A. Ross

Aufgrund der These des effizienten Finanzmarktes können Modelle entwickelt werden zur Bestimmung der Aktienkurse. W. F. Sharpe verwendet dabei die Ideen von Markowitz. Aufgrund der Forderung, dass eine Aktie Bestandteil des Markowitz-Portfolios sein sollte, lässt sich deren Wert bestimmen (das Capital Asset Pricing Model, CAPM).

S.A. Ross wählt einen anderen Ansatz: Er bestimmt empirisch die wichtigsten Faktoren zur Bestimmung der Aktienpreise, und postuliert eine lineare Abhängigkeit von diesen Faktoren (Asset Pricing Theory, APT).

Heute wird die APT eher verwendet als das CAPM, da sie flexibler ist und von weniger strengen Voraussetzungen abhängt.

18.5 Optionspreise

Eine (Finanz-)Option ist ein Recht, etwas Bestimmtes in Zukunft zu kaufen oder zu verkaufen, ohne die Pflicht dazu. Eine Option hat einen Wert, einen Preis. Wie bestimmt man diesen Preis?

Die Antwort auf diese Frage ist wiederum verbunden mit den Namen von drei US-amerikanischen Ökonomen: Fischer Black, Myron S. Scholes und Robert C. Merton.

Black und Scholes entwickelten 1973 die nach ihnen benannte berühmte Formel zur Bestimmung von Optionspreisen. Merton kam auf anderem Wege zu den gleichen Resultaten.

Die Grundidee von Black/Scholes: Die Änderung von Aktienkursen in einer (kurzen) Zeiteinheit gehorcht einer mathematischen Wahrscheinlichkeitsverteilung. Black/Scholes postulieren, dass dies abgesehen von einem Trendfaktor die Normalverteilung ist. Anders ausgedrückt: Die Aktienkurse selbst sind logarithmisch normalverteilt.

Mit dieser Annahme können Optionspreise berechnet werden. Ein Vorteil bei der mathematischen Entwicklung ist, dass ein Prozess mit normalverteilten Zuwächsen (ein sogenannter *Wiener-Prozess*) bereits bekannt ist, da er in der Physik bei der Beschreibung von Atom- oder Molekülbewegungen eine große Rolle spielt (Brown'sche Bewegung).

18.6 Ist die Finanztheorie schuld an der Finanzkrise?

Wie bereits in Abschn. 18.1. dargelegt, wurde die Finanztheorie hier (in aller Kürze) behandelt, obwohl sie mit dem roten Faden dieses Buches nicht direkt zu tun hat.

Bespricht man *ökonomische Grundlagen* wie im vorliegenden Teil II, dann kann die Finanztheorie kaum übergangen werden, speziell in einer Zeit, welche immer noch von den Folgen einer Finanzkrise betroffen ist. Wichtiger aber noch für ein Buch mit dem Titel *Die Fairness-Formel* ist die Frage nach den Grenzen mathematischer Modelle.

Bereits für Markowitz gilt: Es handelt sich um ein wunderschönes Modell. Wegen recht strenger Annahmen ist es aber eher geeignet für die Diskussion grundsätzlicher Zusammenhänge (vor allem zu den Themen Diversifikation oder zu den Begriffen systematisches und unsystematisches Risiko). Für praktische Anwendungen ist das Modell umstritten, insbesondere da es sehr sensitiv reagiert auf kleine Änderungen der Anfangswerte.

Noch deutlicher ist der Modellcharakter bei der Annahme der Normalverteilung von Aktien-Änderungen. Es ist sicher, dass diese Änderungen nicht genau normalverteilt sind. Und zwar so, dass die *Enden der Verteilung* dicker sind (*fat tails*). D. h. die Wahrscheinlichkeit größerer Schwankungen ist leicht größer als bei der Normalverteilung. Diese Abweichung ist bei „Anwendung" in nicht allzu umfassende Bereiche nicht schlimm. So gilt die Black/Scholes-Formel bis heute als sehr gute Annäherung. Aber bei Verwendung für Voraussagen über den ganzen Markt ergeben sich schwerwiegende Abweichungen.

Die Wahrscheinlichkeit starker Ausschläge am Aktienmarkt ist – empirisch belegt – wesentlich größer als bei Annahme der Normalverteilung.

Dies wurde bereits vom Mathematiker Benoit Mandelbrot (einem der Begründer der Chaostheorie) festgestellt. Nassim N. Taleb verfasste ausschließlich zu diesem Thema den Bestseller *Der Schwarze Schwan*.

Taleb und andere gehen soweit, diesem Normalverteilungsmodell eine wesentliche Mitschuld an der Finanzkrise zuzuweisen. Mitschuldig an der Finanzkrise ist aber nicht die Finanztheorie oder die Verwendung mathematischer Modelle an sich, sondern allenfalls deren falsche Anwendung.

Dazu ein einfacher Vergleich: Man stelle sich vor, ein Ingenieur entwickle ein Modell zum Bau einer Stahlbrücke. Ein anderer baut aufgrund dieses Modells eine Holzbrücke, die dann zusammenstürzt, weil Holz nicht die gleichen Eigenschaften hat wie Stahl. Ist nun der Entwickler des Stahlbrückenmodells schuld am Zusammenbruch der Holzbrücke?

Wohl kaum. Er trägt aber eine Mitschuld, wenn er nicht klar genug gesagt hat, dass sein Modell nur für Stahlbrücken geeignet ist, nicht aber für Holzbrücken.

Daraus ergibt sich, dass bei der Entwicklung mathematischer Modelle in der Wirtschaft (und anderswo) klar auf die Voraussetzungen und die Grenzen der Anwendbarkeit hingewiesen werden muss.

Die Hauptverantwortung liegt aber dort, wo solche Modelle blindlings angewendet werden, wo man sich in falscher Sicherheit wiegt und einer Formel vertraut, ohne deren Begrenzung zu hinterfragen. Bei der Finanzkrise 2008 kommt darüber hinaus noch einiges dazu, das entscheidender zur Krise beigetragen hat als die falsche Anwendung von mathematischen Modellen (z. B. Gier, Herdentrieb oder falsche staatliche Anreize).

Ein einprägsames Beispiel findet sich in der Neuen Zürcher Zeitung vom 18. März 2009. Es sei hier stark gekürzt wiedergegeben:

„Fachleute suchen immer noch nach Gründen für den jüngsten Zusammenbruch der Finanzmärkte. In der März-Ausgabe des amerikanischen Magazins ‚Wired' wird die Behauptung aufgestellt, die Wall-Street sei durch eine mathematische Formel zu Fall gebracht worden. Die Formel war von dem aus China stammenden Finanzexperten David X. Li hergeleitet worden und erlaubt es Banken und institutionellen Anlegern, abzuschätzen, wie riskant es ist, in korrelierte Wertpapiere zu investieren. Wegen ihrer einfachen Form wurde sie in der Finanzwelt schnell sehr prominent. Dabei wurde allerdings nicht zur Kenntnis genommen, dass die Formel in extremen Situationen versagt.

Die Finanzkrise nahm ihren Lauf, als amerikanische Hauseigentümer, denen ohne eingehende Prüfung ihrer Kreditwürdigkeit Hypotheken gewährt worden waren, reihenweise ihren Zahlungen nicht mehr nachkommen konnten. Zuerst stürzten die Hypothekarbanken zusammen. In der Folge gerieten weitere Finanzinstitute und Versicherungsfirmen in Schwierigkeiten. Die gleichzeitige Zahlungsunfähigkeit so vieler Kreditnehmer und die zwangsläufig folgenden Pleiten waren von Fachleuten nicht richtig vorausgesehen worden.

Dabei wussten Investoren schon immer, wie gefährlich es ist, gleichzeitig in Papiere zu investieren, deren Wahrscheinlichkeiten, wertlos zu werden, miteinander korrelieren. Um diese Gefahr quantitativ in den Griff zu bekommen, hatte Li im Jahr 2000 im ‚Journal of Fixed Income' eine sogenannte Copula-Formel hergeleitet.

Die Formel von Li hatte eine denkbar einfache Form und war einfach zu interpretieren. Deshalb wurde sie von mathematisch wenig versierten Finanzmanagern gerne und weiterum benützt. Andrew Lo, Professor für Finanztheorie am Massachusetts Institute of Technology in Cambridge, meint, dass die Copula-Formel in der Gemeinschaft der institutionellen Anleger wahrscheinlich der am weitesten verbreitete Ansatz zur Modellierung der gleichzeitigen Zahlungsunfähigkeit mehrerer Firmen gewesen sei. Aber bei ihrer Verwendung wurde oft eine Schwierigkeit übersehen. In die Formel muss ein Parameter eingesetzt werden, der die Gleichläufigkeit der Risiken verschiedener Anlagewerte misst. Dieser sogenannte Korrelationskoeffizient ist nicht leicht abzuschätzen. Li benützte als Indikator für die Risikobelastung von Unternehmen historische Daten über die Zinsen, die diese für Darlehen zahlen müssen. Die Spanne zwischen den Renditen risikoloser Staatsanleihen und den Zinsen, die von den Unternehmen für verschiedene Laufzeiten verlangt wurden, diente ihm als Kennziffer dafür, wie der Markt ihre Risiken für verschiedene Zeitspannen einschätzt. Mit diesen Daten ließ sich dann der für die Copula-Formel benötigte Korrelationskoeffizient berechnen.

Aber die Verwendung historischer Daten kann in die Irre führen. Insbesondere für den amerikanischen Hypothekarmarkt hatten Daten, die aus einem Jahrzehnt stammten, in dem die Preise für Immobilien in die Höhe schnellten, wenig Bedeutung für die sich anbahnende Krisenzeit. Zum Beispiel ist es in normalen Zeiten höchst unwahrscheinlich, dass eine große Zahl von Eigenheimbesitzern gleichzeitig zahlungsunfähig wird. Aber sobald der amerikanische Immobilienboom ein Ende fand und die ersten Hypothekarnehmer in Verzug gerieten, folgte eine Lawine von Zahlungsunfähigkeiten. Die grundlegende Annahme für Lis Formel – dass der Korrelationskoeffizient ein konstanter Parameter ist – stimmte plötzlich nicht mehr, Bankrott-Wahrscheinlichkeiten begannen mehr zu korrelieren als von der Formel vorhergesagt, und die Risikoanfälligkeit diversifizierter Portefeuilles stieg."

Auch dieser Artikel endet mit der Aussage, dass es letzten Endes nicht die Formel an sich ist, die ein Problem darstellt, sondern deren unbekümmerte Anwendung, die trotz Warnungen von Experten erfolgte.

Teil III

Synthese und Übergang

Einleitung zu Teil III
In den Teilen I und II wird in aller Kürze die politische Philosophie der letzten 2500 Jahre und das ökonomische Denken der letzten 250 Jahre zusammengefasst. Die Betonung liegt eher auf dem Wort „Kürze" als auf dem Wort „zusammengefasst". Es scheint verwegen, daraus eine Synthese ziehen zu wollen. Dennoch sei dies versucht, denn eine solche Synthese ist die Basis, um die in der Einleitung genannten zwei Ziele dieses Buches erreichen zu können. Die zwei Ziele seien hier nochmals genannt:

- Ziel 1 ist es, eine Übersicht der politischen Philosophie und der politischen Ökonomie zu geben mit dem Fokus auf die Themen *wirtschaftliche Freiheit* und *wirtschaftliche Gerechtigkeit*. Diese Übersicht mündet in eine Synthese als Basis für die Definition eines humanen Wirtschaftssystems.
- Ziel 2 ist es, darauf aufbauend einen Vorschlag auszuarbeiten für eine sinnvolle Optimierung der beiden Größen *wirtschaftliche Freiheit* und *wirtschaftliche Gerechtigkeit*: die Fairness-Formel. Dies ist ein neuer Ansatz zu einem alten Thema. Dazu gehört auch, die Auswirkungen dieses neuen Ansatzes anhand einiger Beispiele aufzuzeigen.

Synthese bedeutet dabei weniger *Zusammenfassung*, sondern viel mehr einen Zusammenzug der betrachteten philosophischen und ökonomischen Grundlagen auf zentrale Grundthesen. Dies erfolgt hier in Form von drei Thesen.

Die drei Thesen sind einerseits weniger als eine Zusammenfassung, da sie nur die allerwichtigsten Erkenntnisse festhalten. Gleichzeitig ist eine solche Synthese in Form von Thesen aber auch mehr als eine Zusammenfassung, weil sie nicht nur bereits Gesagtes wiederholt, sondern eine Art Programm enthält, und damit zusammenhängend eine Wertung.

Die Verdichtung zu drei Thesen ergibt ein neues Bild, vielleicht auch ein deutlicheres Bild, als das bloße Postulat einer sozialen Marktwirtschaft oder eines dritten Weges zwischen freier Marktwirtschaft und Sozialismus.

19
Zu Form und Inhalt der drei Thesen

19.1 Zur Form der drei Thesen

19.1.1 Thesen als Postulate

Die Grundstruktur eines humanen Wirtschaftssystems basiert auf Entscheidungen, im Idealfall auf demokratisch legitimierten, wissenschaftlich fundierten Entscheidungen. Sie ergibt sich nicht von selbst. Sie ergibt sich auch nicht als Folge „eherner Gesetze" der Wirtschaft oder der Psychologie.

Es geht nicht ohne das Setzen von Prioritäten. Selbstverständlich sind wissenschaftliche Erkenntnisse einzubeziehen, seien es solche der ökonomischen Zusammenhänge oder der gesellschaftlichen und individuellen Strukturen (Ökonomie, Soziologie, Anthropologie, Politologie, Psychologie usw.). Dies alles ersetzt aber nicht die menschliche Entscheidung, in welcher Gesellschaft und Wirtschaft wir leben wollen. Es bedeutet damit auch ein ewiges Ringen, das nicht ein für alle Mal gelöst wird.

19.1.2 Vergleich mit Axiomen

Unter Thesen werden hier also verdichtete Aussagen, Grundprinzipien verstanden, die nicht nur Feststellungen sein sollen, sondern Postulate, Anforderungen, Leitplanken im demokratischen

Entscheidungsprozess. Solche Thesen erinnern formal – nicht inhaltlich – an die Grundprinzipien von John Rawls. Und beide erinnern an die Axiome der Mathematik, deren wohl berühmtestes Beispiel die Euklidischen Axiome der Geometrie sind. Als Axiome werden seit Euklid grundlegende Aussagen genannt, die zwar *evident richtig* sind, aber nicht bewiesen werden können. Sie werden daher postuliert, und alles Übrige einer Theorie wird aus ihnen abgeleitet. In der Mathematik werden strenge Anforderungen an die Aufstellung von Axiomen gestellt wie etwa:

- Widerspruchsfreiheit (Axiome dürfen sich nicht widersprechen),
- keine Redundanz (Wenn ein Axiom aus den übrigen hergeleitet werden kann, ist es überflüssig und kann als Axiom weggelassen werden),
- Vollständigkeit (Dies ist die schwächste und gleichzeitig vielleicht schwierigste Anforderung. Axiome sollen umfassend sein, sodass eine aussagekräftige Theorie möglich ist.) Interessant ist hier der Hinweis, dass die Forderung nach Vollständigkeit nicht eindeutig ist. Das Paradebeispiel dazu ist die nicht-euklidische Geometrie, die anfangs des 18. Jahrhunderts von den Mathematikern Bolyai, Lobatschewski und Gauß entwickelt wurde. Durch Weglassen des sogenannten Parallelenaxioms erschufen sie eine neue Geometrie, die nach langer Nicht-Beachtung zur wichtigen Grundlage der modernen Physik wurde. So basiert etwa Einsteins allgemeine Relativitätstheorie auf der nicht-euklidischen Geometrie.

Die Thesen dieses Buches (und auch diejenigen von John Rawls) ähneln den Axiomen der Mathematik. Sie sollten sicher widerspruchsfrei sein, und auch möglichst wenig redundant. Vollständig sind sie sicher nicht, daher auch der Hinweis auf die euklidische und nicht-euklidische Geometrie. Die später aufgestellten drei Thesen erheben keineswegs den Anspruch, vollständig zu sein. Ein Wirtschaftssystem ist viel zu komplex, um mit lediglich drei Thesen umfassend dargestellt werden zu können. Die drei Thesen können als Basis dienen, auf der weiter aufgebaut werden kann.

Die Thesen ergeben sich aus theoretischen und praktischen Überlegungen. Sie sind Postulate einer humanen, das heißt freiheitlichen und gerechten Wirtschaftsordnung. Ähnlich wie die Axiome Euklids erscheinen sie als evident, aber nicht evident in mathematischer Klarheit, sondern aufgrund überwältigender praktischer Erfahrung beim Vergleich von Wirtschaftssystemen weltweit und auch aufgrund der in den Teilen I und II erörterten Grundlagen der politischen Philosophie und politischen Ökonomie. Darin enthalten ist aber eine, wenn auch gut begründete, persönliche Wertung.

19.2 Zu den Inhalten der drei Thesen

19.2.1 Das Menschenbild

Die vielleicht wichtigste Voraussetzung für eine humane Theorie von Politik und Wirtschaft ist ein realistisches Menschenbild. Dies wurde in der Vergangenheit oft sträflich vernachlässigt, mit schwerwiegenden Folgen. In Teil I und II dieses Buches sind uns einige Beispiele begegnet:

- Platon
  Neben großartigen Ideen hatte dieser große Denker doch ein recht merkwürdiges Menschenbild, in welchem hohe Formbarkeit durch Erziehung eine zentrale Rolle spielt. Konsequenzen wären, dass in vielen Fällen die Kinder den Müttern weggenommen werden und in Erziehungsanstalten aufwachsen sollen. Aus heutiger Sicht nicht gerade human.

- Thomas Hobbes
  Mit seinem *homo homini lupus* führt das Hobbes'sche Menschenbild relativ direkt zur Begründung des Absolutismus und absoluten Herrschertums. Aus heutiger Sicht auch nicht speziell human.
- Jean-Jacques Rousseau
  Im Gegensatz zu Hobbes nimmt Rousseau an, dass der Mensch im Naturzustand edel sei. Dies führt zu einer zwar menschenfreundlichen, aber auch naiven Vorstellung vom guten Staat. Neueres Beispiel ist die antiautoritäre Erziehung, die zwar das Gute anstrebt, aber oft nicht mit Erfolg (was natürlich nicht heißt, dass das Gegenteil, die autoritäre Erziehung, richtig sei).
- Karl Marx
  Sehr unrealistisch ist auch die Marx'sche Vorstellung vom neuen, befreiten Menschen, der sich im Kommunismus heranbilden wird (vgl. auch Stalin, Lenin). Vor allem die völlige Verkennung der Wichtigkeit von Leistungsanreizen zeugt davon, dass Marx die Menschen nicht gesehen hat, wie sie sind, sondern wie er sie für seine Theorien sehen wollte. Dieses einseitige Menschenbild ist wesentlich verantwortlich für das Versagen des real existierenden Sozialismus.

Neben diesen Philosophen, deren Menschenbild theoretisch einseitig war, und daher auch zu einseitigen philosophischen „Anregungen" führte, gibt es aber wesentlich krassere Fälle. Es fällt auf, dass gerade auch Diktatoren oft einem speziellen Wunsch-Menschen frönten. So etwa Lenin, Hitler, Stalin, Mao oder die Roten Khmer. Sie alle postulierten einen *neuen Menschen*. Das Erzwingen dieses neuen Menschen endete in den grässlichsten Völkermorden. Wenn vom *neuen Menschen* die Rede ist, ist daher Vorsicht geboten, auch wenn es natürlich meistens nicht so ausartet wie bei diesen Diktatoren.

In diesem Buch wird eine große Skepsis gegenüber allzu spekulativen Philosophien mit absolutem Geltungsanspruch gezeigt.

So z. B. gegenüber den Gedankengebäuden eines Platon, Hegel oder auch Marx.

Die Skepsis gründet aber tiefer als nur darauf, dass diese Welterklärungssysteme auf einem unrealistischen Menschenbild aufbauen, obwohl dies wahrscheinlich typischerweise auch der Fall ist. Diese Skepsis ist verwandt mit den Ideen des österreichisch-britischen Philosophen Karl Popper (1902–1994), der aus Gründen der wissenschaftlichen Logik solche Systeme grundsätzlich ablehnt, vielleicht noch entschiedener als in diesem Buch. Bei Popper geht es um die Frage der Falsifizierbarkeit: Er lässt nur Aussagen zu, die auch falsifiziert, also widerlegt werden können.

Karl Popper gehört mit Sicherheit zu den großen Philosophen des 20. Jahrhunderts. Er wird hier jedoch nur kurz erwähnt, da sein Hauptaugenmerk weniger der politischen Philosophie gilt, sondern eher der Wissenschaftslogik und Metaphysik-Kritik.

Im Gegensatz zu Denkern mit unrealistischem Menschenbild gibt es aber auch solche mit einem großen Maß an Realismus und Bodenhaftigkeit. So geht etwa Adam Smith von einem Menschen aus, der durchaus egoistisch sein kann und vor allem sein Eigeninteresse verfolgt. Aber eben nicht nur. Der Mensch hat auch positive, menschenfreundliche Seiten.

In diesem Buch wird, ähnlich wie bei Adam Smith, von einem Menschen ausgegangen, der nicht nur gut, aber auch nicht nur böse ist. Die meisten Menschen sind sicher gutartig, aber einige sind es weniger, und manche passen sich den Umständen an. Das Wechselspiel zwischen menschlichen Eigenschaften und der Anpassung an Umstände wird in These 2 thematisiert.

Abschließend zum Menschenbild eine Bemerkung zum homo oeconomicus der modernen Wirtschaftswissenschaft. Sicher ist dieses Bild nicht völlig zutreffend. Der Mensch ist nicht nur rational. Das Menschenbild muss in der Wirtschaftswissenschaft entsprechend angepasst werden. Aber: Das Bild ist auch nicht so falsch, dass nun die ganze Wirtschaftswissenschaft falsch wäre. Das Bild ist vielmehr hinreichend realistisch, um einen großen

Teil der (neoklassischen) Wirtschaftswissenschaft durchaus bestehen zu lassen.

19.2.2 Coincidentia oppositorum und der dritte Weg

Neue Interpretation der coincidentia oppositorum
Wie in Kap. 1 erwähnt, kamen Cusano und andere Denker bereits im Mittelalter zur Erkenntnis, dass Gegensätze im Extremen zusammenfallen. Cusano beschrieb zwei Beispiele, die in Kap. 1 beschrieben sind.

Ist dieser abstrakte Gedanke aus dem 15. Jahrhundert irrelevant aus heutiger Sicht? Und was hat das mit den Thesen dieses Buches zu tun, dem Verhältnis von Freiheit und Gerechtigkeit?

Dies zeigt sich, wenn man die coincidentia oppositorum, das Zusammenfallen der Gegensätze, neu interpretiert, nämlich als Metapher gegen das eindimensionale Denken. Bei der Frage nach der guten Gesellschaft, speziell nach dem Verhältnis zwischen Freiheit und Gerechtigkeit, bewegen wir uns in komplexen Systemen. Komplexe Systeme sind aber immer vieldimensional. Reduziert man sie auf eine einzige Dimension, dann gehen andere, ebenfalls wichtige Dimensionen verloren. Das zeigt sich gerade auch bei der klassischen Links/Rechts-Diskussion, als neuartiger, anderer Zusammenhang: je mehr man bei der Links/Rechts-Diskussion in die Extrempositionen dieser einen Dimension geht, desto mehr nähern sich die Extrempositionen in anderer Hinsicht, in anderen Dimensionen an. So nähern sich extreme Rechte und Linke an in Hinsicht Intoleranz, Besserwisserei, Fanatismus, Menschenverachtung. Dies erklärt auch, warum so oft Menschen von scheinbar einem Extrem ins andere kippen, z. B. von linksextrem zu rechtsextrem. Sozialismus und Faschismus sind sich näher, als beiden lieb ist.

Die Politik sollte die tiefe Verwandtschaft solcher Extrempositionen vermehrt beachten. Die Erkenntnis dieser coincidentia oppositorum gibt gleichzeitig eines der wichtigsten Kriterien bei der Suche nach Grundthesen für ein Leben in Freiheit und Gerechtigkeit: die Absage an die Extreme, an die Verabsolutierung eines einzigen Wertes, auch wenn dieser Wert noch so großartig sein mag. Auch die Begriffe wie *Freiheit* und *Gerechtigkeit* dürfen nicht verabsolutiert werden, was kurz gezeigt werden soll.

Freiheit über alles

Es gibt sehr viele Facetten des Liberalismus (vgl. z. B. Kap. 8). Hier seien zunächst nur die fundamentalen Formen herausgegriffen, die den Freiheitsbegriff verabsolutieren, also vor allem der Libertarismus.

Der Wert der Freiheit wird in dieser Denkrichtung weit über alle anderen Werte gestellt wird, insbesondere auch über den Wert *Gerechtigkeit*. Damit zusammen hängt die Ablehnung einer wichtigen Rolle des Staates, bis hin zur Verteufelung des Staates.

Dazu Folgendes: Die simple Logik führt zur Erkenntnis, dass die Freiheit jedes Einzelnen begrenzt ist durch die Freiheit der anderen. Dies ist ein berühmter Satz, bereits geäußert in der griechischen Philosophie vor 2500 Jahren. Der Satz ist wohl selbstverständlich für den Begriff der Freiheit, der in diesem Buch bürgerliche oder politische Freiheit genannt wird.

Aber stimmt er auch für die wirtschaftliche Freiheit, die freie Marktwirtschaft? Die Antwort ist hier schwieriger, da bei der wirtschaftlichen Freiheit nicht nur die Begrenzung durch die Freiheit der anderen hineinspielt, sondern auch und vor allem die Frage der Effizienz. Dieser Punkt ist komplex und soll später (Kap. 21) noch näher erläutert werden. Vorwegnehmend kann gesagt werden, dass auch trotz des Einwandes von Effizienzverlusten die wirtschaftliche Freiheit nicht unbegrenzt sein kann. Sie braucht Begrenzungen, und zwar nicht nur durch politisch und ethisch begründete Rahmenbedingungen, sondern auch aus wirtschaftlichen Überlegungen selbst. Verabsolutierte wirtschaftliche Freiheit kann ohne zusätzliche Maßnahmen zu derart ungleicher Einkommens- und Vermögensverteilung führen, dass für die Ärmeren kaum mehr von wirtschaftlicher Freiheit gesprochen werden kann.

Interessant ist, dass auch Anhänger der libertären Gedanken den Begriff der Gerechtigkeit zwar klar unterordnen, aber nicht als völlig irrelevant bezeichnen. Die Denkweise ist vielmehr die, dass es bei größtmöglicher wirtschaftlicher Freiheit automatisch auch den Ärmeren besser gehe. Dazu dienen einprägsame Metaphern wie diejenigen, dass die Flut alle Schiffe anhebe, dass Reichtum hinuntersickere oder dass man den Kuchen lieber anwachsen lässt als sich auf seine Verteilung zu konzentrieren. Auch dieser Gedanke wird in Kap. 22 näher betrachtet. Es wird sich zeigen, dass diese Zusammenhänge zwar durchaus möglich, aber ohne zusätzliche Maßnahmen nicht zwingend sind.

Gerechtigkeit über alles
Auch hier gibt es verschiedenste Facetten mit verschiedenen Namen. Speziell alle Formen des Sozialismus, der eine gerechte Verteilung wirtschaftlicher Güter anstrebt, und dazu die Methode der Verstaatlichung der Produktionsfaktoren propagiert. Eine andere Denkrichtung ist diejenige des Egalitarismus, der den weitest möglichen Ausgleich aller Ungerechtigkeiten anstrebt, auch derjenigen, die auf natürlichen Ungleichheiten basieren[1].

Gemeinsamer Nenner dieser Denkrichtung ist die Verabsolutierung des Begriffs der wirtschaftlichen Gerechtigkeit auf Kosten aller anderen Werte, insbesondere der Freiheit. Das Erblühen der Freiheit als sekundäre Folge wird allerdings auch hier einfach behauptet.

Das theoretische Rüstzeug des Sozialismus lehnt Freiheit nicht ab. Im Gegenteil: Ihr Siegeszug wird propagiert als Folge der sozialistischen Errungenschaften. Dieser Siegeszug ist theoretisch durch nichts begründet, nur behauptet. In der Praxis ergab sich ausnahmslos das Gegenteil, die Versklavung der Menschen durch eine Doktrin und dessen elitäre Vollstrecker.

---
[1] vgl. hierfür z. B. Kersting (2012).

Schließlich wird auch das oberste Ziel, die wirtschaftliche Gerechtigkeit, nicht erreicht. Die Eliten, welche der Sozialismus für seine Durchführung hervorbringt, sind auch nur Menschen, meistens sogar nicht besonders menschenfreundliche. In allen Fällen des realen Sozialismus haben sich diese Eliten schamlos bereichert, die Gerechtigkeit blieb auf der Strecke. Das Scheitern und die Unmenschlichkeit des Sozialismus liegen nicht nur in der Durchführung. Sie sind bereits in den Grundlagen angelegt (vgl. Kap. 10).

Die Unklarheit/Unverbindlichkeit des dritten Weges
Es scheint klar zu sein, dass die Extrempositionen des fundamentalistischen Liberalismus und des Sozialismus in die Irre führen. Daraus wird, bereits seit Jahrzehnten, die Forderung nach einem *Dritten Weg* zwischen den beiden Extremen erhoben.

Dies scheint so selbstverständlich, dass bereits das „Ende der Geschichte" vermutet wurde, und zwar bereits kurz nach dem Zusammenbruch der Sowjetunion und dem „Sieg" der westlichen parlamentarischen Demokratien mit ihren Wirtschaftssystemen, in welchen freie Marktwirtschaft mit sozialen Elementen verbunden wird (vgl. Kap. 25).

Das Ende der Geschichte ist dies natürlich schon deshalb nicht, weil es auch noch anderes als Wirtschaft gibt. Solange die Verletzung von Menschenrechten, Machtgier, religiöser Fanatismus, Krieg und einige andere Übel nicht behoben sind, ist das Ende der Geschichte noch weit entfernt.

Aber auch innerhalb der Diskussion um ein optimales Wirtschaftssystem sind wir nicht am Ende der Geschichte. Das Plädoyer für den dritten Weg ist zwar richtig, aber auch fast trivial und zu wenig spezifisch.

Der Name *Dritter Weg* ist auch irreführend, da es nicht um einen Kompromiss zwischen zwei Extremen geht, sondern um eine Gestaltung *sui generis*, eine eigenständige Weltanschauung, die nicht ein Flickenteppich aus Extremstandpunkten darstellt.

Eine solche eigenständige Weltanschauung ist auch wesentlich attraktiver als ein Kompromiss aus dem ersten und zweiten Weg, zwei ungangbaren Wegen.

Die Beschreibung eines solchen Systems oder einer solchen Anschauung ist natürlich sehr komplex. Es wird daher in den nachfolgenden drei Kapiteln versucht, die Grundlagen in Form weniger Thesen darzustellen.

19.2.3 Philosophische Grundlagen

In Teil I werden die wichtigsten Denker der politischen Philosophen nicht nur kurz vorgestellt, sondern auch gewürdigt. Damit ergibt sich bereits in Teil I ein Hinweis darauf, wie die politische Philosophie als Basis für die in diesem Buch vertretene Haltung herangezogen wird.

In sehr starker Vereinfachung können als Väter dieser Meinung genannt werden:

- Aristoteles, wegen seiner Überzeugung, dass Politik durch vernünftige Herleitung bestimmt werden kann und soll, und dass der Staat *das Gute* fördern soll, indem er überlegt eingreifen muss oder darf. Dies wird bei den ökonomischen Grundlagen näher beschrieben.
- Locke, Spinoza, Montesquieu und damit auch die Aufklärung wegen ihrer Erneuerung des rationalen Denkens und ihrer Hinwendung zum Menschen, ebenso wegen ihrer Skepsis gegenüber Machtkonzentration und der fundamentalen Forderung der Gewaltenteilung.
- Kant wegen seiner Erkenntnis der grundsätzlichen Willensfreiheit des Menschen und seiner auf Vernunft basierenden Ethik des kategorischen Imperativs.
- Jeremy Bentham und John Stuart Mill wegen ihrer Entdeckung des Glückes und der Nützlichkeit für alle Menschen

ohne Unterscheidung der Person, John Stuart Mill darüber hinaus als Vorläufer eines modernen Humanismus.
- John Rawls schließlich als Philosoph, dessen Hauptthema die Gerechtigkeit ist und der das allgemeine Prinzip der Gerechtigkeit formuliert hat.
- Nicht übernommen wurden philosophische Ansätze, bei welchen das menschliche Maß verloren ging, wie etwa Thomas Hobbes' Menschenbild und Absolutismus, Hegels metaphysische und historische Spekulationen oder auch Robert Nozicks extrem einseitige Betonung des historisch gewachsenen Eigentums.

19.2.4 Ökonomische Grundlagen

Die nachfolgenden drei Thesen basieren sehr wesentlich auf den Erkenntnissen der Wirtschaftswissenschaft. Auch hier die wichtigsten Grundlagen in extremer Kürze:

- Die Idee der freien Marktwirtschaft, von Adam Smith über Leon Walras bis zu Arrow und Debreu.
- Die Idee der Grenzen des freien Marktes, von Arrow/Debreu und der Wohlfahrtstheorie bis zu den Erkenntnissen der neueren Mikro- und Makroökonomie, so z. B.
  - Die zentrale Bedeutung von Rechtsrahmen und Institutionen (aus der Mikroökonomie).
  - Die Notwendigkeit von gezielten, aber begrenzten Staatseingriffen (Keynes), die Theorien des Marktversagens und deren Korrekturen, oder die Erkenntnisse der Verhaltensökonomie (aus der Makroökonomie).
- Auch bei den ökonomischen Lehren gibt es Entwicklungen, die nicht zur Verbesserung des Glücks als größtes Ziel der Menschen führen, wie etwa der Marxismus.

- Eine für dieses Buch wichtige Erkenntnis der Auseinandersetzung mit den ökonomischen Grundlagen ist, dass die nachfolgende These 3, der *neue Ansatz*, in der bisherigen Theorie nicht vorkommt. Der Begriff *neuer Ansatz* ist also berechtigt.

Aufgrund dieser Überlegungen werden die nachfolgenden drei Thesen formuliert und begründet.

19.2.5 Zusammenhang zwischen Thesen zur Politik und zur Wirtschaft

Grundbegriffe

Beim Aufbau eines gedanklichen Grundgerüstes des politischen oder des wirtschaftlichen *Systems* gibt es viele Gemeinsamkeiten, aber auch Unterschiede. Dies wird deutlich, wenn die zentralen Grundbegriffe der Freiheit und der Gerechtigkeit näher betrachtet werden. Unterscheiden wir zwischen Politik und Wirtschaft, dann ergeben sich vier Begriffe:

A. Politische Freiheit
B. Wirtschaftliche Freiheit
C. Politische Gerechtigkeit
D. Wirtschaftliche Gerechtigkeit

Ohne axiomatische Genauigkeit anzustreben, sei darunter etwa Folgendes verstanden:

A. Politische Freiheit

Dies sind im Wesentlichen die bürgerlichen Freiheiten wie Redefreiheit, Medienfreiheit usw., also die Freiheiten, für welche Menschen in vielen Revolutionen erbittert gekämpft haben und die auch heute noch in vielen Staaten nicht gegeben sind. Dazu zählen auch die Menschenrechte, welche ebenso zum Thema *politische Freiheit* gehören wie zum Thema *politische Gerechtigkeit*.

B. Wirtschaftliche Freiheit

Dazu wird vor allem die Freiheit des Menschen gezählt, sich wirtschaftlich zu betätigen, also freie Marktwirtschaft und – damit verbunden – freie Preisbildung. Es zeigt sich, dass politische und wirtschaftliche Freiheit zwei verschiedene Dinge sind, eng verwandt, aber verschieden.

C. Politische Gerechtigkeit (bzw. juristische Gerechtigkeit)

Dazu zählt vor allem das riesige traditionsreiche Gebiet der Jurisprudenz, der Gerechtigkeit vor dem Gesetz, symbolisiert durch die Göttin Justizia. So interessant und fundamental dieses Gebiet auch ist, es ist nicht primärer Gegenstand dieses Buches.

D. Wirtschaftliche Gerechtigkeit

Diese wird hier im engeren – aber sehr wichtigen – Sinne der Verteilungsgerechtigkeit verstanden, also eines „vernünftigen" Verhältnisses zwischen Reich und Arm. Und dies betrifft vor allem Einkommen und Vermögen, allenfalls auch Erbschaften. Es ist offensichtlich, dass dieser letzte Begriff der wirtschaftlichen Gerechtigkeit am wenigsten klar zu fassen ist. Er entzieht sich weitgehend einer systematischen, wissenschaftlichen Analyse. Viele Ansätze kreisen um diesen Begriff wie um den sprichwörtlichen heißen Brei. Die meisten Vertreter der modernen politischen Philosophie und politischen Ökonomie hören hier auf mit der Bemerkung, das sei nicht mehr Gegenstand ihres Wissens- und Forschungsgebietes. Gerade darum spielt dieser Begriff der wirtschaftlichen Gerechtigkeit eine zentrale Rolle in diesem Buch. Das Buch will einen Mosaikstein liefern zu einem viel größeren Mosaik zum Thema der wirtschaftlichen Gerechtigkeit.

Zunächst sollen jedoch kurz die Beziehungen zwischen den vier Begriffen A, B, C und D betrachtet werden.

Zusammenhänge zwischen den vier Grundbegriffen

Formal können zwischen den Begriffen A, B, C, und D insgesamt sechs paarweise Beziehungen bestehen, nämlich AB, AC, AD, BC, BD und CD.

Wann immer die Rede ist vom Aufbau eines politischen oder wirtschaftlichen Systems, kommt man vermutlich um eine genauere Analyse dieser Zusammenhänge nicht herum.

Von den sechs möglichen Beziehungen seien aber nur zwei erwähnt, denn die wohl wichtigsten Zusammenhänge im Rahmen dieses Buches dürften die zwei folgenden sein: **AB** und **BD**, das heißt:

- **AB**: Das Verhältnis zwischen politischer und wirtschaftlicher Freiheit.
  Dies wird im Kommentar zu These 1 näher behandelt (Kap. 20).
- **BD**: Das Verhältnis zwischen wirtschaftlicher Freiheit und wirtschaftlicher Gerechtigkeit als zentrales Thema dieses Buches.
  Dies wird im Kommentar zu These 3 näher behandelt (Kap. 22).

20

These 1: Zur Freiheit und ihren Grenzen

These 1 besteht aus drei Teilen, 1a, 1b und 1c.

- These 1a: Im Zweifel für die Freiheit (In dubio pro libertate).
- These 1b: Es bedarf grundlegender Rahmenbedingungen, die der freie Markt allein nicht schafft.
- These 1c: Das Thema Marktversagen ist von grundsätzlicher Natur, und es sind entsprechende Instrumente zur Korrektur zu entwickeln.

20.1 These 1a

20.1.1 Geltung der These

Die These 1a gilt generell, sowohl für politische als auch für wirtschaftliche Systeme (dazu Abschn. 20.1.6).

Im Zentrum dieses Buches steht jedoch die Frage nach einem optimalen wirtschaftlichen System. Gemeint ist also mit These 1 im Wesentlichen die freie Marktwirtschaft, doch die These lautet konkreter: „Im Zweifel für die freie Marktwirtschaft".

Anders ausgedrückt: Jede Abweichung von der freien Marktwirtschaft ist beweispflichtig, begründungspflichtig. Aber immerhin, Abweichungen sind sehr wohl möglich. Die freie

Marktwirtschaft ist keine heilige Kuh. These 1 begründet keinen Fundamentalismus.

Zur Begründung dieser These gibt es nach den Ausführungen dieses Buches überwältigende Evidenz. Es folgt hier daher nur noch eine kurze und unvollständige Zusammenfassung.

20.1.2 Menschenbild und politische Vernunft

These 1 entspricht dem Menschenbild einer humanistischen Weltanschauung, wie es beispielsweise von Kant klar und schön formuliert wurde. Der Mensch ist ganz wesentlich, in seinem tiefsten Kern, ein freies, selbstbestimmtes Wesen, grundsätzlich ausgestattet mit Willensfreiheit.

Dies hängt eng zusammen mit einem grundsätzlichen politischen Postulat, das hier nicht näher diskutiert wird: der Gleichberechtigung aller Menschen. Würde sich dieses Buch primär mit Politik befassen, wäre dies eines der fundamentalsten Postulate, so fundamental, dass es auch nicht durch eine Volksabstimmung verletzt werden dürfte.

Daraus folgt nun aber zwingend, dass niemand das Recht hat, jemanden in seiner Freiheit mehr zu beschränken als durch die Freiheit der anderen.

Das heißt, sogar Freiheit ist nicht absolut. Sie ist begrenzt, durch die Freiheit der anderen. Freiheit ist, in ihrer Begrenzung, die Basis eines humanen, politischen und wirtschaftlichen Systems.

20.1.3 Historische Erfahrung

These 1 stützt sich auch auf überwältigende historische Erfahrung. Wo in der Wirtschaft Freiheit zugelassen wird, blüht die Wirtschaft auf.

Beispiele gibt es in großer Zahl. Sämtliche wirtschaftlich hochentwickelten Länder basieren wesentlich auf der freien Marktwirtschaft. Dies gilt insbesondere für die Staaten Nordamerikas, Europas und Japan. Dazu gibt es aber auch viele Beispiele entsprechender Entwicklungen der letzten Jahrzehnte: Die Tigerstaaten Ostasiens, China, Osteuropa, teilweise Russland und Lateinamerika. Bei diesen Beispielen ist allerdings Vorsicht geboten. Freie Marktwirtschaft allein genügt nicht. Es braucht auch politische Freiheit, und es braucht einige weitere Grundsätze, die in den Thesen 1b und 1c zusammengefasst sind.

20.1.4 Ökonomische Theorie

Einfach ausgedrückt, führt eine freie Marktwirtschaft zur Befreiung der Produktivkräfte. Menschen sind im Allgemeinen gewillt, ihr Leben zu verbessern, wenn man sie nur machen lässt. Dazu gehört natürlich auch, dass Leistung sich lohnen muss, dass also Anreize (incentives) gegeben sind.

Dass dies alles nicht in ein unentwirrbares Chaos führt, ist der Grundgedanke von Adam Smith, der eine *unsichtbare Hand* im Wirken sah, welche alles in geordnete Bahnen lenkt. Im Wesentlichen hatte er mit dieser Beobachtung recht, und er gilt zu Recht als einer der wichtigsten Begründer der Wirtschaftswissenschaft.

Damit sind wir bei der Wirtschaftswissenschaft und der heutigen theoretischen Begründung der freien Marktwirtschaft und der unsichtbaren Hand (vgl. dazu Teil II dieses Buches).

Es sind vor allem zwei wissenschaftliche Erkenntnisse, welche begründen, dass die freie Marktwirtschaft allen unfreien Systemen haushoch überlegen ist.

1. Die freie Marktwirtschaft löst das Problem der Verteilung von Gütern und Dienstleistungen. Dies ist die Erkenntnis der Grenznutzenschule (vgl. Kap. 11). Preise und Mengen für alle Güter und Dienstleistungen bilden sich automatisch so,

dass der Grenznutzen (Zusatznutzen eines zusätzlichen Gutes) gleich groß ist wie die Grenzkosten (Zusatzkosten dieses zusätzlichen Gutes). Diese Erkenntnis ist bereits bahnbrechend. Ebenso bahnbrechend ist die weitere Erkenntnis, dass mit diesen Preisbildungen im gesamten Markt ein Gleichgewicht entsteht (Walras). Überschüsse werden abgebaut, Mängel werden behoben, das Distributions- oder Verteilungsproblem wird gelöst.

Es ist klar, dass dieses Bild zu schön ist, um wahr zu sein. Spätestens seit Keynes wissen wir, dass es hartnäckige Ungleichgewichte geben kann, die sich nicht von selbst lösen. These 1 allein genügt nicht. Es braucht weitere Thesen, wie die Thesen 2 und 3.

Zentral ist aber dennoch die Erkenntnis, dass die freie Marktwirtschaft das Fundament ist, auf dem ein Wirtschaftssystem aufgebaut werden soll. Mit zusätzlichen Kriterien (Thesen) lässt sich so ein optimales Wirtschaftssystem errichten.

Nicht umgekehrt. Alle Versuche, den freien Markt abzuschaffen und durch Planung zu ersetzen, führen über kurz oder lang ins wirtschaftliche Desaster und in die politische Despotie.

2. Die freie Marktwirtschaft löst aber nicht nur das Distributionsproblem. Sie ist auch effizient im Sinne Paretos, sie ist paretooptimal. Dieser grundlegende und mathematisch bewiesene Satz (unter gewissen Bedingungen) von Arrow und Debreu ist ein Highlight ökonomischer Erkenntnisse. Eine der Bedingungen zur Herleitung dieses Satzes ist die Annahme, dass der Mensch rational sei, ein homo oeconomicus. Wir wissen heute, dass diese Bedingung nicht gegeben ist, der Mensch ist nur bedingt rational. Aber er ist in der Regel rational genug, so dass die Erkenntnis von Arrow/Debreu im Wesentlichen – wenn auch nicht immer – zutrifft. Auch hier zeigt sich: als Basis für ein optimales, humanes Wirtschaftssystem genügt These 1 nicht, es bedarf weiterer Thesen oder Prinzipien. Der

Satz von Arrow/Debreu hat nicht nur den (verkraftbaren) Mangel, dass er auf nicht immer gegebenen Voraussetzungen basiert und daher nur „im großen Ganzen" stimmt.

Es gibt einen wichtigeren, nicht theoretischen, sondern praktischen Mangel: Pareto-Optimalität sagt nichts aus über Gerechtigkeit.

Zum Aufbau eines optimalen Wirtschaftssystems ist es daher notwendig, auch die wirtschaftliche Gerechtigkeit in irgendeiner Form zu postulieren. Dies folgt mit These 3.

20.1.5 Begründet These 1 eine Form des Liberalismus?

Die Antwort ist: Ja. Der Liberalismus hat sehr viele Facetten. Es gibt ein sehr breites Spektrum von politischen und wirtschaftlichen Systemen, die sich dem Begriff des Liberalismus zuordnen lassen. Um zu präzisieren, welche Form des Liberalismus in diesem Buch postuliert wird, wurde die Form von Thesen gewählt.

Der in diesem Buch vertretene Liberalismus gründet auf These 1. Entscheidend sind aber auch die folgenden Thesen 2 und 3. Der hier vertretene Liberalismus wird durch die Thesen 1 bis 3 definiert. Dieses Buch könnte daher auch den folgenden Untertitel haben: *Plädoyer für einen gerechten Liberalismus*, ähnlich dem Buch von Lisa Herzog[1], welches den Untertitel trägt *Plädoyer für einen zeitgemäßen Liberalismus*.

20.1.6 Das Verhältnis zwischen politischer und wirtschaftlicher Freiheit

In Abschn. 19.2.5 wurde dieses Thema bereits aufgegriffen (dort als Variante AB bezeichnet).

---

[1] Lisa Herzog. Freiheit gehört nicht nur den Reichen. 2014

Es geht hier vor allem um Fragen wie die, was passiert, wenn in einem Staat das Ausmaß an politischer und wirtschaftlicher Freiheit auseinanderklafft.

Was passiert, wenn etwa große politische Freiheiten gegeben sind, aber ein hoher Grad von Verstaatlichungen oder extreme Steuersätze die wirtschaftlichen Freiheiten stark limitieren?

Beispiel dafür könnten stark ausgeprägte Sozialdemokratien sein, wie etwa Skandinavien in den 1990er-Jahren. Die Erfahrung scheint zu zeigen, dass hier Korrekturen möglich sind, wohl infolge der Möglichkeiten offener Diskussion. Ein gewisser Leidensdruck scheint aber auch hier notwendig zu sein, bis Änderungen erfolgen, die für einige schmerzlich sein mögen.

Viel schwieriger scheint der umgekehrte Fall zu sein, wenn nämlich die Wirtschaft stark liberalisiert wird, ohne entsprechende Entwicklung der politischen Freiheiten. Dies ist die Schicksalsfrage von Staaten wie China oder Russland. Ziehen wirtschaftliche Freiheiten auch politische Freiheiten nach sich, oder wirkt sich umgekehrt politische Unfreiheit so aus, dass auch anfängliche wirtschaftliche Freiheiten wieder verschwinden?

Die Frage ist wohl noch nicht eindeutig zu beantworten. Sicher ist aber eines: Die Annahme, dass der wirtschaftlichen Freiheit auch die politische Freiheit folgt, verwirklicht sich nicht automatisch. Dazu braucht es weitere, lange und schwere Anstrengungen.

Und dazu trägt noch ein Umstand sehr stark bei: in Staaten mit wenig politischer Freiheit entwickelt sich meist eine ausgesprochene wirtschaftliche Ungerechtigkeit. Es entstehen superreiche Eliten, mit einem ausgesprochen hohen Maß an ungerechter Verteilung. Vermutlich ist dies auch der Hauptgrund für die Vorenthaltung politischer Freiheit. Die Beispiele zeigen, dass es historisch gesehen wahrscheinlicher ist, dass der politischen Freiheit die wirtschaftliche folgt als umgekehrt.

Aus diesem Grunde ist es wichtig, dass These 1 nicht nur für die Wirtschaft Geltung hat, sondern auch für die Politik.

20.2 These 1b

20.2.1 Grundsatz zu These 1b

Der freie Markt basiert, um funktionieren zu können, auf sehr wichtigen Voraussetzungen, die er allein nicht schafft.

Diese heute wohl allgemein anerkannte Erkenntnis wird oft als *Paradox der freien Marktwirtschaft* bezeichnet. Es handelt sich aber nicht um ein Paradox, denn ein Paradox ist ein logischer Widerspruch. Die Erkenntnis, dass die freie Marktwirtschaft auf Bedingungen basiert, die sie nicht selber schafft, ist aber kein logischer Widerspruch. Die Erkenntnis sagt nur aus, dass die Forderung nach freier Marktwirtschaft allein nicht genügt, dass die freie Marktwirtschaft ohne zusätzliche, grundlegende Bedingungen nicht lebensfähig ist.

Die Vernachlässigung dieser Erkenntnis kann verheerende Folgen haben, wie leider schon zu beobachten war bei der Transformation einer Planwirtschaft in eine freie Marktwirtschaft. Bei einer solchen Transformation genügt es nicht, einfach die Kräfte des freien Marktes zu entfesseln. Vielmehr bedarf es des Aufbaus entsprechender Rahmenbedingungen. Ohne solche wird ein Land leichte Beute raffgieriger Eliten, welche die freie Marktwirtschaft missbrauchen zur Mehrung ihrer Macht. Das Resultat ist oft ein Land, dem es kaum besser geht als zu den früheren Zeiten der Despotie. Den Westen trifft eine Mitschuld – wie etwa in Russland der 1990er-Jahre – wenn er diese Zusammenhänge nicht vermehrt analysiert und sich bei der Beratung von Transformationsländern einbringt. Das vorliegende Buch will einen kleinen Beitrag in dieser Richtung leisten. Das heißt nun aber nicht, man müsse bei einem Transformationsland mit der Einführung des freien Marktes warten, bis alle Rahmenbedingungen erfüllt sind. Keineswegs. Aber mit der Freiheit des Marktes muss gleichzeitig die Basis geschaffen werden, dass sich diese Rahmenbedingungen entwickeln können. Dies gilt insbesondere für ein entsprechendes Ethos, ohne das der freie Markt nicht funktionieren kann.

Damit ergibt sich die Frage, was denn diese Rahmenbedingungen sind, welche in These 1b angesprochen werden.

Es geht um ein großes, wichtiges Thema, das hier nur in äußerster Kürze und unvollständig erwähnt werden kann. Ohne Vollständigkeit zu postulieren, geht es insbesondere um die folgenden Rahmenbedingungen, die anschließend kurz beschrieben werden sollen:

- ein Ethos (Abschn. 20.2.2),
- ein humanes, freiheitliches Rechtssystem, das u. a. auch das Eigentum garantiert (Abschn. 20.2.3),
- gerechte Institutionen (Abschn. 20.2.4).

20.2.2 Ethos

Ethos ist ein Begriff, der etwas altmodisch klingt, seit einiger Zeit aber zu Recht wieder vermehrt beobachtet wird. Vor allem in der Verbindung *Arbeitsethos*, als einer der zentralen Voraussetzungen für das wirtschaftliche Wohlergehen eines Staates.

Unter Ethos wird hier eine sittliche, ethische Gesinnung verstanden. Eine Grundhaltung, eine prägende Lebensgewohnheit, nahe verwandt mit Begriffen wie Anstand, Sitte, Charakter. Die Ethik als Teil der Philosophie befasst sich damit, ein bestimmtes Ethos zu begründen oder kritisch zu reflektieren. Ethos bestimmt sowohl das Verhalten Einzelner als auch die moralischen Verhaltensweisen von Institutionen. Ethos ist die wohl wichtigste Grundlage des Rechts. Ohne entsprechendes Ethos, eine von einer Mehrheit getragene moralische Gesinnung, bleibt Recht formal und blutleer.

Eine sehr wichtige Frage ist, wie Ethos entsteht oder auch wieder zerstört wird. Ein lebensbejahendes Ethos ist die Basis eines befriedigenden menschlichen Zusammenlebens. Ethos allein genügt aber nicht. Es braucht vor allem auch ein Rechtssystem und funktionierende Institutionen. Diese wiederum haben Rückwirkungen auf das zugrundeliegende Ethos. Werden Rechtsnormen allzu sehr verletzt oder Institutionen missbraucht, kann dies auf das Ethos zurückwirken. Hier hat Schillers Wort seinen Platz: „Das eben ist der Fluch der bösen Tat, dass sie fortwährend immer Böses muss gebären."

Der beste Boden zur Entstehung von Ethos ist vermutlich Erziehung und hier vor allem Erziehung durch Vorbild. Vorbilder sind zunächst die Eltern, aber sehr bald auch ein erweitertes Umfeld, das unter anderem durch gesellschaftliche Normen geprägt ist.

Ähnliches gilt bei der Zerstörung von Ethos. Auch hier sind es vor allem schlechte Vorbilder, bis hin zu negativen oder sogar zerstörerischen gesellschaftlichen Gepflogenheiten. Je permanenter, desto wirksamer. Zwei der wichtigsten negativen Beispiele dürften sein:

- Korruption,
- Ungerechtigkeit.

Korruption: Es ist keine neue Erkenntnis, dass Korruption wirkt wie ein Krebsgeschwür. Korruption ist die permanente Vergiftung des positiven Ethos von Anstand, Arbeitswille oder Fleiß, denn wer diese Eigenschaften hat, ist der Verlierer in einer korrupten Umgebung.

Ungerechtigkeit: Etwas weniger thematisiert wird, dass permanente Ungerechtigkeit eine ähnliche Wirkung haben kann wie Korruption. Wer permanent ungerecht behandelt wird trotz ethisch korrektem Verhalten, der wird mit der Zeit an dieser Ethik zweifeln. Dauernde Ungerechtigkeit ist der stete Tropfen, der den Stein des Ethos höhlt. Dies ist wohl auch die Hauptproblematik extremer Lohn- und Vermögensunterschiede.

20.2.3 Rechtssystem

Neben dem Ethos ist eine der wichtigsten Voraussetzungen für ein humanes wirtschaftliches und politisches System ein gut ausgebautes Rechtssystem, bei dem die Gedanken der Menschenwürde und der Gerechtigkeit im Zentrum stehen. Also nicht etwa grausame oder/und formalistische Systeme. Mit diesen Fragen beschäftigt sich die Jurisprudenz, eine hochentwickelte Wissenschaft mit einer über 2000 Jahre alten Tradition. Jurisprudenz ist aber nicht Thema dieses Buches.

Dies bedarf der Erklärung. Es wird hier unterschieden zwischen der Gerechtigkeit, mit der sich die Jurisprudenz beschäftigt und die man juristische Gerechtigkeit nennen könnte. Dies wird weiter vorne (Abschn. 20.1.) näher beschrieben unter den Begriffen politische und wirtschaftliche Gerechtigkeit. Es geht darum, dass zunächst die Gesetze gerecht sind, d. h. Gleiches gleich und Ungleiches ungleich behandelt wird, und alle Menschen unabhängig von Rasse, Geschlecht, Reichtum, Religion usw. gleich behandelt werden. Das Symbol der juristischen Gerechtigkeit ist die Justizia, die oft mit verbundenen Augen dargestellt wird. Verbundene Augen deshalb, weil sie eben nicht auf diese verschiedenen Eigenschaften der Menschen schaut, sondern alle gleich, gerecht behandelt.

Davon unterschieden wird in diesem Buch die wirtschaftliche Gerechtigkeit, oder die Verteilungsgerechtigkeit von Einkommen und Vermögen. Dieser Begriff ist viel unklarer und schwierig zu fassen und daher auch viel weniger wissenschaftlich analysiert. Wann ist eine Einkommens- oder Vermögensverteilung gerecht? Wie lange ist die Kluft zwischen Arm und Reich noch gerecht, eventuell sogar notwendig, und wann wird sie ungerecht?

Juristische und wirtschaftliche Gerechtigkeit haben oft erstaunlich wenig miteinander zu tun, obwohl sie den gleichen Namen tragen. Dennoch wird in Büchern, welche das Wort Gerechtigkeit im Titel tragen, oft wenig zwischen diesen beiden

Begriffen unterschieden. Zwei Beispiele: John Rawls Hauptwerk *Eine Theorie der Gerechtigkeit* behandelt beide Begriffe. Im Zentrum steht aber eindeutig die wirtschaftliche Gerechtigkeit, die Verteilungsgerechtigkeit, wie man unschwer an seinen Grundprinzipien erkennen kann, vor allem dem Differenzprinzip (vgl. Kap. 7). Demgegenüber der kürzlich erschienene Bestseller von Michael Sandel, *Gerechtigkeit*. Sandel behandelt ausschließlich das Thema der juristischen Gerechtigkeit.

Das vorliegende Buch befasst sich primär mit dem Thema der wirtschaftlichen Gerechtigkeit. Hier, in diesem Unterkapitel *Rechtssystem*, ist jedoch die juristische Gerechtigkeit gemeint. Sie wird anerkannt als äußerst wichtige Voraussetzung eines humanen, politischen und wirtschaftlichen Systems. Ein Beispiel möge genügen: der Schutz der Eigentumsrechte. Ohne gut ausgebaute Eigentumsrechte gibt es keine freie Marktwirtschaft. Dies ist evident und braucht keine weitere Begründung. Es bedeutet allerdings auch nicht, dass die Eigentumsrechte – trotz ihrer großen Wichtigkeit – zu verabsolutieren sind, wie etwa bei Robert Nozick (vgl. Kap. 8).

20.2.4 Institutionen

Zu den wichtigsten Rahmenbedingungen, welche in These 1b angesprochen werden, gehören auch die Institutionen.

Bereits vor über hundert Jahren hat sich, ausgehend von den USA, eine Teildisziplin der ökonomischen Wissenschaft entwickelt: der Institutionalismus (vgl. Abschn. 16.1). Heute ist dies ein breiter Wissenszweig mit interessanten Themen und Erkenntnissen, auf die hier generell verwiesen sei, ohne selbst entsprechende Ausführungen folgen zu lassen. So betont z. B. auch John Rawls die Wichtigkeit von Institutionen und widmet diesem Thema breiten Raum in seinem Jahrhundertwerk *Eine Theorie der Gerechtigkeit*.

In neuerer Zeit haben sich u. a. auch Acemoglu/Robinson mit diesem Thema eingehend befasst in ihrem Buch *Why nations fail*. Sie gelangen bei ihren Studien zu der Ansicht, dass das gute bzw. schlechte Funktionieren von Institutionen der Hauptgrund dafür sei, ob eine Nation erfolgreich ist oder nicht.

Hier sei lediglich noch auf die enge Wechselwirkung zwischen den verschiedenen Rahmenbedingungen hingewiesen. Ethos, Rechtssystem und Institutionen stehen in enger Beziehung zueinander. Keines ist denkbar ohne die anderen. Diese Wechselwirkungen wären Thema einer umfangreichen Forschung. Weitere Kenntnisse darüber wären zentral beim Aufbau oder bei der Verbesserung von politischen und wirtschaftlichen Systemen, wichtig speziell auch bei der Hilfestellung an Transformationsstaaten, Staaten, die wegkommen möchten von despotischen, fundamentalistischen oder doktrinären Systemen.

20.3 These 1c

These 1c ist das Korrelat zu These 1a im wirtschaftlichen Bereich. Die These *In dubio pro libertate* bedingt, dass auch die Grenzen des freien Marktes möglichst klar erkannt werden und entsprechende Maßnahmen entwickelt und dann auch ergriffen werden, um das Funktionieren des Marktes zu gewährleisten.

20.3.1 Unterschiedliche Formen von Marktversagen

Es gibt umfangreiche Untersuchungen zum Thema Marktversagen (vgl. Kap. 15 und 17). Eine zusammenfassende Analyse könnte leicht Bände füllen. Dieses sehr wichtige Thema wird hier ganz bewusst nur sehr kurz gestreift. Einerseits gerade wegen der umfangreichen Literatur dazu, andererseits aber auch, weil es nicht das zentrale Thema dieses Buches ist (das ist vor allem These 3). Daher werden hier nur die wichtigsten Formen von Marktversagen und die dazugehörigen Lösungsansätze aufgezählt. Sowohl bei den Formen als auch den Lösungen ist Vollständigkeit nicht garantiert.

Formen von Marktversagen und Lösungen:

- Monopole
  Lösungen: Verbote, Zerschlagung, Eindämmung, Preiskontrollen
- Externe Kosten
  Lösungen: Internalisierung (d. h. Kostenüberwälzung auf den Verursacher)
- Asymmetrische Information
  Lösungen: Transparenz, Aufsicht
- Irrationales Verhalten
  Lösungen: Aufklärung; Teilweise auch Verbote (z. B. in der Finanzwirtschaft Verbote von Instrumenten wie gewissen Derivaten oder etwa auch Erhöhung der Anforderungen für Eigenkapital bei Banken).

20.3.2 Hohe Anforderungen bei der Behauptung von Marktversagen

Betrachtet man die diskutierten und größtenteils auch wirklich durchgeführten Lösungsmaßnahmen, dann zeigt sich, dass es sich um teilweise schwerwiegende Eingriffe in die freie Marktwirtschaft durch staatliche Institutionen handelt. Wegen dieser starken Konsequenzen sind hohe Anforderungen an den Beweis der Behauptung von Marktversagen zu stellen.

21

These 2: Zur Gerechtigkeit und ihren Grenzen

These 2 besteht aus zwei Teilen, These 2a und These 2b.

- These 2a: Wirtschaftliche Gerechtigkeit ist ein hoher Wert und damit ein fundamentales Ziel jeder freiheitlichen Wirtschaftsordnung.
- These 2b: Wirtschaftliche Gerechtigkeit ist nicht möglich ohne gerechte Verteilung von Einkommen und Vermögen, und gerechte Verteilung ist bis zu einem gewissen Höchstmaß parallel zu gleichmäßiger Verteilung, ab diesem Höchstmaß aber nicht mehr.

21.1 These 2a

Wichtige Ausgangspunkte für These 2a sind drei Erkenntnisse, welche anschließend kurz beschrieben werden sollen:

- These 2a ist ein (gesellschaftlicher) Willensentscheid. Sie lässt sich nicht mathematisch herleiten (Abschn. 21.1.1).
- These 2a ist aber grundsätzlich für die Funktionsweise der freien Marktwirtschaft (Abschn. 21.1.2).
- Wirtschaftliche Gerechtigkeit entsteht im freien Markt nicht von selbst (Abschn. 21.1.3).

Bei allen diesen Ausführungen wird *wirtschaftliche Gerechtigkeit* zunächst intuitiv verwendet. Eine genauere Betrachtung folgt in These 2b und These 3.

21.1.1 These 2a als Postulat

These 2a hat den Charakter eines Postulates, wenn man so will: eines Axioms. Es entspricht einer tiefliegenden humanen Einstellung. Das Problem ist wohl nicht, wie dieses Axiom logisch zu begründen ist – das ist es vielleicht nicht, so wenig wie die Menschenrechte und ähnliche Postulate. Es wird hier postuliert und wohl von der Mehrheit aller Menschen akzeptiert. Probleme sind vielmehr die Abgrenzung gegenüber den Postulaten der Freiheit oder der wirtschaftlichen Effizienz. Dazu folgen These 2b, These 3 und weitere Ausführungen in Teil IV dieses Buches.

Trotz dieser Zurückhaltung beim „Beweis" dieses Postulates gibt es weitere gute Gründe wirtschaftlicher Natur, vor allem der, dass eine gewisse wirtschaftliche Gerechtigkeit notwendig ist als Basis der freien Marktwirtschaft.

21.1.2 Kaufkraft und Machtkonzentration

Kaufkraft als wirtschaftliche Macht

Paul Samuelson weist in seinem Lehrbuch der Ökonomie darauf hin, dass der Geldschein in der Wirtschaft eine analoge Bedeutung hat zum Stimmzettel in der Politik. Mit Geld bestimmt der Einzelne, was er kaufen will, und damit bestimmen die Geldscheine der vielen Einzelnen die Nachfrage, eine der entscheidensten Größen der Wirtschaft. Die Analogie mit dem Stimmzettel stimmt auch in dem Sinne, dass der Einzelne wenig ausrichten kann, in ihrer Gesamtheit jedoch die Stimmenden die Politik lenken, die Kaufenden (oder auch die Sparenden) die Wirtschaft.

Ein großer Unterschied besteht heute darin, dass in der Politik jeder genau eine Stimme hat, in der Wirtschaft jedoch die Geldscheine sehr unterschiedlich verteilt sind. Das Prinzip *one man, one vote* war aber auch in der Politik nicht immer gegeben. Abgesehen vom früher fehlenden Frauenstimmrecht waren in der Frühphase der Demokratie auch die Männerstimmen nicht immer gleichmäßig verteilt. So war das Stimmrecht in vielen Fällen an Bedingungen geknüpft, wie etwa Ehrbarkeit, militärische Einsatzfähigkeit, Landbesitz, Mindestvermögen und vieles mehr. Heute werden ungleiche Stimmanteile in einer Demokratie im Allgemeinen abgelehnt.

Analogie zur Gewaltenteilung
Das Postulat der Gewaltenteilung wurde in Teil I (Kap. 5) als einer der wichtigsten und folgenreichsten Gedanken der politischen Philosophie bezeichnet. Ziel der Gewaltenteilung ist, wie der Name sagt, die Aufteilung der Gewalt, die Aufteilung der Machtkonzentration. Heute könnte man dies auch als eine Forderung des Risikomanagements bezeichnen. Je mehr Macht sich in wenigen Händen befindet, desto größer das Risiko des Missbrauchs.

Die Geschichte hat in großer Deutlichkeit bewiesen, dass die Umsetzung dieser Forderung segensreich ist.

Die Frage liegt auf der Hand: wenn in der Wirtschaft eine stark ungleiche Verteilung Machtkonzentration bedeutet, braucht es dann nicht auch hier so etwas Ähnliches wie Gewaltenteilung?

Seit die Wirtschaft ein gewaltiges eigenständiges Gewicht hat und Macht in der Politik nicht mehr unbedingt identisch ist mit Macht in der Wirtschaft, wird diese Frage intensiv diskutiert, also etwa seit der industriellen Revolution, in der ersten Hälfte des 19. Jahrhunderts.

Gleichheit in der Wirtschaft?

Dies bedeutet jedoch keineswegs die völlige Gleichheit von Einkommen und Vermögen. Mit Sicherheit wäre dies in der Wirtschaft ein Desaster. Dafür gibt es zwei Gründe: Einerseits wäre völlige Gleichheit ungerecht, und andererseits gingen jegliche Leistungsanreize verloren. Ungerecht wäre völlige Gleichheit schon deshalb, weil sich Menschen ganz unterschiedlich anstrengen und sich auch in ganz unterschiedlichem Maße für sich selbst oder andere einsetzen.

Der zweite Punkt bedeutet, dass durch den Verlust der Leistungsanreize und die damit verbundene Reduktion der Leistungen ein dramatisches Absinken der Gesamtleistung erfolgt, wie in allen Staaten mit erzwungener Gleichheit festzustellen ist. Eine gewisse wirtschaftliche Ungleichheit ist daher nicht nur gerecht, sondern für die wirtschaftliche Entwicklung auch notwendig.

Damit ergibt sich die Frage des Maßes. Wie viel wirtschaftliche Ungleichheit ist notwendig und gerecht? Ab welchem Punkt kippt die Ungleichheit über in Ungerechtigkeit?

Sehr wahrscheinlich gibt es nicht einen genauen solchen Punkt, sondern eine Zone solcher Ungleichheit, die zu akzeptieren ist. Wie viel Ungleichheit noch als gerecht empfunden wird, ist eventuell auch kulturell unterschiedlich.

Es ist aber sicher möglich, dass die Ungleichheit die Grenze übersteigt, die von einem „vernünftigen Durchschnittsmenschen" noch akzeptiert werden kann. Sicher ist diese Grenze alles andere als eindeutig. Das heißt aber nicht, dass man sich nicht damit beschäftigen sollte. Gerade wer für Wirtschaftsfreiheit eintritt, darf wirtschaftliche Gerechtigkeit nicht aus den Augen verlieren. (Wie in diesem Buch schon gesagt: Man sollte die Diskussion über wirtschaftliche Gerechtigkeit nicht den Sozialisten überlassen.)

21.1.3 Die freie Marktwirtschaft führt nicht automatisch zu gerechten Resultaten

Selbst eine „übermäßige" Ungleichheit bei der Verteilung von Einkommen und Vermögen wäre in einem Staat mit freier Marktwirtschaft nicht besonders schlimm, wenn diese freie Marktwirtschaft die Ungleichheiten tendenziell verringern würde, wenn sie also in Richtung einer gleichmäßigen Verteilung wirken würde.

Die Behauptung, dass die freie Marktwirtschaft eine starke Ungleichheit von Einkommen und Vermögen nicht von selbst ausgleicht, auch nicht tendenziell, ist wesentlich für die Postulierung von These 2. Ohne diese Erkenntnis wäre These 2 überflüssig. Wegen dieser Behauptung ist sie jedoch fundamental für den Aufbau einer freien, aber auch gerechten Wirtschaft und Gesellschaft. Diese Behauptung ist nun zunächst zu begründen.

Wir sind damit wiederum bei der Frage angelangt, die bereits in Kap. 19 als eine der wichtigsten bezeichnet wurde bei der Analyse der zentralen Begriffe Freiheit und Gerechtigkeit in Politik und Wirtschaft (dort BD genannt), nämlich beim Verhältnis von wirtschaftlicher Freiheit und wirtschaftlicher Gerechtigkeit. Mit wirtschaftlicher Freiheit ist im Wesentlichen die freie Marktwirtschaft gemeint, mit wirtschaftlicher Gerechtigkeit im Wesentlichen die Verteilungsgerechtigkeit, also vor allem die Gerechtigkeit der Einkommens- und Vermögensverteilung.

Die Frage lautet: Führt die freie Marktwirtschaft tendenziell und automatisch zu gerechter, d. h. einigermaßen gleichmäßiger Verteilung der Einkommen und Vermögen?

Dies ist eine zentrale Frage, und speziell auch eine zentrale Frage dieses Buches. Um diese sehr wichtige Frage anzugehen, seien drei Ebenen gewählt:

- die Ebene gängiger Metaphern als Behauptungen, freie Marktwirtschaft führe zu gerechter Einkommens- und Vermögensverteilung,

- die Ebene der Wissenschaft als Erwiderung,
- die Ebene der praktischen Erfahrung als Erwiderung.

Die Ebene gängiger Metaphern
Es gibt sehr berühmte Bilder, die nahelegen sollen, dass die freie Marktwirtschaft zu ausgleichender Gerechtigkeit führt. Die drei bekanntesten sind:

- Die Metapher von den Schiffen
  Das Bild besagt: Steigender Wasserpegel hebt alle Schiffe gleichermaßen an. Das heißt, steigt das Bruttoinlandsprodukt, dann haben alle etwas davon, vielleicht sogar alle gleich viel.
- Die Metapher vom Durchsickern
  Das Bild besagt: Es ist gut oder zumindest kein Problem, wenn Reiche reicher werden, denn es sickert immer etwas durch nach unten, d. h. auch die Armen profitieren letztlich davon.
- Die Metapher vom Kuchen
  Dieses Bild besagt: Man soll sich nicht primär um die Verteilung des Kuchens kümmern, sondern um seine Größe. Wird der Kuchen größer, dann werden auch die kleineren Stücke größer.

Sind diese Metaphern begründet?

Die Ebene der Wissenschaft
Die Metaphern treffen, wissenschaftlich gesehen, nicht allgemein zu. Es gibt keinen wissenschaftlichen Beweis, dass die freie Marktwirtschaft zu einer einigermaßen gerechten Einkommens- und Vermögensverteilung führt.

Wie in Teil II, Kap. 11 ausgeführt, gelang Leon Walras 1867 der Beweis, dass der freie Markt zu einem Gleichgewicht führt.

(Unter gewissen Bedingungen, insbesondere der, dass Menschen rational handeln). 1954 legten K. Arrow und G. Debreu den Beweis vor, dass dieses Gleichgewicht pareto-optimal ist. Das heißt, bei dem im freien Markt zustande kommenden Gleichgewicht kann niemandem mehr gegeben werden, ohne einem anderen etwas wegzunehmen.

Wie ebenfalls in Teil II schon ausgeführt, heißt *pareto-optimal* aber keineswegs *gerecht*. Das bedeutet aber, dass der Satz von Arrow/Debreu nicht beweist, dass die freie Marktwirtschaft automatisch zu gerechten Lösungen führt.

Die Ebene der praktischen Erfahrung
Dies ist natürlich die wichtigste Ebene. Zunächst ist klar, dass man zu allen drei Metaphern auch Gegenbeispiele finden kann. Die Bilder können in einzelnen Situationen richtig sein, sie treffen aber nicht generell zu. Beispielsweise sind in den letzten 30 Jahren in den meisten Industrieländern die Einkommens- und Vermögensanteile der Ärmeren gesunken, z. T. auch absolut (vgl. z. B. Piketty).

Es gibt zwar überwältigende praktische Erfahrung, dass die freie Marktwirtschaft effizient und oft segensreich ist für den größten Teil der betroffenen Menschen. In vielen Fällen ist die freie Marktwirtschaft auch verbunden mit wachsender Gerechtigkeit von Einkommen und Vermögen.

Aber eine allgemeine Gesetzmäßigkeit, dass sich wirtschaftliche Gerechtigkeit automatisch, ohne weitere Maßnahmen einstellt, kann nicht beobachtet werden.

Wie schon erwähnt: Gerade die letzten Jahrzehnte sind charakterisiert durch eine wachsende Schere zwischen Arm und Reich.

21.2 These 2b

These 2b enthält zwei grundsätzliche Gedanken:

- Die erste Hälfte postuliert, dass wirtschaftliche Gerechtigkeit auf gerechter Verteilung von Einkommen und Vermögen basiert. Wann eine solche Verteilung *gerecht* ist, wird erst in These 3 genauer ausgesagt. Hier geht es zunächst darum, dass das Thema der wirtschaftlichen Gerechtigkeit eine kollektive Betrachtung darstellt, keine individuelle (Abschn. 21.2.1).
- Die zweite Hälfte postuliert eine Parallelität von gerechter Verteilung und gleichmäßiger Verteilung, die allerdings ab einem gewissen Maß an Gleichmäßigkeit nicht mehr gilt (Abschn. 21.2.2 und vor allem Teil IV).

21.2.1 Individuelle und kollektive Betrachtung

Wirtschaftliche Ungleichheit ist erlaubt, ja sogar notwendig, wenn sie „maßvoll" ist. Sie ist aber schädlich, wenn sie „übermäßig" ist.

Damit sind wir bei der zentralen Frage: Wie definiert man ein solches Maß? Wie bestimmt man, ab wann wirtschaftliche Ungleichheit „übermäßig" ist?

Um einer Lösung näher zu kommen, ist zunächst zu unterscheiden, ob man die Frage individuell oder kollektiv angehen will. Diese Unterscheidung ist analog zu derjenigen zwischen Mikro- und Makrobetrachtung in der Ökonomie.

Die individuelle Betrachtung
Wann ist ein bestimmtes Einkommen oder ein bestimmtes Vermögen individuell gerechtfertigt, wann nicht?

21 These 2: Zur Gerechtigkeit und ihren Grenzen

Man sieht sofort, dass diese Frage sehr schwer zu beantworten ist. Wer soll überhaupt so etwas entscheiden? Und nach welchen Kriterien? Innerhalb eines einzelnen Betriebes ist diese Diskussion notwendig zur Bestimmung der Gehälter. Dort ist aber klar, wer diese Diskussion führt (Personalchef, Firmenleitung), und es ist auch möglich – wenn auch schwierig – Leistungskriterien aufzustellen.

Aber gesamtwirtschaftlich? Gesamtwirtschaftliche Leistungskriterien vertragen sich nicht mit dem Gedanken der Freiheit. Dies nicht zuletzt auch deshalb, weil der Lohn ein Preis ist oder sein sollte: der Preis für Arbeit. Und wenn alle diese Preise hoheitlich festgelegt werden, entfällt die so zentral wichtige Signalwirkung von Preisen, ohne die jede Wirtschaft in kürzester Zeit zu großen Verzerrungen tendiert, bis hin zum völligen Zusammenbruch.

Der gleiche Gedanke in anderen Worten: Bei der Definition individueller Löhne spielen auch Leistungsanreize eine große Rolle. Für das Funktionieren der Wirtschaft im Großen und im Kleinen sind sie wohl von ebenso großer Bedeutung wie die Frage der Gleichmäßigkeit der Verteilung. Leistungsanreize können durchaus als Bestandteile der Verteilungsgerechtigkeit gesehen werden. Wer sich anstrengt, soll besser entlohnt werden als wer sich nicht anstrengt. Leistungsanreize gehen aber tendenziell in die Gegenrichtung zur Angleichung der Verteilung.

Dazu kommt noch ein weiterer Punkt: Wie weit ist der Einzelne überhaupt verantwortlich für seine Fähigkeiten, einschließlich seines Leistungswillens? Innerbetrieblich kann man diese Fragen als irrelevant betrachten. Aber wenn es um gesamtwirtschaftliche Verteilungsgerechtigkeit geht, kommt man um solche Diskussionen kaum herum. Man landet schließlich bei Fragen wie derjenigen, wieweit jemand für seine eigene Fähigkeiten, seinen Fleiß usw. verantwortlich ist. Dies ist philosophisch und psychologisch interessant, aber als Basis für die Diskussion maßvoller oder nicht maßvoller wirtschaftlicher Ungleichheit ungeeignet.

Die individuelle Betrachtung ist aus allen diesen Gründen keine gute Basis zur Beantwortung der Frage, wie weit die Ungleichheit der wirtschaftlichen Verteilung noch maßvoll und sogar sinnvoll ist, und ab welchem Punkt sie als ungerecht gelten muss.

Man kann also wie folgt argumentieren: Die Frage, wann die Verteilung der Einkommen und Vermögen gerecht ist und wann nicht, ist an sich eine Frage der kollektiven, nicht der individuellen Betrachtung. Die individuelle Betrachtung muss aber erwähnt werden, weil sie oft im Zentrum entsprechender Diskussionen steht. Sie ist auch sehr wichtig bei der letztlichen Ausgestaltung der Verteilung im mikroökonomischen Sinn, aber sie ist nicht die entscheidende Basis bei der Bestimmung der makroökonomischen Gerechtigkeitsdiskussion.

Die kollektive Betrachtung
Es geht um die Frage nach gerechter Verteilung von Einkommen und Vermögen, ohne die Antwort primär auf das individuelle Verhalten abzustützen. Und dabei soll die Effizienz der Wirtschaft berücksichtigt werden.

Eine erste makroökonomische Antwort wird durch die Wirtschaftswissenschaft gegeben, genauer: durch die Neoklassik (Kap. 11) oder die Wohlfahrtstheorie (Kap. 15). Das Bruttoinlandsprodukt wird in der freien Marktwirtschaft automatisch auf die Produktionsfaktoren verteilt, also auch auf den Produktionsfaktor Arbeit. Und zwar gemäß der Grenzproduktivität der Produktionsfaktoren. Und es gehört zu den genialsten Erkenntnissen der Wirtschaftswissenschaft, dass dann auch das ganze Bruttoinlandsprodukt gerade vollständig verteilt wird. Wir wissen, dass diese Aufteilung auch pareto-optimal ist, also effizient (unter gewissen Voraussetzungen).

Aber die große Frage bleibt: Ist diese Aufteilung auch gerecht? Und wenn nicht: Wie kann Gerechtigkeit erreicht werden, ohne das durch die freie Wirtschaft entstehende, effiziente Resultat allzu sehr zu beeinträchtigen?

Die Antwort auf die schwierige Frage der Verteilungsgerechtigkeit kann zumindest in einem ersten Ansatz gefunden werden, indem der Begriff der wirtschaftlichen Gerechtigkeit so gesehen wird, dass er zwar durchaus mit der Gleichmäßigkeit der Verteilung parallel läuft, aber ebenfalls mit der Effizienz der Wirtschaft eng verbunden ist. Das heißt mathematisch ausgedrückt: es sind zwei Parameter zu finden (zwei *Größen*), einer für die Gleichmäßigkeit der Verteilung, der andere für die Effizienz der Wirtschaft. Diese Parameter sind dann in geeigneter Weise so zu kombinieren, dass eine Größe entsteht, deren Optimierung stets (!) zu einer Verbesserung der Gerechtigkeitssituation führt, ohne die Effizienz allzu sehr zu beeinträchtigen. Damit wird indirekt wirtschaftliche Gerechtigkeit definiert, nicht absolut, sondern iterativ, als Weg zu verbesserten Situationen. Ob dann auch optimale Werte für diesen Gerechtigkeitsbegriff möglich sind, wird in Teil V (Kap. 29) näher erläutert.

Mit diesem Vorgehen rutscht man, ob gewollt oder nicht, in die Mathematik. Dies ist sicher kein Zufall. Verteilung ist auch ein wichtiger Begriff der Mathematik und zwar der Wahrscheinlichkeitstheorie. Die hier angedeutete und in Teil IV näher ausgeführte Definition ist allerdings äußerst einfach und benutzt keine Wahrscheinlichkeitstheorie. Erst in den Anwendungen stößt man teilweise auf mathematische Knacknüsse, die der (die) mathematisch weniger ambitionierte Leser(in) problemlos überspringen kann.

21.2.2 Gerechte Verteilung und gleichmäßige Verteilung

Es ist klar, dass gerechte und gleichmäßige Verteilung nicht dasselbe sind. In These 2b wird jedoch postuliert, dass starke Ungleichmäßigkeit ungerecht ist. Gerechtigkeit wird bei starker Ungleichmäßigkeit verbessert, wenn die Gleichmäßigkeit ansteigt (z. B. gemessen am Gini-Koeffizienten, d. h. bei Sinken des Gini-Koeffizienten). Dies gilt aber sicher nur bis zu einem gewissen, vorläufig nicht bekannten Maß an Gleichmäßigkeit. Bei weiterem Forcieren der Gleichmäßigkeit besteht u. a. die Gefahr der Zerstörung oder Reduktion der Leistungsanreize und damit ein Absinken der Wirtschaftsleistung. Diese Zusammenhänge werden ausführlich in Teil IV besprochen.

22
These 3: Zur Verbindung von Freiheit und Gerechtigkeit

These 3 besteht aus zwei Teilen, Thesen 3a und 3b.

- These 3a: Wirtschaftliche Gerechtigkeit und (qualitatives) Wirtschaftswachstum können kontrovers sein. Daher ist eine Regel aufzustellen, welche diese beiden Werte verbindet und gemeinsam und ausgewogen optimiert.
- These 3b: Eine solche Regel soll gewisse Bedingungen erfüllen. Sie soll eine mathematische Ordnung aufweisen, rechtsstaatlichen und wissenschaftlichen Kriterien genügen sowie den Thesen 1 und 2 genügen.

Zusatz: Eine solche Regel ist möglich. Ein Beispiel ist die in Teil IV entwickelte Fairness-Formel.

Bemerkung zu These 3:

Sowohl These 3a als auch These 3b werden ausführlich in Teil IV behandelt. Teil IV ist eine Konkretisierung von These 3. Daher wird in diesem Kapitel (Kap. 22) nur einleitend dazu Stellung genommen.

22.1 These 3a

These 3a stellt eine Verbindung dar zwischen den Begriffen der wirtschaftlichen Gerechtigkeit und des qualitativen Wirtschaftswachstums.

Die Verbindung ist also nicht direkt zwischen Gerechtigkeit und Freiheit. Dass wirtschaftliche Gerechtigkeit bis zu einem gewissen Maß mit Gleichmäßigkeit der Verteilung zu tun hat, wurde bereits ausgeführt. Dank der Verbindung von These 3a wird es möglich, Überlegungen zu diesem Höchstmaß zu vertiefen.

Hier wird nun aber eine weitere Vereinfachung vorgeschlagen. Da das Ausmaß an wirtschaftlicher Freiheit kaum messbar ist, wird eine sicherlich hoch-korrelierte Größe verwendet: das Wirtschaftswachstum.

Auf die hohe Korrelation von Wirtschaftsleistung und wirtschaftlicher Freiheit wird an verschiedenen Stellen dieses Buches hingewiesen.

In Teil IV wird zudem ausgeführt, dass der Begriff des Bruttoinlandsproduktes, der in der Formel enthalten ist, flexibel interpretiert werden kann. Es ist durchaus möglich, einen (noch nicht allgemein akzeptierten) Begriff der *qualitativen Wirtschaftsleistung* in die Fairness-Formel einzusetzen.

22.2 These 3b

- These 3b definiert bewusst nicht eine optimale Verteilung. Es geht „nur" um eine schrittweise Verbesserung. Dazu ist notwendig, dass die Regel oder Formel eine mathematische Ordnung definiert (vgl. dazu Teil IV). Ob später aufgrund des in Teil IV entwickelten Begriffs (bzw. des Postulats, diesen Begriff zu optimieren) unter gewissen zusätzlichen Bedingungen

Aussagen gemacht werden können über optimale Verteilungsfunktionen, kann zunächst offen bleiben. Dieses Vorgehen entspricht der von Herbert Simon vorgeschlagenen evolutorischen Vorgehensweise des *satisficing*. H. Simon schlägt vor, gar nicht direkt ein Gesamt-Optimum zu suchen, da dies infolge vieler Restriktionen und Widersprüchlichkeiten in den Annahmen kaum möglich ist. Vielversprechender ist ein schrittweises Vorgehen, das zu befriedigenden (satisfying) und zu genügenden (sufficient) Resultaten führt, daher *satisficing*.

- Die in These 3a genannte Regel enthält eine Bewertung, eine Gewichtung zwischen wirtschaftlicher Gerechtigkeit einerseits, Wirtschaftswachstum andererseits. These 3b verlangt nun, dass diese Bewertung rechtsstaatlichen und wissenschaftlichen Kriterien genügen muss.

Gemeint ist damit weniger ein demokratischer Beschluss – der zwar theoretisch möglich wäre – sondern eher eine Abstützung durch verhaltensökonomische Analysen und Befragungen. Dies geht wesentlich weiter als der *Schleier des Nichtwissens* von John Rawls.

- In Anlehnung an Teil II, vor allem an das Kap. 15 über Wohlfahrtstheorie, sei darauf hingewiesen, dass These 3 keine pareto-optimalen Lösungen vorschlägt. Dies ist gewollt, da ja *Pareto-Optimalität* und *Gerechtigkeit* wenig miteinander zu tun haben. Anliegen der Effizienz der Wirtschaft werden jedoch in These 3 durchaus berücksichtigt, da ja auch eine relative Optimierung des Wirtschaftswachstums postuliert wird. Nur eben nicht allein, sondern im Verbund mit dem Anliegen der Gerechtigkeit.

- Im Zusatz zu These 3 wird behauptet, eine solche Regel sei möglich. Dies ist keine These, sondern eine Behauptung, die zu beweisen ist. In Teil IV wird ein Beispiel für eine solche Regel entwickelt. Diese Regel hat die Gestalt einer einfachen mathematischen Formel. Gleichzeitig definiert diese Formel einen neuen Begriff, der in diesem Buch *Fairness* genannt wird. Daher der Name Fairness-Formel. Wie noch ausgeführt wird, könnte man den Begriff auch *Wohlfahrt* oder *wirtschaftliche Energie* nennen.

22.3 Abschließende Bemerkungen zu These 3

22.3.1 These 3 und ökonomischer „Mainstream"

Mit These 3 sind wir beim Thema der Fairness-Formel angelangt. Gleichzeitig ist es der Punkt, an welchem ein Schritt in etwas Neues gemacht wird. Die Thesen 1 und 2 dürften unter einer großen Zahl von Ökonomen, Politikern, politischen Philosophen und vielen weiteren Interessierten einigermaßen unbestritten sein. Nicht nur die Theorie, sondern vor allem auch die praktische Erfahrung zeigt den überwältigenden Erfolg von Wirtschaftssystemen oder politischen Systemen, welche sich nach den Prinzipien 1 und 2 orientieren. Und diese Systeme sind nicht nur die erfolgreichsten, sondern vermutlich auch die humansten der Weltgeschichte.

Der überwältigende Erfolg der demokratischen Staaten mit freier Marktwirtschaft wird von vielen als so überzeugend angesehen, dass ein Bestseller den Titel *Das Ende der Geschichte* trägt (Francis Fukuyama, *Das Ende der Geschichte*, 1992; geschrieben kurz nach dem Mauerfall und dem Zusammenbruch der Sowjetunion).

Dieser Titel war aber schon bei Erscheinen unrichtig. Heute ist noch klarer als vor 25 Jahren, dass vor allem politisch kein friedlicher Endzustand erreicht worden ist. Aber auch die Betrachtung des Wirtschaftssystems zeigt dies: selbst in den westlichen, demokratischen, freiheitlichen Systemen sind nicht alle Probleme gelöst. Finanzkrise und Schuldenkrise sind keine Kleinigkeiten. Und Verteilungsungerechtigkeit ist in vielen Ländern wieder zunehmend ein Thema.

Dies hängt eng damit zusammen, dass es neben dem eigentlichen Marktversagen (These 1b) weitere Formen unbefriedigender Resultate im freien Markt gibt. Diese stellen oft nicht unbedingt Marktversagen dar, sondern ergeben sich trotz funktionierender Märkte. Die Rede ist davon, dass der freie Markt zu ungerechten Resultaten führen kann. Bei dieser Behauptung, die wohl von vielen gefühlsmäßig geteilt wird, entsteht ein Problem: Wie definiert man wirtschaftliche Ungerechtigkeit?

Eine Möglichkeit ist, dies „wegzudefinieren". Man kann behaupten, dass Resultate, welche im freien Markt zustande kommen, per Definition gerecht sind.

In diesem Buch wird die Auffassung vertreten, dass dies nicht so ist. Nicht jede im freien Markt zustande kommende Verteilung ist auch eine gerechte Verteilung. Damit ergibt sich aber die Frage, was denn eine gerechte Verteilung sei. These 3 versucht, einen Beitrag zu einer Antwort zu leisten.

22.3.2 Bemerkung zum Neid-Argument

Forderungen nach vermehrter, wirtschaftlicher Gerechtigkeit werden oft mit dem Vorwurf des Neides zurückgewiesen. Wenn man dem letzten Abschnitt folgt, wonach zwischen berechtigter und übermäßiger wirtschaftlicher Ungleichheit unterschieden wird, dann ist der Vorwurf des Neides zumindest dann absurd, wenn jemand gegen übermäßige Ungleichheit opponiert.

Wann dies der Fall ist, ist allerdings unklar und wird durch These 3 auch nur indirekt beantwortet. Der Vorwurf des Neides ist aber in jedem Fall fragwürdig, da er – berechtigt oder nicht – unsachlich ist. Anstelle von sachlichen Argumenten wird dem politisch Andersdenkenden ein moralischer Mangel unterstellt. Neid ist ja keine sympathische Eigenschaft, früher gehörte er sogar zu den sieben Todsünden.

22.3.3 Wie weiter?

These 3 dürfte die umstrittenste der drei Thesen sein. Sie betrifft auch die wohl schwierigste und fundamentalste Frage zum Thema der wirtschaftlichen Gerechtigkeit, nämlich die Frage nach der Verteilung von Einkommen und Vermögen.

These 3 beantwortet diese Frage nicht direkt, was vermutlich weder möglich ist noch wünschenswert wäre. Sie erlaubt aber, in Verbindung mit dem Begriff der Effizienz, eine Vergleichsmöglichkeit verschiedener Situationen, eine eindeutige Rangordnung. Damit zeigt sie den Weg zur Verbesserung der Situation.

Die Teile IV und V dieses Buches befassen sich praktisch ausschließlich mit diesem Thema.

22.3.4 Bisherige grundsätzliche Lösungsversuche

Der mit Abstand wichtigste Ansatz, das Problem wirtschaftlicher Machtkonzentration in ganz grundsätzlicher Weise zu lösen, ist der Sozialismus (hier im allgemeinen Sinne verstanden, ohne Unterscheidung zwischen Sozialismus, Kommunismus, Marxismus usw.). Beginnend mit den frühen Sozialisten vor Marx, dann dem Höhepunkt des kommunistischen Manifests 1848 und der späteren ökonomischen „Begründung", vor allem im *Kapital* von Karl Marx.

Das wichtigste Rezept des Sozialismus, um wirtschaftliche Machtkonzentration in den Händen weniger zu verhindern, ist die Vergesellschaftung oder Verstaatlichung der Produktionsmittel.

Nach der in diesem Buch vertretenen Meinung ist diese „Lösung" des klassischen Sozialismus ein schwerwiegender Irrtum.

Sucht man nach grundsätzlich neuen Ansätzen, dann findet man sie wohl nur bei John Rawls. Mit seinem Differenzprinzip versucht er, wirtschaftliche Gerechtigkeit direkt, grundsätzlich zu postulieren nicht nur als Mischform von zwei grundlegenden Modellen. Leider ist dieser Weg kaum praktikabel (vgl. Kap. 7). Es ist daher, nach anfänglichem Enthusiasmus, auch stiller geworden um John Rawls.

Blickt man sich nach anderweitiger, grundsätzlicher Auseinandersetzung mit dem Thema der wirtschaftlichen Gerechtigkeit um, findet man außer dem Sozialismus und John Rawls wenig. Lösungsansätze – sofern das Thema überhaupt behandelt wird – sind praktisch ausschließlich eklektisch, d. h. zusammengewürfelt aus verschiedenen Elementen. Meistens im Sinne eines dritten Weges zwischen freiem Markt und Sozialismus, in der Regel unter dem Oberbegriff der sozialen Marktwirtschaft. Dazu gehören auch die progressiven Steuersysteme in den meisten Ländern mit freier Marktwirtschaft.

Das ist weiter nicht schlimm. Die soziale Marktwirtschaft in ihren verschiedenen Facetten gehört zum Besten, was politische Philosophie und Wirtschaftswissenschaft hervorgebracht haben. Sie ist das einzige humane Modell, das praktische Erfolge hat.

Es ist aber immerhin denkbar, dass dieses Fehlen von etwas Grundsätzlichem bezüglich wirtschaftlicher Gerechtigkeit mit ein Grund ist für die immer noch bestehende Faszination des Sozialismus. Trotz erwiesenem Versagen fasziniert der Sozialismus immer noch viele Menschen, speziell auch wieder viele junge Menschen. Ob die hier postulierte These 3 eine Alternative bietet, bleibt offen.

Jedenfalls ist zu hoffen, dass Menschen, denen wirtschaftliche Gerechtigkeit ein Anliegen ist, etwas mehr angeboten bekommen als den Sozialismus. Und auch etwas Grundsätzlicheres als den zwar richtigen, aber viel zu unbestimmten Ansatz des dritten Weges.

Teil IV

Der neue Ansatz: Die Fairness-Formel

23
Die Grundidee: Verknüpfung von Wirtschaftsleistung und Verteilungsgerechtigkeit

23.1 Warum diese Verknüpfung?

Das Bruttoinlandsprodukt (hier B genannt) ist eine Schlüsselgröße der Wirtschaftswissenschaft und auch der Wirtschaftspolitik. Spricht man von *Wachstum*, meint man Wachstum von B. Spricht man von Depression, meint man eine noch genauer definierte Schrumpfung von B.

B ist in der Wirtschaftswissenschaft so zentral, dass es praktisch schon zum Synonym geworden ist für den allgemeinen Wohlstand eines Landes. Damit ist auch das eigentliche Ziel der Wirtschaftspolitik das Wachstum von B.

In Teil III wird ausgeführt, dass die Größe B zwar zum allgemeinen Wohlbefinden der Menschen wesentlich beiträgt, aber nicht allein. Und selbst wenn man alle nicht-wirtschaftlichen Aspekte bei Seite lässt und sich nur auf wirtschaftliche Größen konzentriert, ist B allein für das Wohlbefinden nicht ausschlaggebend. Die meisten Menschen haben auch einen Sinn für Gerechtigkeit, für Fairness. Zur Bewertung der wirtschaftlichen Gesamtsituation spielt auch die Einkommens- oder Vermögensverteilung eine Rolle.

Dieser Gedanke wird hier für die Definition einer neuen mathematischen Größe verwendet, die nachfolgend beschrieben wird.

Die Grundidee ist nun die, dass die Größen *Wirtschaftsleistung* und *Verteilungsgerechtigkeit* in einer einzigen mathematischen Größe zusammengefasst werden.

Als Maß für die Wirtschaftsleistung wird das Bruttoinlandsprodukt verwendet. Näheres dazu vgl. Kap. 24.

Als Maß für die Verteilungsgerechtigkeit wird ein Faktor h definiert, und zwar so, dass h wächst mit zunehmender Verteilungsgerechtigkeit. Näheres dazu vgl. Kap. 25.

Diese Größe h wird so definiert, dass sie nur Werte zwischen 0 und 1 annimmt, oder zwischen 0 und 100 %. Wie in Kap. 25 noch näher beschrieben wird, ist h nicht ein genaues Maß für die Verteilungsgerechtigkeit, sondern ein Maß für die Verteilungsgleichmäßigkeit. Gerechtigkeit baut aber auf Gleichmäßigkeit bis zu einem gewissen Grad auf. Der wichtige Gedanke, dass es auch ein Zuviel an Gleichmäßigkeit gibt, wird in Kap. 25 ebenfalls näher betrachtet.

23.2 Konkreter Vorschlag der Verknüpfung

Wenn man die beiden Größen B (Bruttoinlandsprodukt) und h (Verteilungsgerechtigkeit) in einer einzigen neuen Größe F zusammenfügen will, ist der folgende Ansatz naheliegend:

$$F = B \cdot g(h)$$

g sei dabei eine wachsende Funktion von h, d. h. es gilt:

$$g(h_2) \geq g(h_1) \textit{ falls } h_2 \geq h_1$$

23 Die Grundidee: Verknüpfung von ...

In Kap. 27 wird näher ausgeführt, dass sich für *g(h)* die Potenzfunktion

$$g(h) = h^\lambda, \quad \lambda > 0$$

wohl am ehesten eignet.

Die hier neu erscheinenden Größen *F, B, h* und λ werden alle im Folgenden noch näher beschrieben.

Als Ansatz für eine neu zu definierende Größe *F* ergibt sich also:

$$F = B \cdot h^\lambda, \quad \lambda > 0$$

Bereits aufgrund dieser Definition zeigt sich:

- mit wachsendem *h* bei konstantem *B* wächst auch *F*. Da *h* ein Maß für Verteilungsgerechtigkeit ist, wird *F* größer bei größerer Verteilungsgerechtigkeit.
- *F* wächst ebenfalls mit wachsendem *B* (bei konstantem *h*).

Aus diesen Gründen ist *F* ein Maß sowohl für die wirtschaftliche Stärke in einem Land, als auch für die Gerechtigkeit der Verteilung in diesem Land. Für diese Größe wurde hier der Name *Fairness* gewählt, abgekürzt *F*. Man könnte auch das Wort *Wohlfahrt* verwenden. Dieser Begriff soll aber hier vermieden werden, um keine Assoziationen mit dem Begriff *Wohlfahrtsstaat* zu erwecken. Dies deshalb, weil die hier erläuterte Definition nicht mit der Ideenwelt des *Wohlfahrtsstaats* gleichzusetzen ist.

Die Größe *F* als Funktion von B und h entspricht aber durchaus auch einer Wohlfahrtsfunktion, wie sie in Teil II, Kap. 15 beschrieben wird. Wie dort erwähnt wird, hatte bereits A.C. Pigou die Idee geäußert, die wichtigsten Variablen zur Definition von Wohlfahrt könnten das Bruttoinlandsprodukt sowie eine Maßzahl für die Einkommens- der Vermögensverteilung sein. Dieser Gedanke wurde aber weder von Pigou selbst noch von einem anderen Wissenschaftler aufgenommen.

23.3 Das Postulat der Maximierung von F

Es zeigt sich schon an dieser Stelle, dass es sinnvoll sein könnte, F zu optimieren, nicht B oder h allein. Da F eine Kombination von B und h darstellt, bedeutet die Optimierung von F, dass eine Kombination von B und h optimiert wird.

Damit ergibt sich eine mögliche Antwort auf die sehr alte und immer noch aktuelle Frage, ob man mehr auf Wirtschaftswachstum setzen soll oder mehr auf eine gerechte Verteilung.

Dies ist – in Kurzform – die klassische Links-Rechts-Diskussion der Politik.

Das Postulat, F zu optimieren, wird damit zu einer Möglichkeit, diese alte Kontroverse zu überwinden oder doch mindestens zu objektivieren.

Und etwas Weiteres lässt sich hier bereits erahnen (Näheres in Kap. 25): Bei allzu starker Forcierung von h, also der Verteilungsgleichmäßigkeit, wird (ab einem gewissen Punkt) B zu sinken beginnen infolge Wegfalls der Leistungsanreize. Das ist ja das Hauptargument gegen eine übertriebene Gleichmäßigkeit der Einkommensverteilung. Damit wird aber auch F langsam nicht mehr anwachsen und später absinken.

Das Postulat, F zu maximieren, enthält also eine „automatische" Schranke für ein allzu hohes h, und zwar genau dort, wo ein hohes h für den allgemeinen Wohlstand schädlich wird.

Das Postulat der F-Maximierung ist eine sehr konkrete Forderung. Damit unterscheidet es sich vom Differenzprinzip von

John Rawls. Es ist wesentlich enger, dafür aber konkret und praktisch anwendbar.

Daraus ergibt sich auch eine sehr klare, praktisch umsetzbare Realisierung des wolkigen Begriffs des dritten Weges. Es ergibt sich eine Methode, dass wir uns in diesem sehr unklaren Begriff orientieren können. Wie noch näher ausgeführt wird (Kap. 27), enthält die neue Größe oder Funktion F einen Freiheitsgrad, der es erlaubt, die Gewichtung zwischen Wirtschaftsleistung und Einkommensverteilung vorzunehmen, und zwar nach wissenschaftlichen Methoden, im Sinne einer demokratischen Entscheidung.

23.4 Vergleich mit anderen Ansätzen

Bei der Durchsicht durch die Theorien der politischen Philosophie und der politischen Ökonomie, wie sie in den Teilen I und II dieses Buches erfolgte, zeigt sich kein entsprechend konkreter Ansatz. Immerhin ist die Idee einer gerechten Einkommens- oder Vermögensverteilung, also der wirtschaftlichen Gerechtigkeit, der Philosophie nicht unbekannt und liegt beispielsweise den Prinzipien von John Rawls zu Grunde (vgl. Teil I, Kap. 7).

Auch in der politischen Ökonomie findet sich kein vergleichbarer Ansatz, mit Ausnahme der erwähnten, sehr generellen Idee von A.C. Pigou.

24
Das Bruttoinlandsprodukt (*B*) als Maß für die Wirtschaftsleistung

24.1 *B* als einzige Größe für *Wirtschaftsleistung*

Das Bruttoinlandsprodukt oder eng damit verwandte Größen (wie z. B. das Volkseinkommen) sind ein weltweit verwendetes Maß für das *wirtschaftliche Produkt* eines Landes. Es ist auch praktisch das einzige solche Maß. Aus diesem Grunde wird es hier als eine der drei Basisgrößen verwendet für die Definition des neuen Begriffes *F Fairness*.

24.2 Kritik an *B*

Es gibt eine verbreitete Kritik am Begriff des Bruttoinlandsproduktes. Die Kritik bezieht sich insbesondere auf folgende Bereiche:
- *B* enthält Größen, die mit *wirtschaftlicher Kraft* nichts zu tun haben, sondern sogar im Gegenteil wirtschaftliche Verluste bedeuten. So fallen zum Beispiel Verkehrsunfälle und viele andere Kostenfaktoren positiv in Rechnung, da sie auch Einkommen erzeugen (z. B. Reparaturen).
- Nachhaltigkeit oder Nicht-Nachhaltigkeit von Investitionen, und damit auch die gesamte Umweltschutzproblematik, fin-

den keinen Niederschlag in der Berechnung des Bruttoinlandsproduktes.
- Viele Tätigkeiten von außerordentlicher Wichtigkeit, und zwar gerade auch wirtschaftlicher Wichtigkeit, finden keinen Niederschlag im Bruttoinlandsprodukt. So zum Beispiel Hausarbeit oder allgemein unbezahlte, z. B. ehrenamtlich geleistete Dienstleistungen an der Gesellschaft.

24.3 Was ist von dieser Kritik zu halten?

Wenn man das langfristige Wohl der Menschen ins Zentrum stellt, ist diese Kritik sicher zu großen Teilen berechtigt. Es ist daher auch kein Zufall, dass der frühere französische Staatspräsident Sarkozy eine hochkarätige Expertenkommission einberufen hat, um den Begriff des Bruttoinlandsproduktes neu zu definieren und dabei die erwähnten Kritikpunkte zu berücksichtigen. Gemäß J. Stiglitz, Nobelpreisträger und Vorsitzender dieser Kommission, erwiesen sich die Schwierigkeiten aber als zu gewichtig. Die Kommission kam zu keiner Lösung, es bleibt daher bis auf Weiteres bei der allgemein üblichen Definition des Bruttoinlandsproduktes.

24.4 Verwendung von B zur Definition von F

Diese Debatte und deren Ausgang haben aber keinen Einfluss auf die Grundidee der Definition von F. Und auch die Notwendigkeit, eher F zu maximieren als B, wird dadurch nicht berührt. Das heißt, für die Verwendung von B bei der Definition von F spielen diese kritischen Überlegungen keine wesentliche

Rolle. Mit dem Begriff *F* (*Fairness*) wird zwar ebenfalls eine Relativierung des Begriffes Bruttoinlandsproduktes erreicht. Dies betrifft aber nicht die genannten Kritikpunkte bei der *Bestimmung* des Bruttoinlandsproduktes, sondern die *Verteilung* des Bruttoinlandsproduktes.

Das heißt mit anderen Worten: der Begriff *F* stellt eine neuartige Relativierung von *B* dar. In der Definition für *F*, also $F = B \cdot g(h)$ oder $F = B \cdot h^\lambda$ kann für *B* sowohl das heute verwendete Bruttoinlandsprodukt eingesetzt werden als auch eine verbesserte künftige Version, sobald sich eine solche als neues Maß für das *wirtschaftliche Produkt* bzw. die *Wirtschaftsleistung* durchsetzen sollte.

24.5 Kritik am Ansatz der *F*-Optimierung

Eine noch tiefergehende Kritik könnte noch etwas anderes als die Berechnungsweise des Bruttoinlandsprodukts betreffen, nämlich die Anhäufung materieller Güter generell. In Teil I sind wir dieser Kritik bereits bei Aristoteles begegnet. Ähnliches sagen aber auch viele Philosophen vor und nach Aristoteles und vor allem auch die meisten Weltreligionen.

Man könnte also das Postulat der *F*-Optimierung ablehnen, da *F* auch das BIP enthält.

Dies ist eine sehr grundsätzliche Sicht der Welt, mit der sich dieses Buch bewusst nicht auseinandersetzt. In diesem Buch wird davon ausgegangen, dass materieller Wohlstand bis zu einem gewissen Grad auch wichtig ist, und dass seine Verteilung seit Menschengedenken Grund für Kämpfe und Kriege war. Die Verteilung des materiellen Wohlstands ist eine sehr wichtige Komponente der Gerechtigkeitsdiskussion. Dieses Buch widmet sich der Frage nach der Verteilung materiellen Wohlstands.

Damit ist nicht gesagt, dass es nicht auch noch anderes, vielleicht Wichtigeres gibt. Doch auch dieser Satz, dass es vielleicht Wichtigeres gibt als die gerechte Verteilung des materiellen Wohlstands, ist mit Vorsicht zu genießen. In diesem Buch wird davon ausgegangen, dass bei aller Sympathie für geistige Werte es ein zentrales Anliegen ist, dass Menschen nicht materielle Not leiden oder ungerecht und unwürdig behandelt werden.

Nach anderem als bloß Materiellem streben ist gut. Aber die materiellen Güter gerecht verteilen ist auch gut, und es ist eine Basis für diesseitiges Wohlergehen.

25
Die Größe h als Maß für die Verteilungsgerechtigkeit

25.1 Die wichtigste Voraussetzung zur Definition von h

Die wichtigste Eigenschaft von h ist, dass h mit zunehmender Gleichmäßigkeit der Verteilung von Einkommen und Vermögen wächst.

h wird so definiert, dass es immer zwischen 0 und 1 liegt, bzw. zwischen 0 und 100 %.

$h = 0$ bedeutet totale Ungleichheit, $h = 1$ (oder 100 %) bedeutet totale Gleichheit. (Diese Extremwerte kommen in der Praxis aber nicht vor). Dazwischen wächst h an. Je höher h, desto gleichmäßiger die Verteilung. (Zum Thema, dass Gleichmäßigkeit nicht unbedingt mit Gerechtigkeit gleichzusetzen ist, vgl. Abschn. 25.4).

Zur genauen Definition von h wird im Folgenden der Gini-Koeffizient G verwendet. Dies ist aber nicht zwingend und nicht begriffsnotwendig.

25.2 Definition des Gini-Koeffizienten G

Ausgangspunkt zur Definition eines Maßes für die Verteilungsgerechtigkeit ist der Gini-Koeffizient G. Er wird zunächst definiert am Beispiel der Einkommensverteilung (vgl. Abb. 25.1).

Definition
In der x, y-Ebene zeichnen wir eine Kurve, bestehend aus den Punkten (x, y), wobei gilt: x % der ärmsten Personen verdienen weniger oder gleich y % des Totals aller Einkommen.

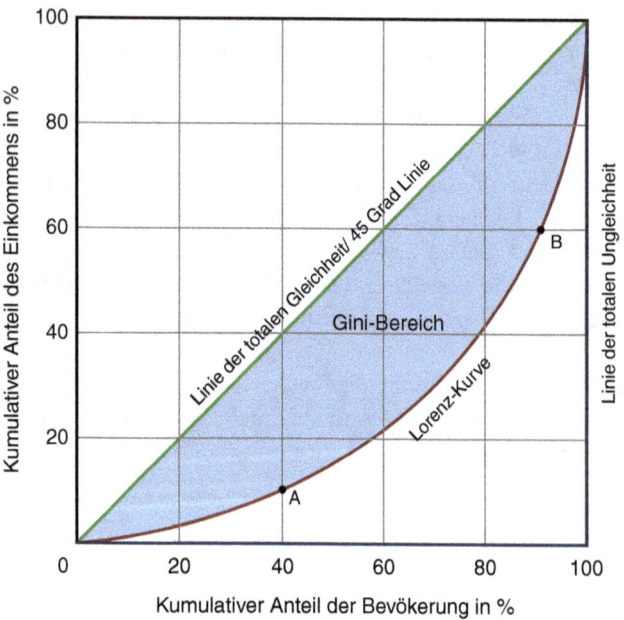

Abb. 25.1 Definition des Gini-Koeffizienten. (Quelle: http://www.vorlesungen.info/node/1209 (01.06.2015))

Dies ergibt eine monoton wachsende Kurve im Einheitsquadrat durch die Punkte (0,0) und (1,1): die Lorenzkurve. Diese geht zurück auf einen amerikanischen Statistiker und Ökonomen, Max Otto Lorenz (1876–1959).

Die Fläche zwischen dieser Kurve und der 45°-Linie, dividiert durch die Fläche unter der 45°-Linie, wird definiert als G.

G ist ein Maß für die Ungleichmäßigkeit der Verteilung. Es gilt: $0 \leq G \leq 1$

Ferner gilt:

$$G = 0 \rightarrow \text{keine Ungleichheit}$$

$$G = 1 \rightarrow \text{extreme Ungleichheit}$$

Ein Gini-Koeffizent G kann auch bestimmt werden für andere *Verteilungsgrößen* als das Einkommen, beispielsweise für das Vermögen.

Lesebeispiele
- Punkt A: Die 40 % Ärmsten der Bevölkerung erhalten zusammen einen Anteil von ca. 10 % aller Einkommen.
- Punkt B: Die 90 % Ärmsten der Bevölkerung erhalten zusammen einen Anteil von 60 % aller Einkommen.

25.3 Definition von h

Wir definieren nun: $h = 1 - G$, mathematisch: $h = 2\int_0^1 L(x)dx$

Da G ein Maß für Ungleichverteilung ist, wir aber ein Maß für die Gleichmäßigkeit der Verteilung suchen, müssen wir vom komplementären Wert $h = 1 - G$ ausgehen.

Für h gilt ebenfalls, $0 \leq h \leq 1$, nun aber

$h = 0$: extreme Ungleichheit
$h = 1$: extreme Gleichheit
Beispiele von h für effektiv existierende Länder:
Die höchsten Werte von h liegen um 0,75 (Schweden, Norwegen). Die niedrigsten Werte von h liegen um 0,30 bis 0,35 (einige Länder Afrikas).

25.4 Begründung der Wahl von *h* und Wortwahl

25.4.1 *h* basiert auf dem Gini-Koeffizienten

Zunächst ist zu begründen, warum *h* auf dem Gini-Koeffizienten aufbaut. Es gibt dazu vor allem drei Gründe:

- G ist einparametrig. Dies ist für die Verwendung in unserem Zusammenhang praktisch unabdingbar. Mehrparametrige Maße würden nicht nur äußerst kompliziert, sie würden auch eine bestimmte Form der Einkommens- oder Vermögensverteilung voraussetzen, was deren Anwendung in unserem Zusammenhang extrem einengt, praktisch verunmöglicht. Am verbreitetsten und intensiv untersucht im Zusammenhang mit Einkommens- und Vermögensverteilungen sind die lognormal- und die Paretoverteilung. Nähere Ausführungen zu diesen Verteilungen finden sich in großer Zahl in der mathematischen Literatur.
- Von allen einparametrigen Verteilungsmaßen (es gibt auch andere als G!) ist G weltweit anerkannt und wird praktisch verwendet.
- G ist einfach zu bestimmen.

Dies zur Begründung der Verwendung von G.
Dass *h* auch auf anderen Größen als auf G aufbauen könnte, wird anschließend in Abschn. 25.5. ausgeführt.

25.4.2 Zur Wortwahl „Verteilungsgerechtigkeit"

h ist ein Maß für die Gleichmäßigkeit der Verteilung. Gleichmäßigkeit ist aber sicher nicht das Gleiche wie Gerechtigkeit. Es kann sogar ein Übermaß an Gleichheit geben, das keineswegs als gerecht gelten kann. Eine Gleichmacherei soll hier nicht unterstützt werden. Dies wurde bereits in Teil III ausgesprochen. Hier wird davon ausgegangen, dass bis zu einer gewissen Höhe von h zunehmende Gleichmäßigkeit auch zunehmende Verteilungsgerechtigkeit bedeutet. Es gibt aber einen Bereich der Werte von h, ab welchem zunehmende Gleichmäßigkeit nicht mehr größere Gerechtigkeit bedeutet.

Es gibt also ein optimales h, und zwar nicht erst bei $h=1$, ab welchem eine weitere Steigerung nicht mehr zu mehr Gerechtigkeit führt. In Abschn. 26.6 werden entsprechende Definitionen vorgeschlagen.

25.5 Modifikationen und Alternativen

25.5.1 Modifikationen von *h*: Verteilung des Vermögens oder des verfügbaren Einkommens

Es gibt verschiedene ökonomische Größen, deren Verteilung man im Zusammenhang mit Gerechtigkeitsüberlegungen betrachten kann. Konkret: Von welcher ökonomischen Größe berechnen wir den Gini-Koeffizienten und dann h, um es in der Grundformel $F = B \cdot h^\lambda$ einzusetzen? Der Gini-Koeffizient wird sowohl bei Einkommens- als auch bei Vermögensverteilung berechnet. Für praktisch alle Länder gilt, dass die Vermögen ungleicher verteilt sind als die Einkommen, also unterschiedliche Gini-Koeffizienten aufweisen. Solche Überlegungen werden hier nicht weiter vertieft. Im Folgenden wird stets von der Einkommensverteilung ausgegangen, sofern nichts anderes gesagt wird. Der Hauptgrund dafür ist, dass das Einkommen eine jährlich erwirtschaftete Größe darstellt, wie auch das Bruttoinlandprodukt. Damit hat es einen klar engeren Bezug zum Bruttoinlandprodukt als eine Vermögensgröße.

Weitere Verteilungen wären interessant, so etwa die Verteilung des verfügbaren Einkommens, also des Einkommens abzüglich des Aufwandes für den lebensnotwendigen Basiskonsum.

Auch dies wird hier nicht weiter verfolgt, obwohl auch die Verteilung der verfügbaren Einkommen ein Kandidat für eine sinnvolle Definition von h wäre. Der Grund dafür, dies hier nicht zu verwenden, ist einfach der, dass diese Größe nicht üblich ist und entsprechende Daten fehlen oder wenig gebräuchlich sind.

25.5.2 Eine Alternative zu h: Quantile

Denkbar ist ferner, dass man nur gewisse Bereiche der Lorenzkurve betrachtet. Im Zusammenhang mit den Überlegungen von Teil III, dass eine allzu große Konzentration von Einkommen oder Vermögen auf wenige Personen die freie Marktwirtschaft beeinträchtigt, wäre es naheliegend, z. B. nur die obersten Prozente oder gar Promille der Personen mit den höchsten Einkommen oder Vermögen zu betrachten. Es könnte so ein Parameter definiert werden, welcher dann in eine Formel ähnlich $F = B \cdot h^\lambda$ eingesetzt werden könnte.

Diese Vorgehensweise ist denkbar. Sie wird aber hier aus drei Gründen nicht weiter verfolgt:

- Zunächst müsste entschieden werden, welcher Anteil der „reichsten" Personen betrachtet werden soll. Jede solche Wahl enthält ein Willkürelement und sollte daher gut theoretisch und/oder empirisch begründet werden.

- Zweitens ist es nicht eindeutig, dass nur die obersten Bereiche der Einkommens und Vermögensverteilung relevant sind. Sie sind vermutlich sehr relevant, aber wohl nicht ausschließlich.
- Drittens: Anschließend (Abschn. 25.5.3) wird näher ausgeführt, dass Quantile allein nicht genügen. Es bedarf dazu näherer Definitionen zur Gesamtverteilung.

25.5.3 Vergleich von h und Quantilen

In Abschn. 25.5.4 wird gezeigt, dass der Wert h sehr stark von der Gesamtverteilung abhängt und nicht sehr stark davon, wie viele Personen sich das obere 1 oder 5 % der Einkommen teilen.

Dies ändert sich allerdings, wenn für die Gesamtverteilung gewisse „moderate" Annahmen getroffen werden. Es ist dann möglich, aufgrund einer solchen Hypothese über die Einkommensverteilung von 95 bzw. 99 % der Ärmeren eine einparametrige Zuordnung zu einem Verteilungsmaß zu schaffen.

Es ist sehr gut möglich, dass sich ein solcher Wert eines Parameters h sehr gut eignet für die Definition von F. Er sei hier h_q genannt, um zu zeigen, dass ein Verteilungsmaß auch auf einem Quantil basieren könnte. h_q würde sich möglicherweise besser eignen als das im Folgenden verwendete h, da es präziser auf übermäßige Einkommenskonzentration reagiert. Und da ja ein wichtiger Grund für eine gerechtere Verteilung die Eindämmung von Machtkonzentration ist (vgl. die Begründung von These 3 in Teil 3), wäre eine Definition von F aufgrund von h_q möglicherweise präziser.

Dieser Gedanke sollte weiter vertieft werden. In diesem Buch wird jedoch der Weg eingeschlagen, dass h als $h = 1 - G$ definiert wird. Der Hauptgrund dafür ist die Tatsache, dass G eine allgemein bekannte Größe ist, während man bei einem Quantil sich zunächst einigen müsste, welches Quantil verwendet werden soll.

Technische Erläuterungen: Quantile und h

Begriff des Quantils
Zur Bemessung von Einkommens- und Vermögensverteilungen werden neben dem Gini-Koeffizienten G oft auch Quantile verwendet, d. h. Angaben, dass die reichsten x % (z. B. 5 %, 10 %) eines Landes insgesamt y % des Gesamteinkommens verdienen.

Anwendung
Ob nun Angaben von Quantilen „besser" sind als der Gini-Koeffizient bzw. der Faktor h, dürfte von der Problemstellung abhängen. Konzentriert man sich auf die reichsten Personen, dann dürfte ein entsprechendes Quantil präziser sein. Ein solches Quantil sagt aber wenig aus über die Gesamtverteilung, wie am nachfolgenden Beispiel gezeigt werden soll.

Beispiel
Wir nehmen an, das oberste Prozent der Einkommensbezüger verdiene 10 % (bzw. 20 %) des Gesamteinkommens. Diese Zahlen entsprechen der Situation in den USA: das oberste Prozent der Einkommensbezüger verdiente bis ca. 1980 10 %, ab ca. 2000 jedoch ca. 20 % des Gesamteinkommens (vgl. z. B. Piketty, Part 3. Ziff. 9, Figur 9.2)[1].
    Mathematisch: L (0,99) = 0,9 bzw. L (0,99) = 0,8.

Frage
Mit welchen Gini-Koeffizienten bzw. h-Faktoren sind diese Zahlen vereinbar? (vgl. Technische Erläuterungen: Praktische Berechnung zur Berechnung von h)
    Die Rechnung nach Methode 1 (linear) und Methode 2 (x^m) ergibt folgende Resultate:

	Das oberste 1 % verdiene in % des Gesamteinkommens 10 %	20 %
	Werte von h	Werte von h
Methode 1	0,91	0,81
Methode 2	0,174	0,086
Mischung	0,66	0,57

---
[1] Thomas Piketty. Capital in the Twenty-First Century. 2014.

Antwort auf die Frage

Je nachdem, was man als Verteilung innerhalb der Gruppen (die 99 % der weniger Reichen, das 1 % der Reichen) annimmt, ergeben sich riesige Unterschiede im h-Faktor. D. h. für den h-Faktor ist es viel wichtiger, ob die Verteilung innerhalb der Gruppen extrem gleichmäßig ist (linear, Methode 1) oder extrem ungleichmäßig (x^m, Methode 2). Das Gesamtbild wird daher viel stärker vom h-Faktor geprägt als von einem oberen Quantil.

Das lässt sich allerdings durch eine zusätzliche Annahme ändern: Trifft man eine Annahme über die Verteilung innerhalb der „Klassen" (99 bzw. 1 %), dann lässt sich einem Quantil in eindeutiger Weise ein h-Faktor zuordnen.

Nehmen wir an, die Verteilung innerhalb der Klassen sei eine Mischung aus linearer Verteilung ($\rightarrow h_l$) und x^m – Verteilung ($\rightarrow h_m$), und zwar z. B. im Verhältnis 2 zu 1, dann ergeben sich die Werte in der Tabelle oben, unterste Zeile.

Technische Erläuterungen: Lineartransformation von h

Berechnungen zeigen, dass der Gini-Koeffizient für kein Land den Extremwerten 0 oder 1 nahekommt. Die Werte für G liegen in einem Bereich zwischen 0,25 und 0,65. h liegt wegen $h = 1 - G$ daher ebenfalls etwa im Bereich zwischen 0,35 und 0,75 (Gemäß Eurostat, 17.02.2014, wobei auf unterschiedliche Zeiträume hingewiesen wird, was hier aber keine Rolle spielt).

Will man den ganzen Wertebereich von 0 bis 1 ausschöpfen, kann dies durch die Definition einer neuen Größe h_t erfolgen, welche aus h durch eine Lineartransformation hervorgeht. Will man h_t so normieren, dass es zwischen 0 und 1 liegt, dann ergibt sich bei den Werten $h_{min} = 0,2$ und $h_{max} = 0,8$ folgende Transformation:

$$h_{min} = 0,2 \rightarrow h_{min,t} = 0$$

$$h_{max} = 0,8 \rightarrow h_{max,t} = 1$$

Damit lautet die Lineartransformation wie folgt:

$$h_t = 1,67h - 0,33$$

Bemerkung 1

Sollten durch neue Statistiken höhere Werte als 1 oder tiefere als 0 aufgrund einer gegebenen Lineartransformation entstehen, ist Vorsicht geboten. Höhere Werte als 1 stören im Prinzip nicht, sollten aber nicht zugelassen werden, damit h nicht zu groß wird (vgl. Abschn. 26.3). Hingegen dürfen negative Werte für h_t auf keinen Fall zugelassen werden. Es entstehen sonst Widersprüche zu den Annahmen. Ein Widerspruch wird sichtbar, wenn beispielsweise in der Formel $F = B \cdot h^\lambda$, $\lambda = 2$ gesetzt wird. Für negative Werte von h ergäbe sich ein größerer Wert für F als für $h = 0$.

Bemerkung 2

Mit einer solchen Lineartransformation ändern sich zwar die Zahlenwerte, aber keine wesentlichen Eigenschaften von h_t. Insbesondere gilt auch für h_t die Eigenschaft der Subadditivität, was leicht zu beweisen ist.

Die Änderung der Zahlenwerte kann verglichen werden mit der Messung der Temperatur mit Fahrenheit oder Celsius. Es ergeben sich ganz unterschiedliche Zahlenwerte. Dies spielt keine Rolle, sofern man bei Vergleichen verschiedener Temperaturen im gleichen Mess-System bleibt.

Offen ist allerdings, welchen Einfluss eine Lineartransformation von h auf die Bestimmung von λ hat. Dies wird hier nicht weiter vertieft, da zunächst mit den Werten von h = 1 – G gerechnet wird.

Die Hauptbegründung ist, dass allen diesen Modifikationen etwas Willkürliches anhaftet. Weitere Analysen könnten durchaus ergeben, dass es gute Gründe gibt für die Verwendung eines anderen Maßes als h_t oder h. Solche Analysen liegen aber zurzeit nicht vor.

Im Beispiel von Abschn. 29.2 (Ländervergleich) wird auch mit h_t gerechnet, einer Lineartransformation von h.

Technische Erläuterungen: Parameter von Verteilungsfunktionen als Alternative zu h

Einkommens- oder Vermögensverteilungen werden auch – wie der Name sagt – durch Verteilungsfunktionen beschrieben. Am bekanntesten für diesen Zweck sind die Pareto- und die lognormal-Verteilung. Denkbar wäre, Parameter dieser Verteilungsfunktionen an Stelle von h zu wählen.

Dies wird jedoch nicht vorgeschlagen. Einerseits wäre man dann mit der Frage konfrontiert, wie gut diese Funktionen die Einkommens- und Vermögensverteilungen annähern. Andererseits sind solche Parameter wesentlich weniger verbreitet und statistisch bekannt als der Gini-Koeffizient.

Technische Erläuterungen: Praktische Berechnung von h

Thema ist die Berechnung von h, wenn nur ein Punkt (oder wenige Punkte) der Lorenzkurve gegeben ist (sind).

Durch nur einen Punkt (oder auch mehrere Punkte) lassen sich viele konvexe Kurven legen, welche durch diesen Punkt gehen (im Einheitsquadrat, wobei y<x sein muss), und auch durch die Punkte (0,0) und (1,1).

Je näher der gegebene Punkt bei einem der Eckwerte (0,0) oder (1,1) liegt, desto größer ist die Schwankungsbreite möglicher Werte von h.

Es geht hier nicht darum, einen möglichst genauen Wert von h zu bestimmen. Mit nur einem Punkt hat man viel zu wenig Informationen, und ein großer Bereich für den Wert von h ist möglich. Kein Wert von h aus diesem Bereich ist besser als ein anderer. Wohl aber gibt es mehr oder weniger „realistische" Werte.

Diese Unbestimmtheit ist aber für die hier benötigte Verwendung nicht tragisch, da es bei den gewählten Beispielen immer um Vergleiche geht, nicht um den genauen Wert. Es stellt sich heraus, dass bei diesen Vergleichen ähnliche Resultate herauskommen, sofern man bei der Schätzung von h immer die gleiche Methode verwendet.

Es sollen nun zwei Methoden vorgestellt werden. Für praktische Anwendungen werden dann die Resultate von h-Werten aus diesen Methoden gemischt, um realistische Werte von h zu verwenden. Für die Hauptaussage ist jedoch diese Mischung gar nicht zwingend.

Methode 1 (lineare Methode)

Der Punkt (bzw. mehrere Punkte) wird mit geraden Strecken mit den Punkten (0,0) und (1,1) verbunden, in der Reihenfolge wachsender x-Werte. Es entsteht dabei ein konvexer Polygonzug von (0,0) und (1,1). Die Fläche unter diesem Polygon entspricht dem Wert $\frac{h}{2}$.

Sie lässt sich berechnen durch die Berechnung der Flächeninhalte der entsprechenden Dreiecke und Rechtecke.

Ohne Beweis: Es ist evident, dass der so ermittelte Wert von h der größtmögliche ist, der durch den gegebenen Punkt definiert wird.

Methode 2 (x^m-Methode)

Der gegebene Punkt und die Punkte (0,0) und (1,1) definieren eindeutig eine Kurve $y = x^m$, $m > 1$

Falls mehrere Punkte gegeben sind, ergeben sich mehrere Kurven $y = x^m$ mit verschiedenen Werten von m.

Durch Integration ergibt sich die Fläche unter der Kurve.

Es gilt:

$$h = \frac{2}{m+1}$$

Falls mehrere Punkte gegeben sind, ist es naheliegend, durch diese Punkte ein Polynom zu legen und durch Integral die darunter liegende Fläche zu bestimmen. Bei den Berechnungen in diesem Buch wird jedoch eine noch etwas einfachere Methode verwendet, die praktisch zu den gleichen Resultaten führt.

Falls mehrere Punkte gegeben sind, kann auch durch jeden Punkt eine Kurve $y = x^m$ mit unterschiedlichen Werten vom m gelegt werden. Es ergeben sich dann mehrere Werte von h. Zur Bestimmung eines einzigen Wertes von h kann ein Durchschnitt aus diesen Werten gebildet werden, z. B. das arithmetische Mittel.

Mischung der Werte

Um realitätsnahe Werte zu erhalten, werden in den untersuchten Beispielen die resultierenden Werte von h „gemischt".

Es bezeichne:

h_l: h nach der linearen Methode
h_m: h nach der x^m – Methode

Dann ergeben sich realistische Werte von h z. B. wie folgt:

$$h_1 = \frac{2h_l + h_m}{3} \quad \text{oder} \quad h_2 = \frac{3h_l + h_m}{4}$$

In den konkreten Beispielen wird h nach dem Wert von h_1 bestimmt.

25.6 Die Subadditivität als spezielle Eigenschaft von *h*

Eine theoretisch sehr interessante Eigenschaft von h zeigt sich, wenn man ein bestimmtes Gedankenexperiment macht, nämlich: Was passiert mit der Größe h, wenn zwei Staaten mit unterschiedlichen Werten von h, also h_1 und h_2, fusionieren?

(h sei im Folgenden *Verteilungsgerechtigkeits-Faktor*, abgekürzt *Faktor* genannt.)

Der Einfachheit halber nehmen wir an, die beiden Staaten seien bevölkerungsmäßig gleich groß.

Staat 1: Faktor h_1

Staat 2: Faktor h_2

Wenn die beiden gleich großen Staaten fusionieren, könnte man vermuten, der Faktor h des fusionierten Staates liege in der Mitte, d. h.

$$h = \frac{h_1 + h_2}{2}$$

Dies ist jedoch nicht der Fall.

Es gilt stets

$$h \leq \frac{h_1 + h_2}{2}$$

Der Faktor h für den fusionierten Staat ist immer kleiner, höchstens gleich dem Mittelwert der Faktoren h_1 und h_2.

Nach einigem Überlegen erkennt man, dass das immer dann so sein muss, wenn die beiden Staaten nicht das gleiche Durchschnittseinkommen haben.

Dies deshalb, weil die Ungleichheit zwischen den Staaten gar nicht gemessen wird, sie ist also weder in h_1 noch in h_2 enthalten.

Nach der Fusion jedoch, im neuen h, wird sie mitgemessen und bewirkt, dass h bei der Fusion zweier Staaten mit ungleichem Durchschnittseinkommen immer streng kleiner als der Mittelwert von h_1 und h_2 sein muss.

Interessant ist nun jedoch, dass diese Subadditivitätseigenschaft auch gilt bei Staaten mit gleichem Durchschnittseinkommen! Auch dann gilt

$$h \leq \frac{h_1 + h_2}{2}$$

In der nachfolgenden technischen Erläuterung findet sich ein allgemeiner Beweis dieser Subadditivität. Der Beweis ist keineswegs trivial.

Es könnte nun die Frage gestellt werden, ob h sich für die Definition der *Fairness* nicht mehr eignet als Folge der Subadditivitätseigenschaft.

Diese Frage wird angesichts der großen Vorteile einer solchen Definition hier verneint. Die Subadditivitätseigenschaft scheint eine eher theoretische Angelegenheit zu sein, die beim praktischen Gebrauch für ein Land – ohne Fusionsthema – nicht ins Gewicht fällt. Auch zahlenmäßig fällt die Eigenschaft kaum ins Gewicht, sogar dann nicht, wenn eine Fusion ein Thema wäre.

Immerhin: Für theoretische Analysen bleibt hier noch einiges offen.

Technische Erläuterungen: Mathematischer Beweis der Subadditivität von *h*

(durchgeführt von Michal Chovanec, Januar 2014)

Im Folgenden soll die Subadditivität des Koeffizienten h bewiesen werden. h ist definiert als, $h = 1 - G$, wobei G den Gini-Koeffizienten bezeichnet.

Wir zeigen effektiv mehr, nämlich die Subadditivität der Stammfunktionen zu Lorenzkurven. Mit Stammfunktion bezeichnen wir eine Funktion, deren Ableitung eine Lorenzkurve ist, also die Integralfunktionen zu den Lorenzkurven.

Betrachten wir zwei Zufallsvariablen, welche die Dichtefunktionen f_1 bzw. f_2 haben.

Die entsprechenden Lorenzkurven seien mit L_1 bzw. L_2 bezeichnet.

Betrachten wir nun eine dritte Zufallsvariable, deren Dichtefunktion f_3 wie folgt definiert ist: $f_3 = \frac{f_1 + f_2}{2}$. Die zu f_3 gehörende Lorenzkurve sei L_3.

Das Hauptresultat dieser Erläuterung kann nun als folgendes Theorem formuliert werden.

Theorem
Für alle $y \in [0,1]$ gilt:

$$L_3(y) \leq \lambda_1 L_1(y) + \lambda_2 L_2(y)$$

wobei gilt:

$$\lambda_i = \frac{\int_{-\infty}^{\infty} t \cdot f_i(t) dt}{\int_{-\infty}^{\infty} t \cdot f_3(t) dt}$$

Der Beweis dieses Theorems wird durchgeführt für den diskreten Fall, d. h. jede Zufallsvariable kann nur eine endliche Zahl von Werten annehmen, mit einer Wahrscheinlichkeit ungleich Null und so, dass die Summe der Wahrscheinlichkeiten λ ergibt.

Der diskrete Fall entspricht im Übrigen den realen Daten, da die Anzahl der betrachteten Personen stets endlich ist.

Ohne Verlust der Allgemeinheit können wie annehmen, dass alle positiven Wahrscheinlichkeiten gleich sind (indem Werte, falls nötig, entsprechend verdoppelt oder multipliziert werden).

Das heißt, wir denken uns eine Verschmelzung von zwei Bevölkerungen, wobei jede Person das gleiche Gewicht hat.

Für eine Bevölkerung von n Personen mit den Löhnen $x_1 \leq x_2 \cdots \leq x_n$ wird die Lorenzkurve wie folgt konstruiert.

Sei $x \in \left(\dfrac{n_x-1}{n}, \dfrac{n_x}{n}\right)$ [2], dann gilt

$$L(x) = \frac{1}{|x|} \sum_{i=1}^{n_x} x_i$$

Dabei bezeichnet $|X| := \sum_{i=1}^{n} x_i$ das totale Einkommen der Bevölkerung.

Betrachten wir nun zwei Bevölkerungen: Eine Bevölkerung X mit n Personen und deren Löhnen $x_1 \leq x_2 \ldots \leq x_n$ und eine Bevölkerung Y mit m Personen mit den Löhnen $y_1 \leq y_2 \ldots \leq y_m$.

Vereinigen wir nun die Bevölkerungen X und Y zu einer neuen Bevölkerung Z, dann besteht Z aus $m+n$ Personen mit den Löhnen, $z_1 \leq z_2 \ldots \leq z_{m+n}$, wobei für jedes z entweder ein x_{k_x} oder ein y_{k_y} existiert, sodass gilt: $z_l = x_{k_x}$ oder $z_l = y_{k_y}$. Zudem existiert eine eineindeutige Abbildung zwischen den geordneten Mengen $\{x_1, x_2, \cdots x_n, y_1, y_2, \cdots y_m\}$ und $\{z_1, z_2, \cdots z_{m+n}\}$

Die entsprechenden Lorenzkurven seien L_x, L_y, L_z
Wir wollen nun zeigen, dass für alle $\omega \in [0,1]$ gilt:

$$L_z(\omega\lambda) \leq \lambda_1 L_x(\omega) + \lambda_2 L_y(\omega),$$

wobei

$$\lambda_1 = \frac{|x|}{|z|} = \frac{|x|}{|x|+|y|} \quad \text{und} \quad \lambda_2 = \frac{|y|}{|z|} = \frac{|y|}{|y|+|x|}$$

Wählen wir nun ein beliebiges $\omega \in [0,1]$ wobei wir annehmen $\omega > 0$ [Für $\omega = 0$ ist die Behauptung trivial, da gilt $L_x(0) = L_y(0) = L_z(0) = 0$].

Es existieren eindeutige ganze Zahlen l_w, n_w, m_w, sodass gleichzeitig gilt:

$$x \in \left(\frac{l_w-1}{m+n}, \frac{l_w}{m+n}\right), \quad x \in \left(\frac{n_w-1}{n}, \frac{n_w}{n}\right) \quad \text{und} \quad x \in \left(\frac{m_w-1}{m}, \frac{m_w}{m}\right)$$

Dabei gilt:

$$n_w - 1 < n \cdot w \leq n_w$$

---

[2] für $x = 0$ gilt $L(x) = 0$.

25 Die Größe *h* als Maß für die Verteilungsgerechtigkeit

$$m_w - 1 < m \cdot w \leq m_w$$

$$l_w - 1 < m \cdot w + n \cdot w \leq l_w$$

Addieren wir die ersten beiden Zeilen, erhalten wir

$$n_w + m_w - 2 < mw + nw \leq n_w + m_w$$

Da l_w eindeutig bestimmt ist, muss gelten: entweder $l_w = n_w + m_w$ oder $l_w = n_w + m_w - 1$.

Wegen der Monotonie der Lorenzkurve dürfen wir ohne Verlust der Allgemeinheit annehmen, dass gilt: $l_w = n_w + m_w$.

Damit ergibt sich:

$$L_z(w) = \frac{1}{|z|} \sum_{k=1}^{m_w + n_w} z_k, L_y(w) = \frac{1}{|Y|} \sum_{k=1}^{m_w} y_k \text{ und } L_x(w) = \frac{1}{|x|} \sum_{k=1}^{n_w} x_k$$

Wegen

$$|z| = \sum_{k=1}^{n+m} z_k = \sum_{k=1}^{n} x_k + \sum_{k=1}^{m} y_k = |X| + |Y|$$

folgt

$$\sum_{k=1}^{l_w} z_k \leq \sum_{k=1}^{n_w} x_k + \sum_{k=1}^{m_w} y_k,$$

da auf der linken Seite die Summe gebildet wird über die $n_w + m_w$ kleinsten Elemente der geordneten Menge $\{x_1, x_2, \cdots x_n, y_1, y_2 \cdots y_m\}$ während die rechte Seite einige größere Elemente enthält.

Dividieren wir die letzte Gleichung durch $|z|$, ergibt sich:

$$\frac{1}{|z|} \sum_{k=1}^{l_w} z_k \leq \frac{|x|}{|z|} \cdot \frac{\sum_{k=1}^{n_w} x_k}{|x|} + \frac{|y|}{|z|} \cdot \frac{\sum_{k=1}^{m_w} y_k}{|y|}$$

oder

$$L_z(w) \leq \lambda_1 L_x(w) + \lambda_2 L_y(w),$$

$$\text{mit } \lambda_1 = \frac{|x|}{|z|} \quad \text{und} \quad \lambda_2 = \frac{|y|}{|z|}.$$

Damit ist der Beweis erbracht im diskreten Fall.

Will man den Beweis führen im stetigen Fall, kann ein Grenzübergang betrachtet werden vom diskreten zum stetigen Modell. Wir verzichten hier auf die näheren Ausführungen zu diesem Grenzübergang.

26
Der Zusammenhang von *h* und *B* und optimale Werte von *h*

26.1 Die Korrelation von *h* und *B*

Als Wert für die Korrelation in Abb. 26.1 ergibt sich +0,33. Die Korrelation ist also nicht besonders hoch.

26.2 Schlussfolgerungen für die Definition von *F*

Betrachten wir die Größen *h* *(h = 1 − G)* und *b* (Bruttoinlandsprodukt pro Kopf) für verschiedene Länder. Es zeigt sich Folgendes:

- Es gibt eine leicht positive Korrelation zwischen *h* und *b*, sie beträgt +0,33.
- Sehr hohe und sehr tiefe Werte von *h* kommen nicht vor.
- Ungefähr gilt 0,35 ≤ *h* ≤ 0,75. Der Bereich sehr niedriger Werte von *h* betrifft sehr ungerechte Gesellschaften (wirtschaftlich). Eine Analyse solcher Gesellschaften wäre interessant und notwendig, ist aber nicht im Fokus dieses Buches. Der Bereich sehr hoher Werte von *h*, also ausgeprägter Gleichmäßigkeit, ist ebenfalls nicht Thema dieses Buches. Ein spezieller Aspekt, nämlich die Wirkung hoher Werte von *h*, also hoher

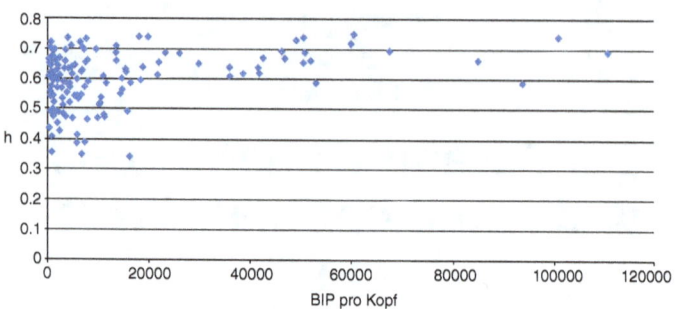

Abb. 26.1 Werte von BIP und h für 142 Länder. (eigene Darstellung, auf Datenbasis von World Bank, 2012–2014)

wirtschaftlicher Gleichheit, auf das BIP, wird aber etwas eingehender betrachtet.

Die leicht positive Korrelation von h und b könnte zur Frage führen, ob es überhaupt sinnvoll ist, eine Größe wie F zu definieren, welche h und b kombiniert.

Dies kann aus den folgenden vier Gründen durchaus bejaht werden:

- Erstens ist die Korrelation mit $+0{,}33$ nicht besonders groß.
- Zweitens bedeutet die Korrelation zwischen h und b nicht, dass es nicht Spannungen, Kontroversen zwischen Wachstum und Verteilung gäbe. Dies ist ja das Thema dieses Buches (und sehr vieler anderer Bücher). Gerade wenn die Entwicklung zwischen h und b nicht parallel läuft, stellen sich große Fragen. Insbesondere die Frage, warum sich die Schere zwischen Arm und Reich öffnet trotz wirtschaftlichem Wachstum. Dazu gehören Themen wie *jobless growth* oder das Thema der Arbeitsplatzvernichtung durch die stetigen IT-Fortschritte.
- Dazu kommt nun – drittens – eine weitere Überlegung. Selbst bei hoher Korrelation zwischen zwei Größen bleibt die Frage

des inneren Zusammenhangs. In Teil III wurde beschrieben, dass es Metaphern gibt, die davon ausgehen, dass zuerst b wächst, dann auch h. Es sind die Metaphern des Durchsickerns, der Boote, und des Kuchens. In Teil III wird ausgeführt, dass diese Metaphern in vielen Fällen durchaus zutreffen, in vielen anderen jedoch nicht. Und dass sie oft nicht zutreffen, ist ein großes Problem für die Vertreter einer möglichst freien Marktwirtschaft. Die sich öffnende Schere zwischen Arm und Reich bei gleichzeitigem Wachstum des BIP wird immer mehr als eines der wichtigsten Probleme der Zukunft gesehen.

- Und schließlich, viertens: selbst in Fällen, in welchen die Metaphern zutreffen, bleibt die Frage: wächst h mit wachsendem b automatisch, oder braucht es bei wachsendem b spezielle zusätzliche Anstrengungen, damit auch h wächst?

Fazit dieser Überlegungen:
Die Definition einer Größe F bzw. f, nämlich

$$F = B \cdot h^\lambda \quad \text{bzw.} \quad f = b \cdot h^\lambda$$

ist nicht trivial.

Dabei bedeuten b bzw. f die Werte B bzw. F pro Kopf.

Das Postulat, F zu optimieren und nicht B allein (oder h allein) ist durchaus sinnvoll. Aus der Optimierung von B (bzw. h) folgt nicht zwingend die Optimierung von h (bzw. B). Es ist daher ein sinnvoller neuer Gedanke, die Optimierung beider Größen in einen Zusammenhang zu bringen.

Dies zeigt sich auch in Teil V, wo Erkenntnisse beschrieben werden, die sich als Folge des Optimierungspostulates der Größe F ergeben.

26.3 Verhalten von b bei sehr hohem h

Sehr hohe Werte von h kommen praktisch nicht vor. Das Verhalten von b bei sehr hohen Werten von h muss daher aufgrund historischer Erfahrungen und grundsätzlicher Überlegungen erörtert werden.

Als historische Erfahrung sei das Beispiel Schweden betrachtet. In Schweden der 1990er-Jahre wurde versucht, die Einkommensverteilung extrem gleichmäßig zu gestalten, also ein sehr hohes h zu erzeugen. Dies wurde u. a. mit einer sehr hohen Steuerprogression durchgesetzt. Dabei zeigte sich, dass bei hohem Einkommen der Leistungswille sehr stark absank und demzufolge auch eine deutliche Verringerung des Bruttoinlandsproduktes zu befürchten war. Aus diesem hauptsächlichsten Grunde wurde die Regierung abgewählt und das Experiment einer allzu hohen Größe h wurde abgebrochen.

Mit anderen Worten: Einkommen stellt einen wesentlichen Leistungsanreiz (Incentive) dar. Hebelt man diesen Zusammenhang aus, kann die Leistungsbereitschaft dramatisch sinken.

Die Erfahrung eines sinkenden B bei zu hohem h ist mit ein Grund, dass eine Definition $F = B \cdot g(h)$ sinnvoll ist bzw. das Postulat, F (und nicht B oder h allein) zu optimieren.

Bei Optimierung von F (anstelle der Optimierung von B allein) besteht die Gefahr des Schweden-Beispiels mit zu hohem h nicht. Bei zu hohem h sinkt B, und etwas später auch F, was der Optimierung von F widerspricht. Dies gilt allerdings nicht bei theoretischen Beispielen. Bei Modellbeispielen ist ein Absinken von B bei zu hohem h nicht automatisch Bestandteil des Modells. Es ist daher bei allen theoretischen Beispielen zwingend notwendig, dieses Absinken ebenfalls zu modellieren.

Bei den Beispielen dieses Buches wird diese Modellierung *Incentive-Funktion* genannt, da sie das Absinken der Leistungsanreize bei zu hoher „Gleichmacherei" modelliert.

In vielen Beispielen dürfte es genügen, wenn einfach für h eine obere Grenze angegeben wird, z. B. $h \leq 0{,}8$.

26.4 Optimale Werte von h

Diese Bemerkungen legen die Frage nahe, ob es ein optimales h gibt und vor allem, wo ein solches liegt. Dazu kann einiges gesagt werden, allerdings unter der einschränkenden Annahme, dass die Funktionen $B(h)$ und $F(h)$ bis zu einem solchen Optimum monoton wachsend sind, dass es also keine lokalen (relativen) Maxima von B bzw. von F gibt, sondern nur ein einziges Maximum. Diese Annahme ist einschränkend und kaum je erfüllt. Daher werden die nachfolgenden Ausführungen kurz gehalten. Eine Vertiefung wäre sicher möglich, indem man die relativen Maxima ausschaltet und nur vom absoluten Maximum ausgeht. Mathematisch dürfte diese Abgrenzung schwierig sein.

Wir nehmen also monotones Wachstum der Funktionen $B(h)$ und $F(h)$ an, bis zu den Maximalwerten von B und F. Dann ergeben sich offensichtlich zwei Vorschläge für die Definition eines optimalen Wertes von h.

Vorschlag 1
Optimales h ist erreicht, wenn bei einer weiteren Steigerung von h, die Größe B (bzw. b) zu sinken beginnt. (D. h. h ist optimal beim Maximum von B).

Vorschlag 2
Optimales h ist erreicht, wenn bei einer weiteren Steigerung von h, die Größe F (bzw. f) zu sinken beginnt. (D. h. h ist optimal beim Maximum von F).

Bemerkung

Man sieht sofort, dass das optimale h nach Vorschlag 2 größer ist als nach Vorschlag 1.

Ferner gilt, dass das Optimum nach Vorschlag 1 definitionsgemäß nichts zu tun hat mit F und daher auch nicht mit λ. Dagegen ist das Optimum nach Vorschlag 2 abhängig von der Wahl von λ.

Vorschlag 3

Es gibt eine obere Grenze für h, z. B. $h \leq 0{,}8$.

27
Die Potenzfunktion h^λ

27.1 Zur Potenzfunktion h^λ

Die Potenzfunktion h^λ wird in der Gleichung $F = B \cdot h^\lambda$ gewählt, weil sie die allgemeinste und zugleich einfachste Form ist, welche die Darstellung praktisch aller monoton wachsender Kurven erlaubt.

Das häufige Vorkommen dieser Funktion in der Physik ist kein Zufall, sondern zeigt die Allgemeingültigkeit dieser Darstellung. Der hier gewählte Ansatz folgt aber nicht einfach der Physik, sondern wird wegen seiner Universalität und Einfachheit eingesetzt.

27.2 Die Bedeutung von λ

Die Zahl λ stellt einen *Gewichtungs-Faktor* dar zwischen den Größen B und h, also zwischen dem Bruttoinlandsprodukt und dem Maß für Verteilungsgerechtigkeit. Die Idee ist, dass die Verteilungsgerechtigkeit je nach Wunsch gewichtet werden kann im Vergleich zum BIP. Je wichtiger einem die Gerechtigkeit ist, desto höher ist λ.

Dies zeigt sich am Klarsten bei Betrachtung der entsprechenden Differentialgleichung. Wenn F, B und h als Funktion der

Variablen t angenommen werden, also $F(t)$, $B(t)$ und $h(t)$, dann folgt aus

$F = B \cdot h^\lambda$ falls λ nicht von t abhängt:
$lnF = lnB + \lambda \cdot lnh$, und abgekürzt:

$$\frac{dF}{F} = \frac{dB}{B} + \lambda \cdot \frac{dh}{h}$$

Dabei wird aus Einfachheitsgründen die Variable t weggelassen.

Das heißt in Worten, dass sich die relative Veränderung von F additiv zusammensetzt aus der relativen Veränderung von B, und λ mal der Veränderung von h. Die relative Veränderung von B kommt also mit dem Gewicht 1 vor, die relative Veränderung von h mit dem Gewicht λ. Gleiche Gewichtung wird erreicht bei $\lambda = 1$. Bei $\lambda > 1$ wird h mehr gewichtet als B, bei $\lambda < 1$ wird B mehr gewichtet als h.

Bei dieser einfachen Herleitung wurde angenommen, dass λ nicht von t abhängt. Dies scheint für nicht allzu große Zeitperioden sicher zulässig.

Im allgemeinen Fall muss angenommen werden, dass sich λ mit der Zeit ändern kann, wenn auch vermutlich nur langsam. Insbesondere dürfte es von b und von h abhängen.

Ob λ auch noch von anderen Faktoren als dem Pro-Kopf-Einkommen b und der Verteilungsgerechtigkeit h abhängt, wissen wir nicht. Man muss aber davon ausgehen, dass in verschiedenen Kulturen und vor allem bei unterschiedlichen Größen h und b auch unterschiedliche Werte der Größe λ resultieren können.

Es kann vermutet werden, dass b und h wohl die wichtigsten Einflussfaktoren auf die Größe λ sind.

Bei der Bestimmung von λ spielt dies jedoch keine Rolle. Wir wollen λ in einem gegebenen Umfeld bestimmen, in welchem b und h gegeben sind und auch eine bestimmte „Kultur" in Bezug auf die Gewichtung von Wirtschaftskraft (oder Prosperität) einerseits, Verteilungsgerechtigkeit andererseits.

Für die Bestimmung von λ in einem konkreten Umfeld hat daher λ den Charakter einer Konstanten.

Bis zum Beweis des Gegenteils ist davon auszugehen, dass λ mit seiner Eigenschaft als Gewichtungsfaktor zwischen B und h, also zwischen wirtschaftlicher Effizienz und Gerechtigkeit, eine Wertung darstellt, die individuell verschieden sein kann und daher nicht einfach beliebig festgelegt werden sollte. Aus dieser Überlegung folgt, dass die *Festlegung* oder *Wahl* von λ demokratisch oder wissenschaftlich legitimiert sein sollte. Denkbar ist, dass die in λ steckende Wertung zwischen wirtschaftlicher Effizienz und Verteilungsgerechtigkeit in verschiedenen Kulturkreisen oder auch verschiedenen Ländern unterschiedlich ausfällt.

Zur Bestimmung von λ vgl. Abschn. 27.5 und 27.6.

27.3 Wertebereich von λ

Es erscheint intuitiv klar, dass gilt:

$$0 \leq \lambda < \infty$$

d. h. λ kann „alle" endlichen positiven Werte annehmen.

Wäre $\lambda < 0$, würde sich der gewünschte Effekt des Einbezugs der Verteilungsgerechtigkeit in die neue Größe F ins Gegenteil verkehren. F würde mit zunehmender Verteilungsgerechtigkeit sinken, was nicht dem entspricht, was wir mit dieser neuen Definition bezwecken.

Andererseits sind sehr hohe Werte von λ kaum sinnvoll, da es zu einer Verabsolutierung der Verteilungsgerechtigkeit kommt. Für $\lambda \to \infty$ wird $F = 0$, da $h < 1$, also ebenfalls eine sinnlose Darstellung.

Betrachten wir noch den Grenzfall $\lambda = 0$. Bei $\lambda = 0$ folgt $F = B$.

Wir haben bei $\lambda = 0$ also die Aussage, dass die *Fairness* gerade dem Bruttoinlandsprodukt entspricht. Dies ist gleichbedeutend damit, dass die Verteilungsgerechtigkeit das Gewicht 0 erhält ($\lambda = 0$), das Bruttoinlandsprodukt also ausschließlich allein betrachtet wird.

Dies entspricht der „klassischen" Wirtschaftswissenschaft, welche die Größe *Bruttoinlandsprodukt* allein betrachtet, ohne Kombination oder „Verschmelzung" mit der Verteilungsgerechtigkeit, wie es der neue Begriff F versucht.

B wird also zum Grenzfall von F für $\lambda = 0$, oder F ist eine Verallgemeinerung des Begriffes B, sobald $\lambda > 0$.

27.4 Zur Kalibrierung von *F*

Rein rechnerisch ergibt sich wegen $h < 1$ und $\lambda > 0$, dass gilt: $F \leq B$.

Dies sollte weiter nicht stören, da F nicht mit B zu vergleichen ist, sondern mit anderen Werten von F (z. B. bei Änderungen von B oder h, sei es zwischen Staaten oder über die Zeit). Insbesondere interessiert die Frage einer Änderung von F bei unterschiedlichen Maßnahmen der Politik oder der Wirtschaft.

27.5 Ist die Kenntnis eines genauen Wertes von λ notwendig?

Abschließend zu diesem Kapitel eine relativierende Bemerkung: Es gibt sicher Fälle, in welchen die Kenntnis eines genauen Wertes von λ notwendig oder zumindest erwünscht ist. In vielen Fällen ist dies jedoch nicht unbedingt der Fall. Oft dürfte es genügen, mit ungefähren Größen wie $\lambda > 0$ oder $\lambda > 1$ zu operieren, um generische Aussagen machen zu können. Ein schönes Beispiel dafür findet sich im Teil V, Kap. 31 (Steuerkurven).

Hier können bereits interessante Erkenntnisse gewonnen werden für den Wertebereich $\lambda > 1$, ohne genaue Kenntnis eines exakten Wertes von λ.

27.6 Möglichkeiten der Bestimmung von λ

Da λ eine Gewichtung darstellt, die politischen, philosophischen oder auch psychologischen Charakter hat, kann es nicht einfach „hoheitlich" festgelegt werden. Die Wahl von λ ist bis zu einem gewissen Grad eine Frage des Ermessens, bzw. des philosophischen oder politischen Standpunktes. Das heißt nicht, dass λ völlig beliebige Werte annehmen kann. Vermutlich liegt λ in einem bestimmten Spektrum.

Zur Bestimmung von λ bedarf es daher der politischen Diskussion oder – als Ersatz dafür – sozialpolitischer oder sozialpsychologischer Experimente.

Diese Möglichkeiten seien wie folgt gegliedert:

- Politische Diskussion, Volksbefragung, Volksabstimmung.
  Dieser Ansatz wird hier nicht weiter verfolgt. Er ist im besten Fall Zukunftsmusik. Es dürfte auch nicht leicht sein, die richtigen Fragen mit der nötigen Präzision zu stellen, da insbesondere der Begriff der Verteilungsgerechtigkeit schwer fassbar ist. h lässt sich zwar berechnen, aber nur schwer gefühlsmäßig erfassen.
- Direkte Befragungen.
  Dies ist durchaus denkbar und relativ leicht durchführbar. Auch hier gilt, dass die Art der Frage sehr wichtig ist.

- Indirekte Experimente.
  Wenn es gelingt, Experimente mit Personen so zu gestalten, dass sie Rückschlüsse auf λ zulassen, wäre dies eine sehr gute Möglichkeit, da hier das Problem der Beeinflussung oder der mangelnden Präzision bei direkten Fragen umgangen werden kann.
  Bisher gibt es vermutlich keine entsprechenden Experimente, da ja die Überlegungen dieses Buches noch nicht bekannt sind. Es gibt aber Experimente, die „ähnlich" sind.
  In der folgenden technischen Erläuterung *Bestimmung von λ, Indirekte Bestimmung von λ, 1. Beispiel: Das Ultimatum-Spiel* wird ein bekanntes Experiment herangezogen, um die hier gezeigte Zuversicht zu illustrieren, dass solche Experimente möglich sind. Dabei sei betont, dass das herangezogene Experiment nicht zur Bestimmung von λ entwickelt wurde, aber immerhin zu einem ähnlichen Zweck, nämlich zum Nachweis, dass *Fairness* bzw. *Verteilungsgerechtigkeit* eine Rolle spielt, d. h. den Menschen etwas wert ist, selbst wenn es mit ökonomischen „Verlusten" verbunden ist. Es handelt sich um ein sehr bekanntes sozialpsychologisches Experiment, das sogenannte *Ultimatum-Spiel*.
  Schließlich wird auch noch ein Spiel konstruiert, welches der Frage der Gewichtung von *b* und *h* nahekommt, das sogenannte *Länder-Spiel* oder die *Länder-Frage*.

Für die Leser, welche sich nicht in die folgenden technischen Erläuterungen *zur Bestimmung von λ* vertiefen möchten, seien hier Schätzungen angegeben, welche sich aufgrund solcher Überlegungen ergeben haben.

Die Vermutung ist, dass λ mit großer Wahrscheinlichkeit Werte zwischen 1 und 3 annehmen dürfte, also

$$1 \leq \lambda \leq 3$$

Wahrscheinlich kann man den Wert noch etwas enger eingrenzen, etwa

$$1{,}5 \leq \lambda \leq 2{,}5$$

Bei konkreten Berechnungen in diesem Buch wird daher meist der Wert $\lambda = 2$ verwendet.

Technische Erläuterungen: Bestimmung von λ

Eine direkte Befragung
Betrachten wir nochmals die Differentialgleichung für f, nämlich

$$\frac{df}{f} = \frac{db}{b} + \lambda \cdot \frac{dh}{h}$$

Hier sieht man, dass es darum geht, λ so zu bestimmen, dass es intuitiv zum größten relativen Zuwachs von f kommt, der Fairness-Funktion (pro Kopf).

Die Frage lautet daher, wie man die relativen Änderungen – z. B. die Änderung um 1 % – der Größen b bzw. h gewichten will, um eine intuitiv optimale Erhöhung der Fairness- bzw. Wohlfahrtsfunktion zu erhalten. (Das Wort *Wohlfahrt* ist hier präziser, da es gerade auch – aber nicht nur – um Wirtschaftswachstum geht.)

Eine Frage an Testpersonen könnte daher etwa lauten: „Sie haben 10 Punkte zu verteilen zur Beeinflussung des Wirtschaftswachstums und/oder zur Beeinflussung der Verteilungsgerechtigkeit, wie würden Sie die 10 Punkte einsetzen?"

Zugegeben, dies ist noch nicht besonders wissenschaftlich. Hier geht es nur darum, darzulegen, dass solche Tests vermutlich möglich sind und Aufschluss darüber geben können, wie eine demokratische Bestimmung von λ erfolgen könnte.

Bei der Befragung von Testpersonen wird man dafür sorgen müssen, dass die persönliche Situation der Personen möglichst keine Rolle spielt, also ob sie arm oder reich, Mann oder Frau, gebildet oder weniger gebildet sind, usw.

Man wird hier unwillkürlich an John Rawls erinnert, der einen analogen *Schleier des Unwissens* fordert zur Entwicklung von Theoremen zur Gerechtigkeit. (vgl. Kap. 7).

Obwohl das hier beschriebene Verfahren kaum genügend Wissenschaftlichkeit aufweist und die Durchführung bei Studenten im Rahmen einer Vorlesung oder von Seminarkursen sicher nicht sonderlich repräsentativ sind, seien hier doch einige Beobachtungen genannt. Es sei aber betont: die folgenden Werte sind wissenschaftlich nicht erhärtet. Es handelt sich um erste vage Vermutungen. Zweck der Darstellung ist ausschließlich die Aussage, dass die Bestimmung von λ mit Hilfe von direkten Befragungen als gut möglich erscheint.

Bei der Frage nach der Verteilung der 10 Punkte gab es Antworten. Man kann die Resultate auf eine Skala von 0 bis 10 aufzeichnen. Links (bei 0) seien Punkte für *mehr Wirtschaftswachstum* abgetragen, rechts (bei 10) Punkte für *mehr Verteilungsgerechtigkeit*.

Es zeigt sich, dass im großen Durchschnitt Punkte etwa zwischen 6 und 7 gewählt wurden, d. h. 6–7 Punkte für mehr Verteilungsgerechtigkeit, 3–4 Punkte für mehr Wirtschaftsleistung. Das Verhältnis dieser Strecken bzw. Punktzahlen müsste den Wert von λ ergeben, d. h.

$$\frac{6}{4} \leq \lambda \leq \frac{7}{3}$$

oder

$$1{,}5 \leq \lambda \leq 2{,}33$$

Dabei ist allerdings zu bemerken, dass die Antworten sehr zögerlich und nur mit Zusatzerklärungen erfolgten. Offenbar war vor allem der Begriff *mehr Verteilungsgerechtigkeit* schwer verständlich und nur schwer einer Zahl zuzuordnen. Außerdem war die Streuung sehr hoch. Dieses Experiment ist also wenig wissenschaftlich und nur *cum grano salis* zu genießen. Es erlaubt erste grobe Schätzungen von λ und es erlaubt zudem die Messung der Streuung. Will man solche direkte Befragungen durchführen, braucht es jedoch wesentlich verbesserte Methoden. Besonders die Art der Frage ist problematisch.

Es seien daher auch Methoden gezeigt, die nicht auf direkten Fragen beruhen, sondern sich indirekt dem Thema annähern.

Indirekte Bestimmung von λ, 1. Beispiel: Das Ultimatum-Spiel
Vorbemerkung
Wie im vorangegangenen Abschnitt *Direkte Befragung* ausgeführt, ist eine direkte Befragung mit Schwierigkeiten verbunden. Diese

sind zwar vermutlich nicht unüberwindbar, aber es wäre sicher hilfreich, wenn es gelingen würde, λ auch auf indirektem Wege zu bestimmen.

Zurzeit gibt es kein entsprechendes Experiment, da sich die hier erörterte Frage bisher nie gestellt hat. Es gibt jedoch Experimente, welche ähnliche Fragestellungen untersuchen. Es sei daher die Überlegung erlaubt, wie man aufgrund solcher indirekter Fragestellungen zur Bestimmung von λ gelangen könnte. Dabei sei jetzt schon betont, dass es sich hier nicht um eine exakte Bestimmung von λ handeln kann. Das verwendete Experiment ist nicht dazu konzipiert. Es müssen daher auch mehrere Annahmen getroffen werden, die wissenschaftlich nicht ohne Zweifel sind. Ziel dieser Ausführungen ist vor allem, darauf hinzuweisen, dass solche indirekten Fragestellungen vermutlich sinnvoll sein könnten.

Die dabei errechneten Werte von λ sind daher mit allergrößter Vorsicht aufzunehmen. Sie sind immerhin soweit interessant als sie die Versuche der direkten Bestimmung von λ einigermaßen bestätigen!

Das Ultimatum-Spiel

Das Spiel wird zwischen zwei Personen, A und B, gespielt. A erhält zu Beginn 100 Geldeinheiten, B erhält nichts. A soll nun B solange einen Anteil der 100 Geldeinheiten anbieten, bis B mit dem Angebot einverstanden ist. Kommt es zu keiner Einigung, erhalten A und B gar nichts.

Man könnte nun vermuten, dass B als homo oeconomicus mit einem sehr geringen Angebot zufrieden ist. Denn auch wenig ist besser als gar nichts. Interessanterweise ist dies bei den meisten Probanden jedoch nicht der Fall. Sie begnügen sich nicht mit „Peanuts". Offenbar liegt die durchschnittliche Auszahlung an B in der Größenordnung von 30 bis 40 Geldeinheiten.

Die naheliegende Interpretation lautet, dass Fairness etwas wert ist. Lieber gar nichts, als eine allzu unfaire Aufteilung. Dieses Spannungsfeld zwischen Fairness und Geldeinkommen ist sehr ähnlich zu dem in diesem Buch analysierten Thema. Es könnte sich daher dafür eignen, den Wert λ, nämlich gerade die Gewichtung zwischen Fairness und Einkommen, näherungsweise zu bestimmen.

Auswertung

Da das Ultimatum-Spiel nicht angelegt ist zur Bestimmung von λ, braucht es einige zusätzliche Überlegungen, die durchaus hinterfragt werden können. Es geht aber weniger um die exakte Bestimmung von λ als vielmehr um den Hinweis, dass mit angepassten Bedingungen vermutlich ein solches oder ähnliches Spiel geeignet sein könnte, eine Schätzung von λ zu ermöglichen.

Die Überlegung zur Bestimmung von λ ist analog zu derjenigen bei der obenstehenden *direkten Befragung* in dieser technischen Erläuterung. Man kann – recht theoretisch – vermuten, bei einer Auszahlung von 50 % liege eine völlige Präferenz für die gerechte Verteilung vor, bei einer Auszahlung gegen 0 % eine sehr geringe Präferenz für gerechte Verteilung. Die effektive Auszahlung von 35 bis 40 %, nennen wir sie a, kann dann ähnlich der obenstehenden Überlegung in der direkten Befragung verwendet werden zur Abschätzung von λ, nämlich mit Hilfe der Differentialgleichung für *f* (oder für *F*).

Geht a gegen 50 % ergibt sich ein λ von gegen ∞, geht a gegen 0 %, ergibt sich für $\lambda=0$, oder allgemein (a in Prozent):

$$\lambda \approx \frac{a}{50-a}$$

Bei den Werten für a von 35 bzw. 40 % ergibt sich
für a = 30 % $\rightarrow \lambda = 1{,}5$
für a = 40 % $\rightarrow \lambda = 4$

Es zeigt sich, dass ähnliche Werte entstehen wie bei der direkten Befragung.

Dennoch erscheint das Ultimatum-Spiel zur Bestimmung von λ als wenig geeignet. Es bedarf zu vieler künstlicher Annahmen. Immerhin entsteht aber der Eindruck, dass eine sehr ungefähre Abschätzung des Wertes von λ mit ähnlichen Methoden möglich sein sollte. Dazu das nächste Beispiel.

Indirekte Bestimmung von λ, 2. Beispiel: Die Länder-Frage
Beschreibung
Das Beispiel wurde konstruiert, um eine Abschätzung von λ zu ermöglichen. Es werden verschiedene Situationen (Länder) definiert. Dabei wird angenommen, dass je ein Drittel der Bevölkerung eines Landes einer bestimmten Einkommensklasse angehört, also Klasse 1, 2 oder 3. Die Länder 1 bis 6 sind so definiert, dass ausgehend von Land 1, das BIP mit jedem Land anwächst, gleichzeitig aber die *Ver-*

teilungsgerechtigkeit abnimmt (von völliger Gleichheit bis zu starker Ungleichheit). Die Frage lautet nun: In welchem Land möchte ein „vernünftiger" Mensch leben, vorausgesetzt, er weiß bei seiner Wahl nicht, in welche Einkommensklasse er gehört *(Schleier des Nichtwissens)*.

Die Länder seien wie folgt definiert:

Land	Einkommen nach Klassen			BIP
	1	**2**	**3**	
1	10	10	10	30
2	8	12	20	40
3	6	14	30	50
4	4	16	40	60
5	2	18	50	70
6	0	20	60	80

Rechnungsmethode

Zur Berechnung von h wird die Methode verwendet, welche in der technischen Erläuterung *Praktische Berechnung von h* in Kap. 25 beschrieben ist. D. h., es werden zunächst h_l (lineare Methode) und h_m (x^m – *Methode*) berechnet, und dann h_g als Mischung (im Verhältnis 2:1) bestimmt. Zur leichteren Überprüfung seien diese Werte nachfolgend angegeben:

Land	h_l	h_m	h_g
1	1,00	1,00	1,00
2	0,80	0,77	0,79
3	0,68	0,65	0,67
4	0,60	0,56	0,59
5	0,54	0,48	0,52
6	0,50	0,42	0,46

Bemerkung:

Der Wert von h_m für das Land 6 wurde leicht nach oben korrigiert, da wegen des Auftretens des Wertes 0 für Einkommensklasse 1 ein zu tiefer Wert von h_m resultiert. Die Korrektur ist eher ästhetischer Natur, für die Schlussfolgerung spielt sie keine Rolle.

Zusätzlich wird auch in diesem Beispiel für $\lambda > 0$ eine Incentive-Funktion eingeführt, und zwar erfolgt für Land 1 (h=1) eine Kürzung von B um 40 %, für Land 2 (h=0,79) eine Kürzung um 30 %. Ohne eine solche Funktion wird für $\lambda > 1,25$ stets Land 1 ausgewählt (Gleichheit), als triviale Folge einer ungebremsten Ausgleichstendenz der Funktion F.

Für $\lambda = 1,25$ ergibt sich ungefähre Indifferenz, für $\lambda < 1,25$ wird stets Land 6 gewählt, da für solche kleinen Werte von λ das BIP die dominante Rolle spielt.

Die genaue Form der Incentive-Funktion ist für die Bestimmung von λ jedoch unerheblich, denn die bevorzugten Länder sind 3 und 4.

Resultate

Es ergeben sich für verschiedene Werte von λ die folgenden Werte für F:

Land	Werte von F für λ =										
Land	0	0,5	1	1,25	1,5	1,75	2	2,25	2,5	2,75	3
1	30	18	18	18	18	18	18	18	<u>18</u>	<u>18</u>	<u>18</u>
2	40	28,4	25,3	23,8	22,5	21,2	20,0	18,8	<u>17,8</u>	16,7	15,8
3	50	40,9	33,5	<u>30,3</u>	<u>27,4</u>	24,8	<u>22,4</u>	<u>20,3</u>	<u>18,4</u>	16,6	15,0
4	60	46,1	<u>35,4</u>	<u>31,0</u>	<u>27,2</u>	<u>23,8</u>	20,9	18,3	16,0	14,1	12,3
5	70	50,5	<u>36,4</u>	<u>30,9</u>	<u>26,2</u>	22,3	18,9	16,1	13,6	11,6	9,8
6	80	<u>54,3</u>	<u>36,8</u>	<u>30,3</u>	25,0	20,6	16,9	13,9	11,5	9,5	7,8

Wiederum sind die maximalen Werte pro Kolonne zu betrachten, nicht pro Zeile. In der Tabelle wurden diese maximalen Werte pro Kolonne doppelt unterstrichen. Zusätzlich wurden die Werte einfach unterstrichen, welche weniger als 5 % vom maximalen Wert abweichen.

Diese Kolonnen können nun verglichen werden mit den intuitiv gewählten Ländern. Die Tests, allerdings nicht wissenschaftlich „rein" durchgeführt, sondern durch simple Befragung, ergeben deutliche Präferenzen für die Länder 3 und 4. Die Frage lautet nun: Für welche Werte von λ ergibt sich ebenfalls eine Präferenz der Länder 3 und 4?

Die Antwort in diesem Beispiel ist recht deutlich. Bei großzügiger Interpretation dürften dies die Kolonnen sein mit:

$$1{,}5 \leq \lambda \leq 2{,}5$$

Schlussfolgerung für λ

Die Länder-Frage führt zu Abschätzungen von λ. Allzu weitgehende Schlussfolgerungen sollten jedoch zum jetzigen Zeitpunkt aus drei Gründen nicht gezogen werden:

1. Es handelt sich um ein spezifisches Beispiel. Ob bei anderen Beispielen gleiche Werte von λ resultieren, ist zunächst offen. Immerhin zeigen mehrere andere Beispiele in diesem Buch ähnliche oder gleiche Werte.
2. Die Aussagen der Testteilnehmer schwanken. (In diesem Beispiel allerdings nicht allzu stark).
3. Die Testanlage entspricht nicht strengen wissenschaftlichen Kriterien.

Eingedenk dieser Überlegungen ist Vorsicht am Platz. Andererseits erstaunt doch, dass bei unterschiedlichen Beispielen immer wieder ähnliche Resultate erscheinen.

Dazu kommt nun außerdem, dass für viele Überlegungen ein absolut exakter Wert von λ gar nicht nötig ist. Es gilt der Satz: Lieber ungefähr richtig, als exakt falsch.

Lehnt man Betrachtungen zu λ rundweg ab, dann wählt man indirekt und wahrscheinlich unbewusst $\lambda = 0$.

Und dies ist, wie praktisch alle Beispiele und Überlegungen dieses Buches zeigen, ziemlich sicher exakt falsch, wenn es um Fragen der gerechten Verteilung geht.

Aus diesen Gründen werden die oben dargestellten Näherungsformeln für λ dennoch ernst genommen. Bei praktischen Beispielen wird oft $\lambda = 2$ verwendet, cum grano salis.

28
Allgemeine Form des *F*-Kriteriums

28.1 Definitionen

Zur eleganten Beschreibung seien zunächst drei Definitionen gegeben. Anschließend wird das *F*-Kriterium in mathematischer Form dargestellt.

Definiert wird das *relative Wachstum* von drei Größen, das auch als *prozentuales Wachstum* verstanden werden kann.

Es geht um folgende drei Größen:

B: BIP oder Bruttoinlandsprodukt
h: Gleichmäßigkeitsfaktor, $h = 1 - G$
F: Fairness (oder Wohlfahrt), $F = B \cdot h^\lambda$

Definiert wir nun das relative Wachstum dieser Größen:

$$\beta = \frac{dB}{B} : \text{Relatives Wachstum von } B$$

$$\alpha = \frac{dh}{h} : \text{Relatives Wachstum von } h$$

$$\varphi = \frac{dF}{F} : \text{Relatives Wachstum von } F$$

Bemerkungen:

1. Die gleichen Zusammenhänge ergeben sich, wenn man B und F als Pro-Kopf-Größen definiert, also BIP pro Kopf der Bevölkerung und F pro Kopf der Bevölkerung.
Normalerweise geschrieben mit Kleinbuchstaben. D. h. wenn P für die Zahl der Menschen steht (Population), dann schreiben wir:

$$f = \frac{F}{P} \quad und \quad b = \frac{B}{P}$$

Unter der Annahme einer konstanten Bevölkerung (während der betrachteten Zeit) gilt dann auch:

$$\beta = \frac{db}{b} \quad und \quad \varphi = \frac{df}{f}$$

2. β, α, φ können positiv, Null oder negativ sein.

28.2 Der grundsätzliche Zusammenhang: das Fairness-Kriterium

Es lässt sich sehr leicht der folgende Zusammenhang herleiten:

$$\varphi \approx \beta + \lambda \alpha$$

Das Zeichen $\approx$ steht für *näherungsweise gleich*.

Dies erhält man durch die Ableitung der Ausgangsgleichung, wobei F, b, und h als Funktionen von t gedacht werden können, wobei t beispielsweise die Zeit darstellen kann. Es ergibt sich:

$$F = B \cdot h^\lambda$$

$$\frac{dF}{F} = \frac{dB}{B} + \lambda \frac{dh}{h}$$

F-Kriterium: $\varphi = \beta + \alpha\lambda$, $\varphi > 0$

28.3 Indifferenzkurven von F

Indifferenzkurven sind ein verbreitetes Hilfsmittel in der ökonomischen Wissenschaft. Dies sind Kurven, auf welchen eine bestimmte Größe, hier z. B. F, konstant ist.

λ sei gegeben, z. B. $\lambda = 2$.

Wir betrachten nun in Abb. 28.1 die Werte von F in der zweidimensionalen Ebene (B, h).

Die Indifferenzkurven von F können dann als Höhenlinien der Funktion F betrachtet werden, wenn F die Höhe über der Ebene (B, h) darstellt. Anders ausgedrückt: In allen Punkten auf einer Indifferenzkurve hat F den gleichen Wert. Oder: Alle Kombinationen von B und h, welche dasselbe F ergeben, liegen auf der entsprechenden Indifferenzkurve von F.

> **Technische Erläuterungen: Gradienten zu den Indifferenzkurven**
> Gradienten sind die Senkrechten zu den Indifferenzkurven. Sie zeigen die Richtung des stärksten Wachstums von F.
> Es gilt:
> Steigung der Tangente im Punkt B, h:

> Durch kurze Umformung erhält man
>
> $$\frac{dB}{dh} = -\frac{\lambda B}{h}$$
>
> Demzufolge: Steigung des Gradienten, g:
>
> $$g = +\frac{h}{\lambda B}$$
>
> Effizientestes Wachstum von F daher für:
>
> $$\frac{dh}{dB} = \frac{h}{\lambda B}$$
>
> und daher $\beta = \alpha \cdot \lambda$

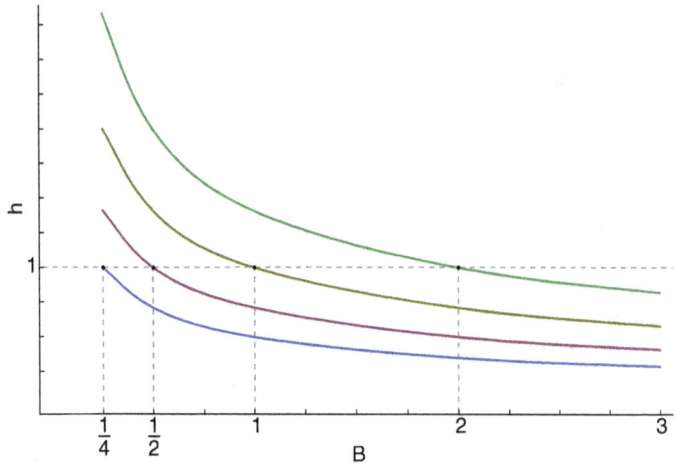

Legende:
— : $F = 2$
— : $F = 1$
— : $F = 1/2$
— : $F = 1/4$

Abb. 28.1 Indifferenzkurven für $F = B \cdot h^2$

28.4 Das Fairness-Kriterium und Vergleich mit dem BIP-Kriterium

28.4.1 Das Fairness-Kriterium (das F-Kriterium)

Das klassische Kriterium des BIP-Wachstums lautet, dass das BIP möglichst wachsen soll, zumindest aber, dass es überhaupt wachsen und nicht schrumpfen soll (B, oder B pro Kopf, also b). Mathematisch heißt das:

$\beta \geq 0$ (B bzw. b sollen nicht schrumpfen, BIP-Kriterium)

Analog kann nun – als neues Kriterium – für F bzw. f gefordert werden:

$\varphi \geq 0$ (F bzw. f sollen nicht schrumpfen, F-Kriterium)

Damit ergibt sich:

$$\varphi \approx \beta + \lambda\alpha \geq 0$$

28.4.2 Vergleich mit dem BIP-Kriterium

Beim Vergleich der beiden Kriterien zeigt sich sofort, dass das Fairness-Kriterium eine Verallgemeinerung des BIP-Kriteriums darstellt.

Setzt man im F-Kriterium $\lambda = 0$, dann ergibt sich das BIP-Kriterium.

Für $\lambda > 0$ entsteht etwas Neues: Die Veränderung des Verteilungsfaktors h wird mit einbezogen. Und diese wird nun auch konkret messbar.

Für die Verbesserung der Fairness oder Wohlfahrt ist sowohl die Änderung von B (bzw. b), als auch die Änderung des Gleichmäßigkeits- oder Gerechtigkeits-Faktors h verantwortlich.

Für $\lambda > 2$ ist die Wirkung einer h-Änderung doppelt so stark wie die Wirkung einer *BIP*-Änderung. Schrumpfendes BIP kann kompensiert werden durch wachsendes h (wobei h nur halb so stark wachsen muss wie b schrumpft). Wachsendes BIP kann „zunichte" gemacht werden durch sinkendes h (wobei, bei sinkendem h das BIP doppelt so stark wachsen muss, um einen Zuwachs an Wohlfahrt zu erzeugen).

Das neue Kriterium liefert also ziemlich genau das, was man will.

Die Wohlfahrt oder die Fairness im Staat ergibt sich nicht allein aus dem BIP, sondern auch aus der Verteilungsgerechtigkeit. Der Mensch lebt nicht vom Brot allein, er will auch fair behandelt werden.

28.5 Die Schwierigkeit des neuen Ansatzes

Das neue Kriterium enthält nun allerdings neben λ auch die Größe α, die Veränderungsrate von h.

Es muss also geschätzt werden, wie sich durch eine große Investition (Kreditaufnahme, Verschuldung) der Wert h verändert. Dies ist sicher nicht einfach. Dazu zwei Bemerkungen:

1. *Nicht einfach* ist nicht das Gleiche wie *unmöglich*. Wie schwierig eine solche Abschätzung ist, kann heute kaum beurteilt werden, da die Erfahrung fehlt. Wenn aber These 3 als vernünftig betrachtet wird, dann dürften auch Versuche in diese Richtung gewagt werden. Die Herleitung von Methoden zur Abschätzung von α dürfte trotz allen Schwierigkeiten kaum komplizierter sein als vieles, was heute möglich ist.
2. Bei großen staatlichen Investitionen (verbunden mit Kreditaufnahmen oder Verschuldung), Handelsverträgen oder ande-

ren wirtschaftlichen Aktivitäten ist es nicht ganz abwegig, sich auch Gedanken zu Verteilungseffekten zu machen. Solche Gedanken könnten Teil der politischen Fairness werden. Bei großen wirtschaftlichen Entscheidungen ist es nicht völlig egal, wem sie schlussendlich nützen. Daraus folgt aber das Postulat, das Wachstum von f (Fairness oder Wohlfahrt pro Kopf) sei wichtiger als dasjenige von b allein (BIP pro Kopf).

Damit ist nichts gegen das Wachstum des BIP gesagt. Im Gegenteil: Das BIP ist Bestandteil von F, aber nicht nur das BIP allein.

28.6 Weitere Überlegungen zum F-Kriterium

28.6.1 Breite Gültigkeit

Das Fairness-Kriterium ist im Prinzip bei allen großen Wirtschaftstätigkeiten anwendbar. Es definiert immer eine Rangordnung und damit eine Vergleichsmöglichkeit mit zugeordneter Bewertung. Notwendig ist allerdings bei praktischer Anwendung die Abschätzung der induzierten BIP-Änderung und ebenfalls der induzierten Verteilung.

Dann aber ist es in breitem Rahmen anwendbar, z. B. bei Investitionen, Staatsverschuldung, Handelsverträgen, Entwicklungshilfe und vielem mehr.

28.6.2 Gültigkeit auch in der privaten Wirtschaft

Die Gültigkeit des Fairness-Kriteriums beschränkt sich im Prinzip nicht auf staatliche Aktivitäten, sondern kann auch bei privaten wirtschaftlichen Entscheidungen verwendet werden. Dabei ergeben sich jedoch zwei zusätzliche Fragen:

1. Die Abschätzung von Verteilungseffekten ist wohl umso schwieriger, je geringer der wirtschaftliche Effekt einer Entscheidung ist. Hier ist aber eher Optimismus am Platz. Wenn genügend Interesse an diesem Thema besteht, werden sich vermutlich entsprechende Methoden finden lassen.
2. Schwieriger erscheint eine andere, nicht technische Frage: Wieso sollten Private überhaupt solche Überlegungen machen? Zum heutigen Zeitpunkt ist eine Beantwortung dieser Frage schwierig. Sicher ist aus heutiger Sicht, dass der Staat Private nicht zur Durchführung entsprechender Abklärungen zwingen kann. In ferner Zukunft wäre immerhin denkbar, dass der Staat Steuererleichterung oder Steuerbefreiung gewährt, wenn das Fairness-Kriterium berücksichtigt wird. Denkbar wäre auch eine entsprechende Zertifizierung eines Unternehmens (ähnlich dem Fair-Trade-Siegel), auf das Privatpersonen durch ihr Konsumverhalten reagieren können.

28.6.3 Komplementäre Anwendung

Wie verschiedentlich dargelegt, führt der freie Markt zu einer bestimmten Distribution. Nach den grundlegenden Beweisen von Arrow/Debreu ist die Verteilung sogar pareto-optimal, falls der Markt wirklich funktioniert. Im Einklang mit These 1 dieses Buches (in dubio pro libertate) hat die Wirkungsweise des freien Marktes Vorrang. Erst wenn die Resultate im Sinne des Gerechtigkeitsempfindens ungenügend sind, kann das F-Kriterium zur Anwendung kommen. Dies erfolgt zudem primär über die Steuerpolitik, nur subsidiär über die direkte Einflussnahme auf wirtschaftliche Aktivitäten. Bei suboptimaler Ausgestaltung der

28.6.4 Eine Bemerkung zur Theorie der komparativen Kosten

In Teil II wurde das Prinzip der komparativen Kostenvorteile, das auf David Ricardo zurückgeht, als wichtige Basis für den Außenhandel beschrieben. Bereits dort wurde erwähnt, dass dies unter Umständen zu unbefriedigenden Lösungen führen kann. Vor allem deshalb, weil kein Bezug auf Verteilungsfragen genommen wird. Es kann sein, dass z. B. die Geldeliten zweier Länder einen Handelsvertrag abschließen, nach welchem sich diese Eliten bereichern, auf Kosten der großen Mehrheit der Bevölkerung. Auch in einem solchen Fall gilt das Ricardo'sche Prinzip der Steigerung des Bruttoinlandsproduktes, trotz relativer Schlechterstellung der Situation der Mehrheit. Und genau dies wird bei der F-Optimierung vermieden.

29
Definition, Erkenntnis, Werkzeug?

29.1 Definition oder Erkenntnis?

Der neue Ansatz besteht aus zwei Teilen.

- einer Definition, nämlich $F = B \cdot h^\lambda$
- einem Postulat, nämlich, F sei zu optimieren (und nicht B oder h allein)

Zum Schluss dieses Teils IV *Ein neuer Ansatz*, seien nochmals drei grundlegende Fragen aufgeworfen:

1. Sind eine solche Definition und das Optimierungspostulat erlaubt?
2. Sind das nur Definitionen, oder auch Erkenntnisse?
3. Taugt die Definition bzw. die Erkenntnis als Werkzeug?

1. Sind diese Definition und das Optimierungspostulat erlaubt?
Es dürfte unbestritten sein, dass sowohl die Definition als auch das Postulat erlaubt sind, und zwar mit dem Charakter eines Vorschlages. Kriterien der wissenschaftlichen Korrektheit könnten sein:

- dass die Namensgebung der Definition entspricht. Mit dem Wort *Fairness* wurde dies versucht. Sollte jemand einen

passenderen, einschlägigen Namen dafür finden, wäre dies durchaus akzeptierbar.
- dass das Postulat begründet ist. Eine Begründung wurde gegeben (u. a. Begründung von These 3). Das Postulat nach Optimierung von F verbindet das (meist ungeschriebene) Postulat nach Maximierung des BIP, welches die Wirtschaftswissenschaft beherrscht, mit dem philosophischen, humanistischen Postulat nach optimaler Verteilungsgerechtigkeit, wobei außerdem durch die Kombination der beiden Größen allfällige Exzesse in Richtung übermäßiger Gleichmacherei verhindert werden.

2. Sind das nur Definitionen, oder auch Erkenntnisse?
Der Ansatz enthält natürlich eine Idee, nämlich, B und h als mathematisches Produkt zu kombinieren, und mit der Potenzfunktion h^λ zusätzlich eine Gewichtung zu erlauben. Eine zusätzliche, zentrale Idee ist die, dass λ nicht den Charakter einer *Naturkonstanten* hat wie ähnliche Größen in Physik oder Mathematik, sondern durch Menschen gesetzt wird.

All dies sind Erkenntnisse.

Die wirtschaftlichen Erkenntnisse ergeben sich erst in der Anwendung. Dort entscheidet sich auch, ob diese Definition, verbunden mit dem Optimierungspostulat, sinnvoll ist.

Das Vorgehen ist nicht ganz anders als in den Naturwissenschaften. Auch dort sind Annahmen und Theorien stets anhand der praktischen Resultate zu überprüfen. Der große Unterschied zur Naturwissenschaft besteht darin, dass hier sowohl in der anfänglichen Definition als auch in den resultierenden Ergebnissen auch eine Wertung enthalten ist. Dies ist nicht etwa falsch. Es ist aber neu, vielleicht mit Ausnahme der Wohlfahrtstheorie. Eine Wertung ist auch in der Wissenschaft legitim, sofern sie offengelegt und eindeutig als solche erkennbar wird.

3. Taugt die Definition von F als Werkzeug?

Nachdem davon ausgegangen werden kann, dass die Definition von F und das Postulat der F-Optimierung erlaubt sind, stellt sich die Frage einer sinnvollen Anwendbarkeit. Der Beantwortung dieser Frage ist Teil V gewidmet.

Es soll dort gezeigt werden, dass die Definition von F und das Postulat der F-Optimierung sowohl zur Beantwortung konkreter Fragen beiträgt (die sonst kaum beantwortet werden können), als auch grundsätzlich eine rationale, objektive Diskussion über die Grundfrage der wirtschaftlichen Gerechtigkeit erlaubt. Es wird damit ein Konzept zum Thema der wirtschaftlichen Gerechtigkeit möglich.

29.2 b, h und f für verschiedene Länder

Listen wir die Länder auf mit dem größten b (also dem BIP pro Kopf) sowie einige weitere Länder und suchen wir das zugehörige h, dann ergeben sich die ersten drei Kolonnen der Tab. 29.1. Der rechte Teil dieser Tabelle zeigt demgegenüber die Werte und die Rangfolge von f.

Bemerkungen:

1. Die Zahlen sind nicht über jeden Zweifel erhaben, vor allem nicht die Schätzungen des Wertes h. Die Tabelle ist daher nur eine ungefähre Illustration, keine exakte Rangfolge.
2. Wie in den technischen Erläuterungen *Lineartransformation von h* (Abschn. 25.5.3) bereits erwähnt, wird mit einer Lineartransformation von h, h_t gerechnet.
3. Es fällt auf, dass die Rangfolge nach f zwar verschieden ist von der Rangfolge von b, aber doch ähnlich. Dies deutet darauf

Tab. 29.1 b, h und f für verschiedene Länder. (Daten: World Bank (2012–2014))

Land	BIP pro Kopf (USD)	h	h_t	f (λ=2)	Rang f
1. Luxemburg	110697	0,692	0,858	81461	2
2. Norwegen	100819	0,742	0,980	96904	1
3. Katar	93714	0,589	0,605	34346	11
4. Schweiz	84815	0,663	0,787	52501	4
5. Australien	67458	0,695	0,865	50497	6
6. Schweden	60430	0,75	1,000	60430	3
8. USA	53042	0,589	0,605	19440	17
9. Kanada	51958	0,663	0,787	32162	12
13. Finnland	49147	0,731	0,953	44676	8
15. Deutschland	46269	0,694	0,863	34439	10
16. Frankreich	42503	0,673	0,811	27974	15
17. Großbritannien	41787	0,62	0,681	19401	18
19. Japan	38634	0,619	0,679	17808	22
21. Italien	35926	0,64	0,730	19165	19
37. Russland	14612	0,603	0,640	5979	39
44. Brasilien	11208	0,473	0,321	1155	79
61. China	6807	0,63	0,706	3392	52
107. Indien	1499	0,664	0,789	934	88

hin, dass bei einer solchen Darstellung immer noch b das dominierende Element ist, jedenfalls für $\lambda = 2$. Das würde sich ändern für höhere Werte von λ. Dies ist aber kein Grund, von der Vorstellung abzuweichen, dass λ vermutlich dem Wert 2 nahekommt.

29.3 Eine Länderfrage

Die Funktion F bzw. die Definition von F kann tatsächlich bei Grundsatzfragen als „Werkzeug" verwendet werden. Dies hängt damit zusammen, dass sie eine mathematische Ordnung definiert, also ermöglicht, zwei Situationen zu vergleichen und eine eindeutige Rangfolge festzulegen.

Im folgenden Teil V werden solche Beispiele gezeigt. Es geht dabei im Prinzip um einen Typus von Fragen, wie sie nachfolgend als Beispiel gezeigt werden:

Wir betrachten zwei Staaten, R (reich) und G (gerecht). R hat das größere Durchschnittseinkommen als G, dieses ist aber in R ungerechter verteilt als in G. Welcher Staat ist vorzuziehen?

Pareto kann die Frage nicht beantworten. Rawls ist unklar, vermutlich wählt er Staat G. Das BIP plädiert eindeutig für Staat R.

Was aber sagt unsere Intuition? Intuitiv dürften die meisten Menschen nicht im Vorhinein für R oder G plädieren. Die übliche Antwort dürfte sein: Das kommt auf die Verhältnisse an! Um wie viel ist R wohlhabender als G? Um wie viel ist aber R auch ungerechter als G?

Genau in diesem Sinn gibt die Funktion F eine Antwort: Besser ist das Land mit dem größeren F. Das kann R oder G sein, je nach den Verhältnissen.

Im Gegensatz zum BIP entspricht F wohl recht genau der Intuition. Zudem hat F einen Freiheitsgrad: λ. Je nach Wahl von λ ist man nahe der BIP-Ordnung (λ klein) oder näher der vermuteten Entscheidung von John Rawls (λ groß).

In Kap. 30 werden mehrere Beispiele beschrieben, welche anhand konkreter Zahlen aufzeigen, dass ein solcher Entscheid zwischen zwei Ländern oder zwei entsprechenden Situationen mit Hilfe der Funktion F objektiv möglich wird.

Teil V

Auswirkungen dieses Ansatzes

Einleitung zu Teil V
Ziel und Aufbau von Teil V
Teil V ist überschrieben mit dem Wort *Auswirkungen*. Es geht um die Auswirkungen derjenigen Gedanken und Postulate, welche neu sind und in dieser Form noch nicht entwickelt wurden. Dies sind vor allem These 3, und hier natürlich speziell die Definition von F, welcher der gesamte Teil IV gewidmet ist.

Da diese Definition neu ist, gehört es dazu, sich Gedanken zu den Auswirkungen einer solchen Definition zu machen. Dies soll im Folgenden unter anderem an vielen Beispielen gezeigt werden, die notwendigerweise theoretischen Charakter haben, jedoch möglichst realitätsnah aufgebaut sind. Dabei sollen auch die Grenzen dieses neuen Ansatzes gezeigt werden. Neben Beispielen werden auch allgemeine Auswirkungen des neuen Ansatzes thematisiert.

Zum gegenwärtigen Stand dieser Überlegungen
Die These 3 und die Definition von F sind neu, und daher sind auch deren Auswirkungen nicht untersucht.

Da These 3 und die Optimierung von F zudem Postulate sind, können sie nicht *bewiesen* werden. Es können aber sehr wohl ihre Auswirkungen analysiert werden.

Die nachfolgend gezeigten Beispiele scheinen intuitiv zu bestätigen, dass der neue Ansatz in die richtige Richtung geht.

In allen Beispielen ergibt sich das Resultat, dass die Optimierung des Bruttoinlandsproduktes zu unbefriedigenden Lösungen führen kann, während die in These 3 postulierte Optimierung von F ein intuitiv besseres Resultat ergibt, bei dem das Wachstum des BIP zwar ebenfalls eine Rolle spielt, aber eben nicht allein, sondern verbunden mit dessen Verteilung. Bei diesen Beispielen handelt es sich um erste, noch zaghafte Versuche, vergleichbar vielleicht mit einer flackernden Kerze, die Licht in einen weitgehend unbekannten, großen und wichtigen Raum bringen will. Das Licht ist noch schwach und ungenau, aber doch besser als völlige Dunkelheit. Es ist zu hoffen, dass das Thema aufgegriffen und weiterentwickelt wird.

Konkrete Auswirkungen

Die Definition von F ermöglicht konkrete Entscheidungen – oder zumindest Hilfestellung dazu. Dies deshalb, weil F eine Ordnung im mathematischen Sinne definiert, also eine Rangordnung, nach welcher zwei oder mehrere Situationen verglichen und bewertet werden können.

Zunächst wird in Kap. 30 anhand von einfachen Beispielen gezeigt, wie solche Entscheidungen vorgenommen werden können. Die Beispiele sind anwendbar auf sehr viele Bereiche der Wirtschaft, so etwa auf Entscheidungen betreffend

- Investitionen
- Kreditaufnahme, Verschuldung
- Handelspolitik

Dem Thema Steuerpolitik wird ein spezielles Kapitel gewidmet, Kap. 31.

Allgemeine Auswirkungen

Sowohl die drei Thesen in Teil III als auch die Definition von F in Teil IV haben auch Auswirkungen grundsätzlicher Natur. Dies vor allem in zwei Bereichen: der politischen Philosophie und den Grundlagen der Ökonomie.

Zum einen können die drei Thesen und die Definition von F als Teil der politischen Philosophie gesehen werden und zwar trotz des mathematischen Charakters der Definition von F. Es ist möglich und auch wünschenswert, diesen Ansatz im Rahmen dieser Wissenschaft zu diskutieren.

Zum zweiten ist die Fokussierung der Thesen und der Definition von F auf die Themen *wirtschaftliche Gerechtigkeit* und *wirtschaftliche Freiheit* aber auch Teil der Grundlagen der ökonomischen Wissenschaft. Wie verschiedentlich ausgeführt, ist das Postulat der Optimierung von F eine Verallgemeinerung des ungeschriebenen Postulats der Maximierung des Bruttoinlandsproduktes. Oder umgekehrt: Das klassische Postulat der Optimierung von B ist ein Spezialfall des Postulats der Optimierung von F, nämlich für $\lambda=0$.

Auswirkungen der Definition von F ergeben sich daher nicht nur in Einzelbereichen und konkreten Beispielen der Wirtschaftswissenschaft, sondern auch grundsätzlich (Kap. 32).

30
Ein neues Kriterium für wirtschaftliche Entscheidungen: Drei konkrete Beispiele

30.1 Bisherige Kriterien und das neue Kriterium

Es gibt verschiedene Kriterien für die Beurteilung wirtschaftlicher Aktivitäten. Einige der wichtigsten sind:
Bisher:

1. Wirtschaftliche Optimierung
2. Pareto-Optimierung
3. John Rawls

Neu:

4. F-Optimierung

1. Wirtschaftliche Optimierung
Das wohl wichtigste Kriterium im Bereich wirtschaftlicher Entscheidungen ist die Gewinnmaximierung. Es kann viele und auch wichtige zusätzliche Überlegungen und Nebenbedingungen geben, aber letzten Endes ist die wesentliche Frage diejenige nach dem langfristigen Gewinn. Langfristig gesehen und

mathematisch ausgedrückt wird dieses Kriterium in Form des Barwertes[1] der zukünftigen Gewinne verwendet. Dies ist sogar mehr als das Kriterium: Es ist der Wert einer wirtschaftlichen Aktivität, insbesondere einer Investition.

Betrachten wir nicht einzelne wirtschaftliche Aktivitäten, sondern die Wirtschaft eines einzelnen Landes, dann wird die gesamte Wirtschaftsleistung eines Jahres zum wirtschaftlichen Kriterium: das Bruttoinlandsprodukt oder BIP, oft auch das BIP pro Kopf. Begriffe wie Wachstum, Rezession oder Depression sind nichts anderes als speziell definierte Änderungen des BIP.

2. Pareto-Optimierung

Im Kapitel über die Wohlfahrtstheorie (Kap. 15) wird ausgeführt, dass man von pareto-optimaler Veränderung dann spricht, wenn bei einer wirtschaftlichen Veränderung zwar einige besser gestellt werden, aber niemand schlechter. Das Pareto-Optimum spielt in der Wirtschaftstheorie eine große Rolle. Wie aber bereits betont, hat das Pareto-Optimum wenig oder nichts mit Gerechtigkeit zu tun.

3. John Rawls

Der vermutlich wichtigste Vorschlag aus neuerer Zeit für ein neues Kriterium bei der Beurteilung wirtschaftlicher Aktivitäten (und auch politischer Aktivitäten) stammt von John Rawls. Dies wird in Teil I, Kap. 7 näher beschrieben. Es geht wesentlich darum, die am schlechtesten gestellten Personen möglichst besser zu stellen. In Kap. 7 wird ausgeführt, dass dies zwar ein sympathisches, aber wenig praktikables Kriterium bei wirtschaftlichen Entscheidungen ist.

4. Das neue Kriterium der Fairness-Optimierung

In diesem Buch wird vorgeschlagen, zumindest auf der Ebene des Staates ein neues Kriterium anzuwenden, das eine Verallgemeine-

---

[1] Der Barwert ist die Summe aller künftigen abgezinsten Geldflüsse.

rung der Wirtschaftsoptimierung darstellt: die Optimierung von F.

F wird hier Fairness genannt. Wie bereits erwähnt, könnte man es auch Wohlfahrt nennen.

Bei den nachfolgenden Beispielen soll geprüft werden, zu welchen Lösungen die verschiedenen Kriterien führen.

30.2 Vorbemerkungen zu den drei Beispielen

Ziel dieses Kapitels ist es, aufzuzeigen, dass schwierige Fragen der Optimierung zwischen Wirtschaftsleistung und gerechter Verteilung beantwortet werden können.

Die empirische Überprüfung dieser Antworten ist schwierig, da die Intuition als Wegweiser für die Richtigkeit nicht sehr exakt ist. Wichtig ist, dass die Resultate nicht klar gegen die Intuition verstoßen. Das scheint nicht der Fall zu sein. Im Gegenteil: Soweit Intuition überhaupt angewendet werden kann, bestätigen die Resultate die Intuition.

Beim Versuch, die Resultate intuitiv zu erahnen oder zu überprüfen, ist es sehr wichtig, dass man vom *Schleier des Nichtwissens* ausgeht. Man muss sich also möglichst lösen von der Vorstellung, ob man eher zu den Armen oder zu den Reichen gehören würde.

Bei einer solchen Analyse ist es notwendig, Zahlen zu verwenden. Die Beispiele müssen dabei entsprechend vereinfacht werden. Ziel ist es, dass durch diese Vereinfachung die wesentlichen Zusammenhänge hervortreten, nicht dass sie verdeckt werden. Solche Zahlen dürfen aber auch nicht überinterpretiert werden. Es geht um das Aufzeigen des Wesentlichen, nicht um möglichst hohe Exaktheit.

Die Zahlen dürfen auch kein Eigenleben entwickeln. Die Rechnungen müssen eingebaut sein in einen Kontext. Die

Interpretation der Ergebnisse muss im Rahmen dieses Kontextes erfolgen.

Die drei Beispiele wurden so ausgewählt, dass die Eigenschaften der Funktion F in möglichst unterschiedlichen Fällen betrachtet werden können. Im Beispiel 3 werden zudem die Grenzen dieser rein mathematischen Betrachtungen aufgezeigt.

Als Beispiele wurden folgende wirtschaftliche Möglichkeiten gewählt:

Beispiel 1: Wachstumsschub um einen konstanten Betrag verteilt auf arm/reich (Abschn. 30.3)
Beispiel 2: Unterschiedliche Einkommensentwicklungen arm/reich (Abschn. 30.4)
Beispiel 3: Extreme Scherenbewegung (Abschn. 30.5)

- In allen drei Beispielen beschränken wir uns auf Fälle, wo B stark steigt (oder allenfalls konstant ist) und h sinkt, oder umgekehrt. Bei gleichläufiger Bewegung von B und h ist klar, dass F stets steigt oder stets sinkt.
- In allen drei Beispielen wird einfachheitshalber von zwei Einkommensklassen ausgegangen: Die ärmeren 99 %, und die reichen 1 %. Andere und auch komplexere Ansätze ergeben keine wesentlichen weiteren Einsichten.
- Für Zahlenwerte ist es dabei ein sehr großer Unterschied, wie die Einkommen innerhalb der beiden Klassen *arm* und *reich* verteilt sind. Die hier verwendeten Zahlen kommen so zustande, dass auch innerhalb dieser Klassen eine Verteilung angenommen wird, die möglichst nahe an der Realität liegt.
- In allen drei Beispielen wird Stetigkeit auf der Seite der Bedürfnisse angenommen. Das heißt, dass bei tiefen Einkommenswerten das Existenzminimum nicht unterschritten wird. Ohne diese Annahme stößt man auf das Thema der Sicherung des Existenzminimums. Von dieser Sicherung wird hier stets ausgegangen, als absoluter, nicht diskutabler Voraussetzung.

- Trotz der Annahme der Stetigkeit bleibt eine gewisse Unsicherheit bezüglich der Bedeutung der absoluten Höhe der verwendeten Zahlen. Wir sind hier bei einem grundlegenden Thema, das mit der Diskussion über kardinalen und ordinalen Nutzen verwandt ist. Dies dürfte auch ein wesentlicher Grund sein bei der Schwierigkeit intuitiver Entscheidungen. Dennoch bleibt genügend Raum für solche Entscheidungen und Überlegungen.

30.3 Beispiel 1: Wachstumsschub um einen konstanten Betrag, verteilt auf Arm und Reich

30.3.1 Das Beispiel

Wir nehmen in diesem sehr einfachen Beispiel zunächst an, dass es Ärmere und Reichere gibt, deren Einkommen sich wie in Tab. 30.1 aufgeführt verhält.

Durch eine bestimmte wirtschaftliche Aktivität werde nun dieses Einkommen verändert, nach dem in Tab. 30.2 stehenden Schema. Die Veränderung insgesamt entspricht einem BIP-Wachstum von 27,25 %, und sie verteilt sich unterschiedlich auf die beiden Einkommensklassen. (Näheres vgl. in den „Technischen Erläuterungen" zu Beispiel 1)

Tab. 30.1 Beispiel 1, Ausgangslage

	Ärmere 99 %	Reichere 1 %
Einkommen pro Kopf	100	1000

(Bemerkung: Diese Zahlen sind durchaus realistisch, vgl. etwa Piketty 2014)

Tab. 30.2 Beispiel 1, Situation vor und nach der wirtschaftlichen Aktivität (Einkommen pro Kopf)

	Ärmere 99 %	Reichere 1 %
Vorher	100	1000
Nachher, Variante 1	127	1270
Variante 2	120	2000
Variante 3	110	3000

Tab. 30.3 Beispiel 1, Beurteilung nach dem Fairness-Kriterium

	Ärmere 99 %	Reichere 1 %	$F(\lambda=2)$ (in 100)	$F(\lambda=3)$ (in 100)
Vorher	100	1000	49	33
Nachher Variante 1	127	1270	62	42
Variante 2	120	2000	53	33
Variante 3	110	3000	44	24

Die Frage ist nun, wie diese Veränderungen beurteilt werden können. Genauer gesagt interessieren vor allem zwei Fragen:

1. Welche Variante ist die beste (d. h. mit dem größten Wert von F)?
2. Gibt es einen Punkt, ab welchem die Ungleichheit so groß wird, dass „man" lieber auf das Wachstum des BIP um 27 % verzichtet? D. h., der Wert von F ist trotz höherem BIP tiefer als vor der BIP-Erhöhung (hier Kipp-Punkt genannt)?

30.3.2 Resultate

Wenn wir die Situationen nach dem Fairness-Kriterium beurteilen, ergeben sich die in Tab. 30.3 dargestellten Resultate, hier gezeigt für $\lambda=2$ und $\lambda=3$.

Die Beurteilung nach dem F-Kriterium ergibt etwa Folgendes:

- Antwort auf Frage 1:
  Am besten schneidet Variante 1 ab (proportionale Erhöhung). Noch besser könnte allenfalls eine Verteilung abschneiden, welche den Ärmeren eine überproportionale Steigerung zubilligt. Das Maximum hängt dann wesentlich von Annahmen über die Leistungsanreize (Incentives) ab, weshalb es hier weggelassen und in den „Technischen Erläuterungen" zu Beispiel 1 genauer diskutiert wird.
  Variante 2 ist für $\lambda = 2$ immer noch besser als die Ausgangslage. Die „Ungerechtigkeit" nimmt zwar zu, wird aber überkompensiert durch die Erhöhung des BIP. Für $\lambda = 3$ liegt hier gerade der Kipp-Punkt.
- Antwort auf Frage 2:
  Variante 3 wird nun schlechter bewertet als die Ausgangslage. Trotz Steigerung des BIP wird die Gesamtsituation als weniger fair beurteilt als die Ausgangslage. Dieses Resultat erinnert stark an das empirisch getestete Ultimatum-Spiel.
- Bemerkung: Es ergeben sich gleiche Resultate für $\lambda = 1,5$ und $\lambda = 2,5$

30.3.3 Vergleich mit anderen Kriterien

- Das „klassische" Kriterium der BIP-Maximierung:
  Nach dem BIP-Kriterium würde Variante 3 sehr klar der Ausgangslage vorgezogen. Das BIP wächst auch hier um 27 %, die Verteilung wird nicht betrachtet. Zwischen den Varianten 1 bis 3 herrscht Indifferenz, überall steigt das BIP um 27 %.
- Pareto-Optimalität
  Alle Varianten sind pareto-optimal, zwischen den Varianten wird nicht unterschieden.
- John Rawls
  In diesem konkreten Beispiel würde nach John Rawls wohl auch Variante 1 vorgezogen, da hier die schlechter Gestellten relativ am meisten profitieren. Es ist aber unklar, ob Variante 1 überhaupt besser ist als die Ausgangslage, da das BIP keine Rolle spielt.

- (In vielen anderen Fällen ergibt sich nach John Rawls aber kein eindeutiges Resultat, vgl. Teil I, Kap. 7.)

Technische Erläuterungen zu Beispiel 1

Varianten der Verteilung

	Durchschnittseinkommen pro Person		
	99% Ärmere	1% Reichere	Erhöhung BIP in %
Ausgangspunkt (Land 0)	100	1000	0
Variante 1	135	500	27,25
Variante 2	130	1000	27,25
Variante 3	127,25	1272,5	27,25
Variante 4	125	1500	27,25
Variante 5	120	2000	27,25
Variante 6	115	2500	27,25
Variante 7	110	3000	27,25
Variante 8	105	3500	27,25
Variante 9	100	4000	27,25
Variante 10	95	4500	27,25

Achtung: Die Nummern der Varianten stimmen nicht überein mit der Nummerierung nach Abschn. 30.3.1 und 30.3.2. Die Varianten 1, 2 bzw. 3 in diesen Abschnitten entsprechen der Variante 3, 5 bzw. 7 in der obenstehenden Tabelle.

Die Incentive-Funktion

Die Einführung einer solchen Funktion ist in vielen theoretischen Beispielen wichtig. In der Realität kann man davon ausgehen, dass bei allzu großer Gewichtung der Gleichmäßigkeit die Leistungsträger einer Gesellschaft ihren Einsatz zurückfahren, weil die Leistungsanreize (Incentives) zu gering werden.

In theoretischen Beispielen ist dies jedoch in den Modellen nicht automatisch enthalten. Ohne diese natürliche Bremse hat aber die

Funktion F die Tendenz der Gleichmacherei. Wenn die Erhöhung von h über ein bestimmtes Maximum hinaus nicht zu einer Reduktion von B führt (z. B. bei h = 0,75), dann wird F sein Maximum immer bei einem möglichst hohen h haben.

Bei theoretischen Modellen muss die Bremsung simuliert werden. Dies geschieht mit der hier so genannten Incentive-Funktion.

Unter Incentive-Funktion sei daher der Zusammenhang zwischen B und h für große h verstanden. Genauer: B ist eine Funktion von h, und zwar so, dass bei hohem h eine Bremswirkung auf B ausgeübt wird.

Mathematisch: $B = B(h)$, definiert für größere h, z. B. h > 0,75 oder h > 0,8, wobei B bei wachsendem h abnimmt.

Richtigerweise muss eine Incentive-Funktion natürlich geprüft werden, beispielsweise durch Modelle und Experimente der Verhaltensökonomie.

In den vorliegenden Beispielen fehlen solche Untersuchungen. Die hier verwendeten Incentive-Funktionen sind daher als Modelle zu verstehen, die aufzeigen sollen, wie praktisch vorgegangen werden könnte.

Eine Incentive-Funktion ist vor allem dann wichtig, wenn in einem konkreten Beispiel F monoton steigt mit h. Dies ist etwa der Fall in Beispiel 1, da konstantes BIP-Wachstum angenommen wird.

Die Incentive-Funktion wird in allen Beispielen so gewählt, dass sie möglichst nahe an die Realität herankommt (ohne weiteren Beweis).

Im vorliegenden Beispiel wird folgende Incentive-Funktion verwendet:

	Reduktion von B in %
Variante 1, h = 0,79	35
Variante 2, h = 0,70	10

Diese Funktion ist nicht wissenschaftlich erhärtet. Sie ergibt sich durch eine allgemeine Vermutung der (partiellen) Leistungsverweigerung bei zu viel „Gleichmacherei" und durch einen Blick auf die entstehenden Resultate. Wegen dieser vorerst beschränkten Objektivierbarkeit der hier verwendeten Incentive-Funktion werden keine Schlussfolgerungen gezogen. Als Optimum werden die „Länder" 1 bis 3 gewählt, und dies ist unabhängig von der spezifischen Form der Incentive-Funktion.

Fragestellungen

Es interessieren vor allem zwei Fragen, welche durch das F-Kriterium (inklusive Incentive-Funktion) beantwortet werden sollen:

Frage 1:
Welche Variante erzielt den höchsten Wert von F? (D. h. in welcher Variante ist die Fairness bzw. Wohlfahrt am höchsten?)

Frage 2:
Ab welcher Variante (in der Reihenfolge wachsender Ungleichheit) würde „man" lieber auf diese BIP-Erhöhung von ca. 27 % verzichten, weil nun die Verteilung allzu ungerecht wird?

Antwort auf Frage 1

Frage 1 nach der Variante, in welchem Land man am ehesten leben möchte, wird klar durch die unten folgende Tabelle beantwortet (einmal unterstrichen). Betrachtet man auch die Nachbarwerte in ähnlicher Größe, dann sind dies:

- Variante 3 oder 4 ($\lambda = 1$)
- Variante 2, 3 oder 4 ($\lambda = 2$)
- Variante 1 bis 4 ($\lambda = 3$)

Bei der Beantwortung von Frage 1 spielt die Incentive-Funktion eine entscheidende Rolle. Es ist daher wichtig, dass eine solche Funktion möglichst realistisch modelliert wird.

Die meisten befragten Studentinnen und Studenten kommen intuitiv zu den gleichen Resultaten, am ehesten – einmal mehr – im Bereich von $\lambda = 2$. Es wurde zudem offensichtlich, dass intuitive Entscheidungen recht schwierig sind. Sie sagen wohl etwas aus als Durchschnittswert, allerdings mit großer Streuung. Plausibel erscheint auch die Abhängigkeit von λ. Ein größeres λ bedeutet ein größeres Gewicht auf wirtschaftlichen Ausgleich. Entscheidend bei Frage 1 ist die Incentive-Funktion. Ohne diese ergibt sich stets das triviale Resultat einer möglichst großen Umverteilung (vgl. Ausführungen dazu vorne in diesem Kapitel).

Bemerkenswert (obwohl rechnerisch trivial) ist die Kolonne mit $\lambda = 0$, also das BIP. Alle Länder werden als gleichwertig betrachtet, da das BIP gleich ist, unabhängig von der Verteilung der Einkommen. Dies entspricht der unausgesprochenen „Wertung" der klassischen Wirtschaftstheorie, welche die Einkommens-Verteilung nicht berücksichtigt.

Dazu eine weitere Bemerkung. Das BIP entspricht in diesem Beispiel exakt dem mathematischen Begriff des Erwartungswertes. Wenn ein Mensch mit dem *Schleier des Nichtwissens* nach dem

30 Ein neues Kriterium für wirtschaftliche Entscheidungen

Erwartungswert des Einkommens entscheidet, dann wählt er als Kriterium das BIP, denn die Berechnung des Erwartungswertes und des BIP ist in diesen Beispielen identisch.

Dies spricht nicht gegen die Definition von F, im Gegenteil. Der Erwartungswert spielt eine herausragende Rolle in der Statistik und beispielsweise auch in der Versicherungswirtschaft, er ist aber nicht zielführend bei der Diskussion über wirtschaftliche Gerechtigkeit.

Antwort auf Frage 2

Frage 2 betrifft den Kipp-Punkt, also ab wann man auf die Erhöhung des BIP verzichtet, weil dies mit allzu großer Ungleichheit verbunden ist. Diese Frage ist intuitiv wohl noch schwieriger zu beantworten als Frage 1. Die Antworten nach dem F-Kriterium scheinen auch hier plausibel zu sein (nach Befragung von Studenten) und sie bestätigen tendenziell auch die Resultate des Ultimatum-Spiels. Die Antwort auf Frage 2 lautet z. B.:

- Land 9 für $\lambda = 1$
- Land 6 für $\lambda = 2$
- Land 5 für $\lambda = 3$

Hier spielt die Incentive-Funktion keine Rolle.

Resultate: Tabelle

Variante	$\frac{1}{100} F$							$h_{2:1}$ in %	$h_{3:1}$ in %
	$\lambda = 0(B)$	$\lambda = 0{,}5$	$\lambda = 1$	$\lambda = 1{,}5$	$\lambda = 2$	$\lambda = 2{,}5$	$\lambda = 3$		
0 (Ausgang)	109	89	73	60	49	40	33	67	74
1	139	80	72	63	57	50	<u>44</u>	79	84
2	139	87	87	73	61	<u>52</u>	43	70	76
3	139	<u>113</u>	<u>93</u>	<u>76</u>	<u>62</u>	51	42	67	74
4	139	<u>113</u>	92	74	60	49	40	65	72
5	139	109	86	68	53	42	<u>33</u>	62	68
6	139	107	82	63	<u>48</u>	<u>37</u>	29	59	65
7	139	104	78	<u>58</u>	44	33	24	56	62
8	139	101	74	54	39	28	21	53	59
9	139	98	<u>70</u>	49	35	25	17	50	56
10	139	95	65	45	31	21	14	47	53

Bemerkungen zur Tabelle

- Es geht um einen Vergleich innerhalb der verschieden Kolonnen (senkrechte Sicht)! Ein Vergleich in waagrechter Sicht sagt

nichts aus. Es ist klar, dass für wachsende Werte von λ die Werte von F kleiner werden.
- Einfachheitshalber wird F durch 100 dividiert und gerundet.
- Die Maxima von F (Antwort auf Frage 1) sind einmal unterstrichen.
- Die Kipp-Punkte (Antwort auf Frage 2) sind zweimal unterstrichen.

30.4 Beispiel 2: Unterschiedliche Einkommensentwicklung arm/reich

30.4.1 Das Beispiel

- Es wird die gleiche Aufteilung in Ärmere und Reichere angenommen wie in Beispiel 1, also 99 % Ärmere mit durchschnittlichem Pro-Kopf-Einkommen von 100, 1 % Reichere mit durchschnittlichem Pro-Kopf-Einkommen von 1000.
- In diesem Beispiel wird nicht ein Wachstumsschub angenommen wie in Beispiel 1, sondern eine maßvolle Wachstumsrate pro Jahr, die für die Ärmeren und Reicheren unterschiedlich sein kann. Die Wachstumsrate sei:
  - Für die Ärmeren: $v\,\%$ (konkret: 3 %)
  - Für die Reicheren: $w\,\%$ (variabel)
- Daher folgendes Raster:
  Die Situation vor und nach der Einkommenserhöhung sieht wie in Tab. 30.4 gezeigt aus (Einkommen pro Kopf), wobei in den beiden Kolonnen rechts bereits das Resultat angegeben ist.

Wiederum interessieren die gleichen Fragen wie in Beispiel 1, nämlich nach dem größten Wert von F und nach dem Kipp-Punkt.

Tab. 30.4 Beispiel 2, Unterschiedliche Einkommensentwicklung arm/reich

	Ärmere 99 %		Reichere 1 %		$\dfrac{F}{100}$	
					$\lambda=2$	$\lambda=3$
	v (%)	Einkommen	w (%)	Einkommen		
Vorher	0	100	0	1000	42,2	25
Nachher, Variante 1	3	103	3	1030	43,5	25,9
Variante 2	3	103	5	1050	43,3	25,7
Variante 3	3	103	10	1100	42,8	25,1
Variante 4	3	103	16	1160	42,2	24,7

30.4.2 Resultate

Die Beurteilung nach dem F-Kriterium ergibt:

- Frage 1 nach der besten Variante: Am besten schneidet Variante 1 ab (proportionale Erhöhung von 3 % bei Ärmeren und Reicheren). Je nach Incentive-Funktion könnten Varianten noch besser abschneiden, bei welchen $w < 3\%$ ist, aber $> 0\%$. (Vgl. Abschn. 29.4.4)
- Frage 2 nach dem Kipp-Punkt: Es ist zu unterscheiden nach λ.
- Wählt man $\lambda = 2$, dann sind Varianten 1, 2 und 3 besser als die Ausgangslage, ab Variante 4 kippt es. D. h. für Werte von $w > 16\%$ ergibt das F-Kriterium, dass die Ausgangslage (ohne Erhöhung) vorzuziehen ist gegenüber einer Erhöhung mit $w \geq 16\%$ Wählt man $\lambda = 3$, dann kippt das Resultat ab $w \geq 10\%$.

30.4.3 Vergleich mit anderen Kriterien

- BIP-Maximierung
  Nach dem BIP-Kriterium ist das Resultat umso besser, je höher das BIP ist. D. h. für ein festes $v = 3\%$, dass das Resultat umso besser ist, je höher w ist. Die Erhöhung für die Reicheren kann beliebig hoch und immer krasser ungerecht werden, nach dem BIP-Kriterium wird das immer besser.
- Pareto-Optimalität
  Das Beispiel ist so angelegt, dass alle Varianten (in aufsteigender Folge) pareto-optimal sind. Das Pareto-Kriterium gibt keine Antwort auf die Fragen 1 und 2.
- John Rawls
  Das Differenzprinzip gibt keine Antwort auf die Fragen 1 und 2, es gibt keine Gegenüberstellung der Verbesserung bei den Ärmeren (immer 3 %) und den Reicheren.

Technische Erläuterungen zu Beispiel 2

Varianten der Verteilung
99 % Arme: Anfangseinkommen pro Kopf: 100, Wachstum $v = 3\%$
1 % Reiche: Anfangseinkommen pro Kopf: 1000, Wachstum w, mit
$w = 1, 2, 3, 4, 5, 10, 20, 30\%$

Incentive-Funktion
Aufgrund der bei Beispiel 1 ausgeführten Überlegungen wird auch hier eine Incentive-Funktion eingeführt (vgl. technische Erläuterungen *zu Beispiel 1*, Kap. 30.3).

Als Incentive-Funktion $B = B(h)$ oder hier $B = B(w)$ wird folgender Zusammenhang gewählt:

w:	1	2	≥ 3
Faktor:	0,98	0,99	1

(Mit diesem Faktor ist B zu multiplizieren, abhängig von w.)

Fragen

Wiederum – wie schon in Beispiel 1– drängen sich zwei Fragen auf.

Frage 1:
Wo liegt das Maximum der Fairness-Funktion? Mit anderen Worten: bis zu welchem Punkt wird das Wachstum des BIP höher bewertet als die wachsende Ungleichheit?

Frage 2:
Gibt es einen Kipp-Punkt? Wenn ja, wo liegt er?
Mit anderen Worten: Gibt es einen Punkt der Ungleichheit, bei welchem ein durchschnittlicher Mensch mit dem *Schleier des Nicht-Wissens* sagt, er verzichte lieber auf das Wachstum des BIP, als dass er die zunehmende Ungerechtigkeit akzeptiert?

Antwort auf Frage 1

Bei Frage 1 (Maximale Werte) hängt die Antwort wiederum stark von der Incentive-Funktion ab. Die höchsten Werte liegen bei $w=2\%$, ähnlich hohe Werte ergeben sich aber auch für $w=1\%$ und $w=3\%$ Die Antwort hängt nicht stark von λ ab.

Mit anderen Worten: Die höchsten Werte der Fairness-Funktion werden erreicht, wenn das Einkommenswachstum bei den Reichen 1% nicht höher ist als das Wachstum bei den Armen 99%.

Antwort auf Frage 2

Auch bei Frage 2 (Kipp-Punkt) ergeben sich klare Antworten. Analog dem Ultimatum-Spiel gibt es auch hier den Kipp-Punkt, ab welchem „man" lieber auf Wachstum verzichtet, als die zunehmende Ungleichheit zu akzeptieren. Der Kipp-Punkt hängt nun nicht mehr von der Incentive-Funktion ab, dafür umso stärker von λ. Es gilt beispielsweise:

- Für $\lambda = 2$: Kipp-Punkt ab $w=16\%$
- Für $\lambda = 3$: Kipp-Punkt ab $w=10\%$

Resultate: Tabelle

Für den Ausgangspunkt mit $v=w=0\%$ ergibt sich:

Für	$\lambda=$	0	1	2	3
gilt:	$F=$	11.900	7088	4221	2514

Für $v = 3\%$ ergeben sich folgende Werte für F:

w	F			$h_{2:1}$ in %
	$\lambda = 1$	$\lambda = 2$	$\lambda = 3$	
0	7163	4293	2573	59,9
1	7234	4326	2588	59,8
2	7304	4360	2602	59,7
3	7300	4348	2590	59,6
4	7299	4339	2580	59,5
5	7296	4329	2568	59,3
...	...	...	...	...
10	7283	4279	2514	58,7
20	7262	4187	2414	57,6
30	7243	4100	2320	56,6

Bemerkungen zur Tabelle
Es gelten die gleichen Bemerkungen wie bei Beispiel 1.

- Zu betrachten sind die Kolonnen (nicht die Zeilen).
- Die Maxima von F (Antwort auf Frage 1) sind einmal unterstrichen.
- Die Kipp-Punkte (Antwort auf Frage 2) sind zweimal unterstrichen.

30.5 Beispiel 3: Extreme Scherenbewegung

30.5.1 Das Beispiel

Ausgangspunkt ist wiederum eine Zweiteilung in Ärmere und Reichere. Auch hier verdienen die 99 % Armen im Schnitt 100, die 1 % Reichen im Schnitt 1000.

Diesmal ist das Wachstum bei den Armen linear, bei den Reichen stark exponentiell, vgl. Tab. 30.5. Damit wird versucht,

Tab. 30.5 Beispiel 3, Extreme Scherenbewegung

	Einkommen pro Kopf		Steigung in %	
	Reiche (1 %)	Arme (99 %)	Reich	Arm
Ausgangspunkt (Land 0)	10	1		
Land 1	20	2	100	100
Land 2	40	3	…	50
Land 3	80	4		33
Land 4	160	5		25
Land 5	320	6		20
Land 6	640	7		16
Land 7	1280	8		14
…	…	…	…	…
Land 19	5.242.880	20	100	5

die Grenzen des Ansatzes auszuloten. Das Beispiel ist extrem. Wir werden sehen, dass der Ansatz auch hier funktioniert, aber es braucht die Beschränkung auf vernünftige, realistische Entwicklungen, sonst besteht die Möglichkeit divergenter Lösungen. Die verschiedenen Varianten werden wiederum als „Länder" beschrieben.

Zusätzliche Annahme:

F wird nach der gleichen Methode berechnet wie in den Beispielen 1 und 2. Eine Incentive-Funktion ist hier nicht nötig.

Fragestellung (analog bisher)

1. Wo liegen die optimalen Werte von F?
2. Gibt es Kipp-Punkte? Und wenn ja, wo liegen sie?
3. Wie verhält sich F, wenn man die Tabelle nach unten fortsetzt?

30.5.2 Resultate

Bei diesem Extrembeispiel zeigt sich ein spezielles Phänomen: die Divergenz von F (vgl. Abb. 30.1).

B wächst ins Unendliche, während h bei der hier gewählten (und vernünftigen) Rechnungsart nie ganz Null wird. Daher wächst auch F ins Unendliche, für alle Werte von λ.

Ein interessantes Phänomen zeigt sich bei den relativen Optima (die absoluten Optima sind ∞) und den Kipp-Punkten: Es gibt ein bestimmtes λ, nennen wir es Grenz-λ oder λ_g, für welches gilt:

falls $\lambda < \lambda_g$:
Es gibt kein relatives Optimum und keinen Kipp-Punkt. Die Werte von F steigen von Beginn an monoton bis ins Unendliche.

falls $\lambda > \lambda_g$:
Es gibt ein relatives Optimum und auch einen Kipp-Punkt. Die Werte von F steigen zunächst an bis zum relativen Optimum, sinken dann wiederum bis zu einem Minimum und steigen dann wieder an bis ins Unendliche.

In diesem Beispiel gilt: $1 < \lambda_g < 1,5$

Die Kipp-Punkte und die Minima wurden nicht speziell berechnet. Eine weitere Analyse dieses Beispiels wurde nicht ausgerechnet, da die entsprechenden Resultate entscheidend vom gewählten Beispiel abhängen. Als Schätzungen für die Kipp-Punkte ergibt sich:

Der Kipp-Punkt liegt etwa bei Land 12 (für $\lambda = 2$), bei Land 9 (für $\lambda = 2,5$) und bei Land 8 (für $\lambda = 3$).

30.5.3 Fazit

Dieses Beispiel wurde ausgewählt, um ein mögliches Verhalten der Funktion F in extremen Fällen zu zeigen. Je nach Annahmen über das Verhalten von B kann die Funktion F divergieren.

Der Grund dürfte darin liegen, dass die Annahmen dieses Beispiels ab einem gewissen Punkt völlig unrealistisch werden. Das

30 Ein neues Kriterium für wirtschaftliche Entscheidungen

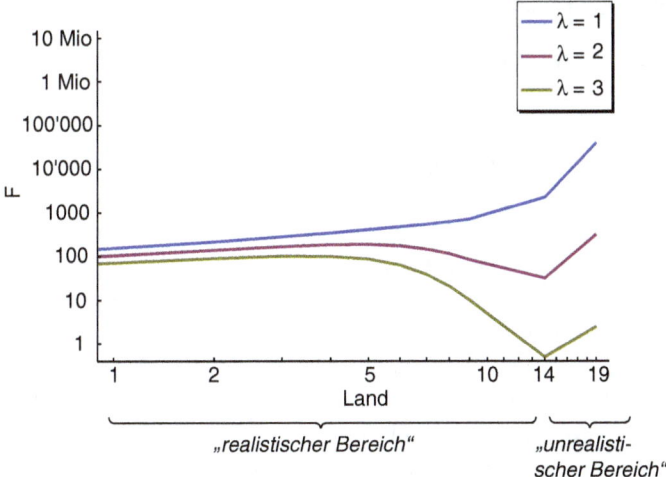

Abb. 30.1 Die Funktion F für verschiedene Werte von λ (logarithmische Skala)

heißt, dass bei solchen Beispielen darauf zu achten ist, dass der Realitätsbezug nicht verloren geht, sonst „straft" die F-Funktion solche unrealistischen Annahmen.

Dies heißt insbesondere, dass die F-Funktion nicht völlig unbekümmert beliebig „einprogrammiert" werden darf, ohne Beachtung des Kontextes.

Man kann dieser Erkenntnis durchaus Positives abgewinnen: Die F-Funktion gibt uns zwar ein starkes Instrument in die Hand, aber gerade bei starken Instrumenten ist auch Vorsicht am Platz. Sie dürfen nicht gedankenlos verwendet werden.

Bemerkung:

Auch bei diesem Beispiel kann eine Tabelle zum Wert F berechnet werden wie in den Beispielen 1 und 2. Sie wird hier zur Vereinfachung weggelassen. Stattdessen wird in Abb. 30.1 die entsprechende Grafik gezeigt. Sie zeigt die Funktion F für verschiedene Werte von λ (logarithmische Skala).

30.6 Fazit aus den konkreten Beispielen

- Die Optimierung der Fairness-Funktion F gibt auf die schwierigen Verteilungsfragen der drei Beispiele konkrete und klare Antworten.
- Demgegenüber geben die anderen bekannten Kriterien keine oder ungenügende Antworten:
  - Das BIP-Optimum ergibt immer die Variante mit dem grössten BIP. Aus Gerechtigkeitsaspekten eine unsinnige Antwort auf die Verteilungsfrage.
  - Pareto-Optimalität ist stets gegeben, also auch keine Antwort auf die Verteilungsfrage.
  - John Rawls: Das Differenzprinzip führt ebenfalls nicht zu einer Antwort.
- Befragungen von Studentinnen und Studenten (ohne wissenschaftliche Versuchsanordnung) ergaben eine gute Übereinstimmung mit der Intuition. Die höchste Zustimmung ergab sich bei den Werten $\lambda = 2$ und $\lambda = 3$. Intuitive Antworten auf die beiden Fragen (Optimum und Kipp-Punkt) erwiesen sich jedoch in den (wenigen) Befragungen als sehr schwierig.
- Die Optimierung von F hat den großen Vorteil, dass sie emotionslos erfolgt. Die Resultate haben nichts mit Neid oder anderen Emotionen zu tun.

31
Steuerpolitik

31.1 Ein wichtiger Anwendungsbereich des *F*-Kriteriums

31.1.1 Steuern als Instrument der Steuerung

Steuern dienen nicht nur der Geldbeschaffung für den Staat, obwohl das wohl ihr Hauptziel ist. Wie der deutsche Name sagt, haben Steuern stets auch mehr oder weniger starke Auswirkungen auf das Verhalten der betroffenen Menschen, sie dienen damit auch der Steuerung.

Diese Funktion der Steuern ist unabhängig davon, ob die entsprechenden Auswirkungen gewollt sind oder nicht. Es ist daher besser, sie bewusst zu betrachten und in demokratischer Weise auch zu nutzen (z. B. bei externen Effekten, oder im Sinne der nachfolgenden Überlegungen mit dem *F*-Kriterium).

31.1.2 Der Staat als Instanz

Die Steuerhoheit fällt dem Staat zu, allenfalls auch Gliedstaaten (z. B. USA, Schweiz). Der Staat ist daher auch der Hauptadressat für die *F*-Optimierung im Bereich der Steuern. Die Steuerpolitik ist wohl einer der wichtigsten Anwendungsbereiche des *F*-Kriteriums.

31.1.3 Eine Konsequenz aus These 2

In These 2 (Kap. 21), der These zur Gerechtigkeit, geht es unter anderem um die Verhinderung einer allzu großen (wirtschaftlichen) Machtkonzentration, und allgemein um Verteilungsgerechtigkeit.

Die praktische Verwirklichung dieses Postulates ist wohl am ehesten möglich durch die Erhebung gerechter Steuern.

Wie aber definiert man gerechte Steuern? Gibt es hier so etwas wie Objektivität? Dies ist ein schwieriges Thema, das bisher zwar diskutiert wurde, aber sicher noch keine wissenschaftliche Lösung gefunden hat. In der Politik findet man eine mehr oder weniger gute Lösung durch Aushandeln der gegensätzlichen Positionen.

In diesem Kapitel soll gezeigt werden, dass sich das Postulat der F-Optimierung eignet, die Diskussion über optimale Steuerkurven jedenfalls zu objektivieren. Es gibt keine einfache, eindeutige Lösung. Aber es sind Erkenntnisse möglich im Hinblick auf eine Steuerpolitik, die wirtschaftlich gerecht ist und dennoch nicht die Interessen des Wirtschaftswachstums verletzt.

31.1.4 Beschränkung auf Einkommenssteuern

Da sich die Definition von F auf die Einkommensverteilung bezieht, ist es naheliegend, das Postulat der F-Optimierung auf die Einkommenssteuern zu beziehen.

In Abschn. 31.5 wird aber kurz ausgeführt, dass analoge Überlegungen auch möglich sind zur Vermögens- oder Erbschaftssteuer.

31.1.5 Effizienzanforderung an den Staat

Es ist eine politische Frage, welche Aufgaben der Staat übernimmt, und welche er der Privatwirtschaft überlässt. Nach These

1a (in dubio pro libertate) sollte er so viel wie möglich der Privatwirtschaft überlassen. Aber wo genau die Grenze liegt, ist eine politische Frage, die jeder Staat für sich selbst entscheiden muss. Sicher hängt dies auch von der Effizienz der staatlichen Institutionen ab.

Die Forderung, Steuern sollten möglichst tief sein, ist in diesem Sinne zu verstehen. Der Staat soll effizient sein und damit Steuern im Rahmen der notwendigen Aufgabenerfüllung möglichst tief halten. Es ist aber sicher so, dass verschiedene Staaten unterschiedliche Vorstellungen über die Aufgaben des Staates haben. Damit wird auch das Total der Steuereinnahmen, hier Steuersubstrat genannt, unterschiedlich.

Das vorliegende Kapitel beschäftigt sich nicht mit der Frage, was Staatsaufgabe sein soll und was nicht. In dieser Frage sind unterschiedliche Vorstellungen möglich, die hier nicht bewertet werden sollen. Es geht an dieser Stelle nur um die Verteilung der Steuerlast bei einem gegebenen Steuersubstrat.

31.2 Vorbemerkungen zum mathematischen Modell

31.2.1 Einige wichtige Annahmen

Es wird von folgenden Annahmen ausgegangen:

- Im Zentrum stehen marginale Steuersätze (im Gegensatz zu den absoluten Steuersätzen).
- Das Total der Steuereinnahmen, nachfolgend *Steuersubstrat* genannt, wird als gegeben vorausgesetzt.
- Als allgemeine Form für die Steuerkurven wird eine konkave Kurve angenommen, im Folgenden Potenzkurve genannt.
- Es wurden auch Kurven untersucht, welche zunächst konvex, dann konkav verlaufen (sog. logistische Kurven). Diese

führten aber nicht zu optimalen Resultaten. Ausnahme: Wenn man negative Einkommenssteuern zulässt, dann sind solche Kurven sinnvoll.
- Da die auftretenden Zusammenhänge sehr komplex sind, ist eine analytische Lösung im Allgemeinen nicht möglich. Die Resultate werden daher numerisch bestimmt.
- Wie bereits mehrfach erwähnt (z. B. in Kap. 30), muss bei solchen Modellannahmen oft eine Incentive-Funktion angenommen werden, d. h. eine Funktion, welche das Absinken des BIP bei allzu großer Gleichheit (großem Wert von h) modelliert. Dies ist hier speziell wichtig, da sonst die Tendenz zur völligen Gleichverteilung besteht. Im Folgenden seien diese Modellannahmen *Tax Incentives* genannt, d. h. Anreizmechanismen zur Vermeidung von Steuern; genauer muss von *negativen Tax Incentives* gesprochen werden.

31.2.2 Parameter, Varianten

In den Modellen werden verschiedene Parameter angenommen. Dies führt zu einer großen Zahl von Varianten, wenn diese Parameter variiert werden. Um überschaubar zu bleiben, werden hier nur einige ausgewählte Beispiele gezeigt. Bei den konkreten Beispielen wird auf die Wahl der Parameter hingewiesen. Die Auswahl erfolgte nach dem Kriterium der Realitätsnähe, also nach dem Vergleich mit bestehenden Steuerungssystemen bzw. „intuitiver Vernunft". Andere Varianten sind selbstverständlich möglich. Ebenfalls im Interesse der Überschaubarkeit wurde stets mit dem Parameter $\lambda = 2$ gerechnet.

31.2.3 Bemerkung zu negativen Einkommenssteuern

In einigen Beispielen wurde die Voraussetzung weggelassen, dass Steuern immer positiv sein müssen. Es entstehen dann aus den

Modellen heraus automatisch Steuerkurven, die bei tiefen Einkommen negativ sind. Diese Bereiche werden im Folgenden *negative Einkommenssteuern* genannt.

Interessanterweise werden bei Zulassung negativer Werte für Steuern die Werte für F noch erhöht, d. h. die Optimierung von F legt die Einführung *negativer Einkommenssteuern* nahe, wenn auch nicht sehr stark. Nun ist aber aus der wirtschaftswissenschaftlichen Diskussion bekannt, dass negative Einkommenssteuern auch erhebliche Nachteile haben und durch Formen von *Tax Credits* ersetzt werden sollten. Dies ist kein Widerspruch zu den Resultaten der F-Optimierung. Mit negativen Werten der Steuerkurve müssen nicht zwingend negative Einkommenssteuern im wörtlichen Sinne gemeint sein. Die Resultate können auch so interpretiert werden, dass in tiefen Einkommensbereichen geldwerte Leistungen an die Betroffenen bereitgestellt werden. Über die genaue Form ist nichts ausgesagt.

31.2.4 Bemerkung zum mathematischen Modell

Es zeigt sich, dass zur Optimierung der F-Funktion recht anspruchsvolle Mathematik notwendig ist. Dies ist ein schönes Beispiel dafür, dass zwar die Fairness-Formel extrem einfach ist, bei der praktischen Anwendung aber durchaus komplexere mathematische Formeln notwendig sind. Im vorliegenden Beispiel handelt es sich um eine Anwendung der Theorie der nichtlinearen Funktionale. Ferner zeigt sich auch die zentrale Bedeutung der negativen Tax-Incentive-Funktion. Darauf wird noch näher eingegangen.

Technische Vertiefung: Das mathematische Modell

Modellierung der F-Optimierung

Wie in Teil IV dieses Buches ausgeführt, gehen wir vom Postulat aus, die Funktion F zu optimieren, mit

$$F = BIP(1-G)^\lambda = BIP \cdot h^\lambda$$

unter der Nebenbedingung Steuersubstrat = TS.

Gesucht sind also Steuerkurven, welche F optimieren. Unter Steuerkurven verstehen wir die Funktionen der Steuersätze in Abhängigkeit vom Einkommen. Steuersätze können absolut oder marginal sein.

Für die folgenden Ausführungen benötigen wir noch den Begriff des Steuersubstrats TS (tax substrate). Damit bezeichnen wir das Total aller Steuern (in Geldeinheiten). Im Folgenden wird das Steuersubstrat als gegeben angenommen. Es geht also nicht um die Frage nach mehr oder weniger Steuern, sondern ausschließlich um die Frage nach der Verteilung der Steuern nach Einkommenshöhe.

Die konkreten Daten, wie sie vor allem in den Abschn. 31.3 und 31.4 gezeigt werden, basieren auf empirischen Daten der Schweiz und des Kantons Zürich.

Wir arbeiten mit diesen diskreten Daten, obwohl es möglich wäre, die diskrete Einkommensverteilung durch eine stetige Lorenzkurve zu approximieren. Entsprechende Formeln werden jedoch im besten Fall sehr kompliziert, in den meisten Fällen sind die Lorenzkurven analytisch nicht darstellbar.

Betrachten wir nun einen bestimmten Punkt $x \in [0,1]$, d. h. ein bestimmtes Einkommen.

Der Ausdruck $L(x+dx) - L(x)$ bezeichnet dann den Anteil am Gesamteinkommen, welches diejenigen Personen verdienen, die auf der relativen Einkommensleiter zwischen x und $x+dx$ liegen. Dividieren wir den Ausdruck $L(x+dx) - L(x)$ durch dx, ergibt sich das relative Einkommen eines Individuums in dieser Gruppe (relativ zum Gesamteinkommen des Landes).

Nehmen wir nun aus theoretischen Überlegungen an, L sei stetig und mindestens einmal differenzierbar, dann ergibt sich durch Grenzübergang $dx \to 0$, dass die erste Ableitung $L(x)$ der Lorenzkurve an der Stelle x gerade dem (relativen) Einkommen der Person entspricht, die auf der Einkommensleiter beim Punkt x liegt.

Wir bezeichnen nun ferner mit $s(x)$ den (absoluten) Steuersatz, der auf das Einkommen der Höhe x angewendet wird (s bezeichnet also den absoluten Steuersatz, nicht den marginalen Steuersatz).

Als marginalen Steuersatz für das Einkommen x, $m(x)$, bezeichnen wir die Zunahme des Steuersatzes beim Einkommen x. Es gilt als selbstverständliche Bedingung, dass der marginale Steuersatz nicht sinkt, d. h.

$$m(x_1) \leq m(x_2) \text{ falls } x_1 \leq x_2$$

Es sei darauf verwiesen, dass zwischen dem absoluten und dem marginalen Steuersatz eine eineindeutige Zuordnung besteht.

Bezeichnen wir das nominale BIP vor Steuern mit BIP_{pre}, dann ergibt sich:

$$BIP_{pre} = BIP_{pre} \cdot \int_0^1 L'(x)dx,$$

denn der Wert des Integrals ist 1.

Wie in Abschn. 25.2 dieses Buches ausgeführt, gilt für h die Formel:

$$h = 2\int_0^1 L(x)dx$$

Bezeichnen wir mit $f(x)$ den Nettoeinkommenssatz, also den Einkommenssatz nach Steuern, dann gilt:

$$f(x) = 1 - s(x)$$

Für die neue Lorenzkurve nach Steuern gilt nun:

$$\tilde{L}(x) = c\int_0^x L'(w)f(w)dw,$$

wobei die Konstante c so gewählt wird, dass gilt: $\tilde{L}(1) = 1$, d. h.

$$c = \frac{1}{\int_0^1 L'(w)f(w)dw}$$

Ferner gilt:

$$\int_0^1 L'(w)f(w)dw = \int_0^1 L'(w)(1-s(w))dw$$
$$= 1 - \int_0^1 s(w)L'(w)dw,$$

wobei $\int_0^1 s(w)L'(w)dw$ der Anteil am BIP ist, der für Steuern gebraucht wird.

Der neue Gini-Koeffizient $\tilde{G}$ bzw. der neue Koeffizient $\tilde{h}$ können nun wie folgt geschrieben werden:

$$\tilde{G} = 2\left(\frac{1}{2} - \int_0^1 \tilde{L}(x)dx\right), \text{ und } \tilde{h} = 1 - \tilde{G}$$

Für das BIP nach Steuern ergibt sich:

$$BIP_{post} = BIP_{pre} \cdot \int_0^1 L'(w)f(w)dw$$

Das zu optimierende Funktional ist gegeben durch:

$$BIP_{pre}\int_0^1 L'(w)s(w)dw$$

Bemerkung
Für numerische Betrachtungen verwenden wir die diskreten analogen Formen zu den oben entwickelten Formeln, da es eine endliche Zahl von Personen gibt und eine endliche Zahl von Steuerklassen.

Die Zahl der Steuerklassen nennen wir N. In unserem konkreten Beispiel für die Schweiz gibt es beispielsweise 21 Steuerklassen, wobei die Einkommenserhöhung von einer Steuerklasse zur nächsten definiert ist als CHF 1000 Einkommen pro Monat, mit Ausnahme der obersten Klasse, welche alle höheren Einkommen enthält.

Modellierung der Tax-Incentives
Mit Tax-Incentives ist hier gemeint, dass bei hohen Steuersätzen die große Gefahr der *Steuervermeidung* besteht. Ein solcher Dämpfungseffekt ist der siamesische Zwilling der in Kap. 30 eingeführten Incentive-Funktion. Incentive bedeutet Anreiz, das Gegenteil davon ist Dämpfung oder Bremsung der wirtschaftlichen Aktivität. Es geht

also weniger um Steuerflucht (die natürlich auch existiert), als vielmehr um die Reduktion der wirtschaftlichen Aktivität und damit des BIP infolge zu hoher Steuersätze.

In der technischen Erläuterung *zu Beispiel 1* in Kap. 30.3. wird beschrieben, dass es von zentraler Bedeutung ist, solche Dämpfungseffekte zu modellieren. In der wirtschaftlichen Wirklichkeit ergeben sich diese Effekte automatisch, nicht jedoch in den Modellen. Ohne Modellierung führt die Optimierung von F zur trivialen Lösung der Optimierung von h, d. h. zu $h=1$ und damit zur totalen Gleichheit.

Dies ist in der Realität nicht der Fall, wie schon mehrmals in diesem Buch beschrieben.

Im Folgenden wird daher ein Beispiel für eine solche Modellierung von Dämpfungseffekten (negative tax incentives) beschrieben (Abschn. 31.4.1).

Wir führen drei Parameter ein für das tax incentive-Modell:
- einen multiplikativen Faktor a
- einen Potenz-Faktor p sowie
- einen kritischen marginalen Steuersatz m_{crit}

Um eine möglichst allgemeine Form zu erhalten, modellieren wir den BIP-Verlust infolge negativer *tax-incentives* für eine Person in einer Steuerklasse mit marginalem Steuersatz $m(x)$ wie folgt:

$$a \cdot sal_{margine}(x) \cdot m(x)^p \cdot \chi(m(x) > m_{crit})$$

Mit $sal_{margine}(s)$ bezeichnen wir die marginale Einkommenserhöhung von einer Steuerklasse zur nächsten (hier z. B. CHF 1000), die Abkürzung sal kommt vom englischen Ausdruck *salary* für Einkommen. $m(x)$ ist der marginale Steuersatz und x die charakteristische Funktion.

Der BIP-Verlust, der auf die Personen in einer Steuerklasse mit dem marginalen Steuersatz $m(x)$ zurückgeht, ist dann gegeben durch

$$a \cdot sal_{margine}(x) \cdot m(x)^p \cdot \chi(m(x) > m_{crit}) \cdot g(x),$$

wobei $g(x)$ der Anteil aller Personen in der betrachteten Steuerklasse im Verhältnis zur gesamten steuerpflichtigen Bevölkerung ist.

(Daraus folgt, dass gilt: $\sum_{x=1}^{N} g(x) = 1$, d. h. jede Person gehört genau zu einer Steuerklasse).

Damit erhalten wir für den gesamten BIP-Verlust, der auf negative *tax-incentives* zurückzuführen ist:

$$BIP_{Verlust}(s(\cdot)) = \sum_{x=1}^{W} a \cdot sal_{margine}(x) \cdot m(x)^p \cdot \chi(m(x) > m_{crit}) \cdot g(x)$$

Der Ausdruck $BIP_{Verlust}(s(\cdot))$ soll auf die Tatsache hinweisen, dass der resultierende Verlust von der gesamten Steuerkurve $s(\cdot)$ abhängt.
Das zu optimierende Funktional ist damit gegeben durch:

$$BIP_{pre} - BIP_{Verlust}(s(\cdot)) \cdot \int_0^1 L'(w)f(w)dw \cdot$$

$$\left[\frac{2\int_0^1 \int_0^y L'(w)f(w)dw\,dy}{\int_0^1 L'(w)f(w)dw} \right]^{-\lambda}$$

unter der Bedingung

$$TS = \text{Tax substrate} = BIP \int_0^1 L'(w)s(w)dw$$

31.3 Ergebnisse

31.3.1 Ohne Tax-Incentives

Das in Abb. 31.1 gezeigte Beispiel ist rein theoretischer Natur, für praktische Belange ist es absurd. Es soll damit gezeigt werden, dass ohne die Dämpfungswirkung einer negativen Tax-Incentives-Funktion das extreme Resultat einer totalen Gleichverteilung oberhalb des Durchschnittseinkommens entsteht. Rein mathematisch gesehen ist dies „richtig": Optimiert man die Funktion F mit konstantem B ohne Nebenbedingungen, dann ergibt sich ein sehr hoher Wert für h. Daher sind solche

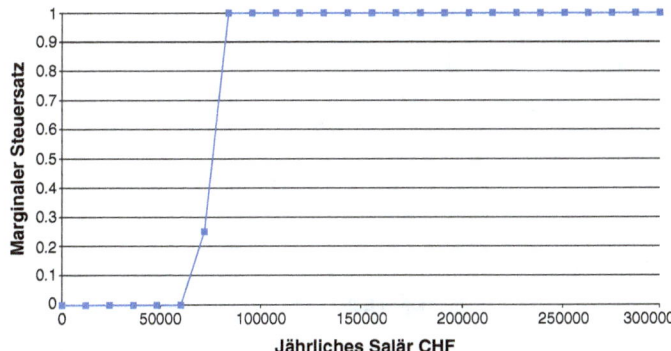

Abb. 31.1 Nummerisches Optimum von *F*, ohne negative Tax-Incentives

Tax-Incentive-Funktionen äußerst wichtig, wie bereits in den Beispielen in Kap. 30 betont wurde.

Führt man hingegen realistische Incentive-Funktionen ein, dann ergeben sich sehr vernünftige Resultate, wie die nachfolgenden Beispiele zeigen.

31.3.2 Mit Tax-Incentives, ohne negative Einkommenssteuern

a. Mäßige Steuern (Schweizer Modell), $\lambda = 2$
   Bemerkung: Das in Abb. 31.2 benutzte Tax-Incentives-Modell ($a = 2$, $p = 3/2$, m_crit $= 0{,}3$) führt zu den in Tab. 31.1 dargestellten Verlusten (in % des BIP). Zum Begriff der Verluste vergleiche nachfolgende Bemerkungen unter c.
b. Hohe Steuern (skandinavisches Modell), $\lambda = 2$, Abbildung 31.3 stellt das Tax-Incentives-Modell dar mit $a = 1$; $p = 3/2$ und m_crit $= 0{,}3$. Dieses Modell führt zu den in Tab. 31.2 dargestellen *Verlusten* (in % des BIP).

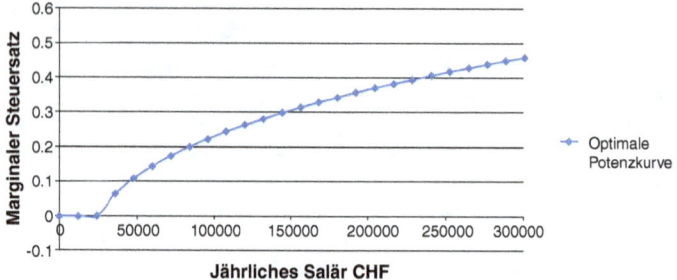

Abb. 31.2 Nummerisches Optimum von *F*, Steuersubstrat 10 %, negativen Tax-Incentives berücksichtigt, ohne negative Einkommenssteuern nach dem Text zu Abb. 31.2: („Schweizer Modell")

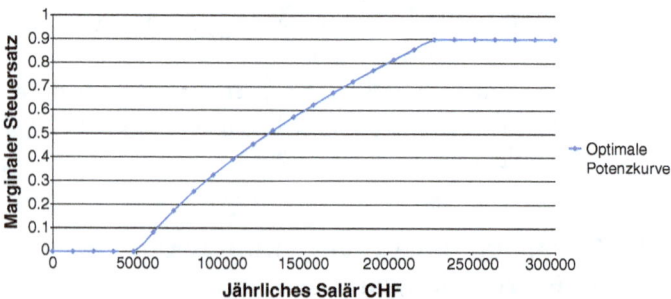

Abb. 31.3 Nummerisches Optimum von *F*, Steuersubstrat 10 %, negative Tax-Incentives berücksichtigt nach dem Text zu Abb. 31.3: („Skandinavisches Modell")

c. Bemerkungen zu den beiden Modellen
- Durch Wahl der Parameter in der Incentive-Funktion ergeben sich sehr unterschiedliche Lösungen.
- In den beiden Tabellen 31.1 und 31.2 ist angegeben, wie hoch die resultierenden *Verluste* sind. Dabei handelt es sich nicht um eigentliche Verluste, sondern um Vermeidungsstrategien zur Vermeidung von Steuern. Neben eigentlichem Betrug sind dies alle Formen von Benefits, welche statt Lohnzahlungen gewährt werden.

Tab. 31.1 Tax-Incentives-Modell zu Abb. 31.2

Salär	Marginaler Steuersatz	Verlust (Andere Benefits, Betrug)
12.000	0	0
24.000	0	0
36.000	0,06372164	0,010724
48.000	0,1082815	0,025858
60.000	0,14368506	0,042473
72.000	0,1735381	0,059491
84.000	0,19960264	0,076471
96.000	0,22288739	0,093219
108.000	0,24403009	0,10965
120.000	0,26346254	0,125732
132.000	0,28149227	0,141456
144.000	0,29834692	0,156828
156.000	0,3142003	0,17186
168.000	0,32918844	0,186566
180.000	0,34342003	0,200961
192.000	0,35698347	0,215063
204.000	0,36995172	0,228885
216.000	0,38238578	0,242442
228.000	0,39433724	0,255748
240.000	0,40585016	0,268816
252.000	0,4169625	0,281657

- Das Modell wurde so gewählt, dass im Tiefsteuerland Schweiz die *Verluste* bei tieferem Einkommen bereits einsetzen. Dies erklärt sich dadurch, dass ein gleich hoher Steuersatz in der Schweiz relativ schwerer wiegt als in einem Hochsteuerland (hier wurde als Beispiel ein fiktives Land aus Skandinavien zur Namensgebung gewählt). Eine früher einsetzende Steuervermeidung ist auch deshalb plausibel, weil im Tiefsteuerland Schweiz mehr Dinge privat finanziert werden müssen als in Skandinavien (z. B. Kinderkrippen und vieles mehr). Daher ist es ökonomisch sinnvoll, wenn bereits bei tieferen Einkommen solche Benefits erbracht werden.

- Das Wissen über solche Zusammenhänge ist aber noch ungenügend. Daher wurde die Incentive-Funktion auch so angepasst, dass realistische Resultate entstehen. Dies ist aber nicht weiter tragisch, denn auch solche Resultate können miteinander und mit bestehenden Steuerkurven verglichen werden und zeigen interessante Aspekte.

  Die Vorgabe weiterer Nebenbedingungen ist möglich. So kann beispielsweise nicht nur der höchste marginale Steuersatz festgelegt werden, sondern etwa auch ein weiterer, tieferer Höchstsatz bei einem bestimmten Einkommen (z. B. bei 300.000 CHF oder 500.000 CHF), um den oberen Mittelstand vor zu hohen Steuern zu schützen.

- In Abb. 31.4 findet sich ein Vergleich des Optimums der Abb. 31.3 mit dem Optimum vom gleichen Modell mit einem künstlichen Cap (höchster marginaler Steuersatz) auf 60 %. Das Optimum mit dem künstlichen Cap liefert nur einen geringfügig kleineren Wert des Funktionals F.

- Es zeigt sich, dass sehr hohe Steuersätze, ab schätzungsweise 60 %, rein finanziell nicht mehr stark ins Gewicht fallen. Will man solche Sätze einführen, wie etwa in den USA der Nachkriegszeit, dann ist die Hauptbegründung die Verhinderung von Machtkonzentration. Ähnliche Überlegungen gelten bei der Erbschaftssteuer (vgl. Abschn. 31.4.3).

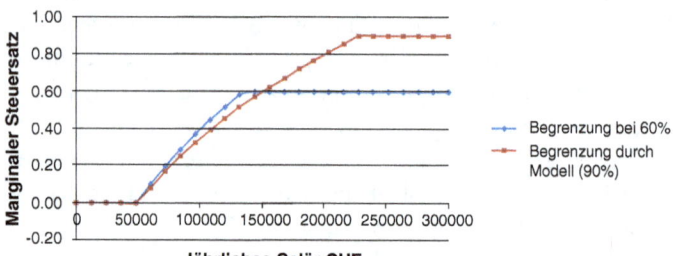

Abb. 31.4 Vergleich der zwei Kurven mit Begrenzung 90 bzw. 60 %

Tab. 31.2 Tax-Incentives-Modell zu Abb. 31.3. (hohe Steuern)

Salär	Marginaler Steuersatz	Verlust (andere Benefits, Betrug)
12.000	0	0
24.000	0	0
36.000	0	0
48.000	0	0
60.000	0,081344348	0,004640033
72.000	0,17249158	0,015806592
84.000	0,252922018	0,031719636
96.000	0,325728942	0,050992457
108.000	0,392752373	0,072675267
120.000	0,455192501	0,096118648
132.000	0,513883751	0,120869779
144.000	0,569434156	0,146605624
156.000	0,622303054	0,173090664
168.000	0,672847537	0,2001498
180.000	0,721351742	0,227650583
192.000	0,768046169	0,255491308
204.000	0,813120878	0,283592833
216.000	0,856734776	0,311892867
228.000	0,899022337	0,340341879
240.000	0,90	0,366016
252.000	0,90	0,389244

31.3.3 Mit Tax-Incentives, mit negativer Einkommenssteuer (nur *Schweizer Modell*)

a. Schweizer Modell, $\lambda = 2$ (Abb 31.5)
b. Vergleich mit und ohne negative Einkommenssteuer (nur Schweizer Modell), $\lambda = 2$ (Abb 31.6)

Lässt man negative Einkommenssteuern zu (vgl. Abschn. 31.2.3), ergeben sich die sehr plausiblen Kurven Abb. 31.5 und 31.6. Dabei ist der Wert für *F* bei Zulassung negativer Einkommenssteuern

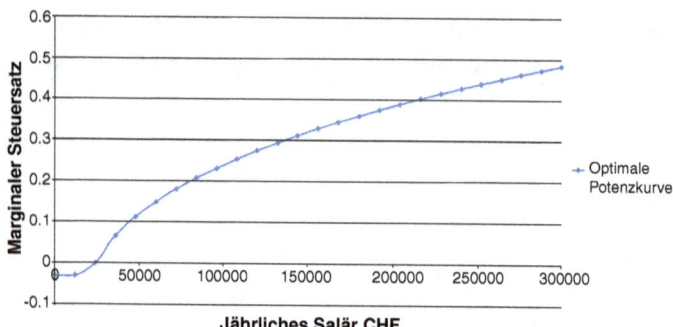

Abb. 31.5 Nummerisches Optimum von F, Steuersubstrat 10 %, negative Tax-Incentives berücksichtigt, negative Einkommenssteuern zugelassen

noch leicht höher als ohne, d. h. nach der Logik dieses Buches müsste diese Lösung gewählt werden. Dabei ist aber der Kontext zu beachten. Allfällige Probleme einer negativen Einkommenssteuer sind im Modell nicht enthalten. Um also konkrete Empfehlungen abzugeben, müssten solche Zusammenhänge ebenfalls im Modell abgebildet werden. Vgl. auch die Ausführungen in Abschn. 31.2.3.

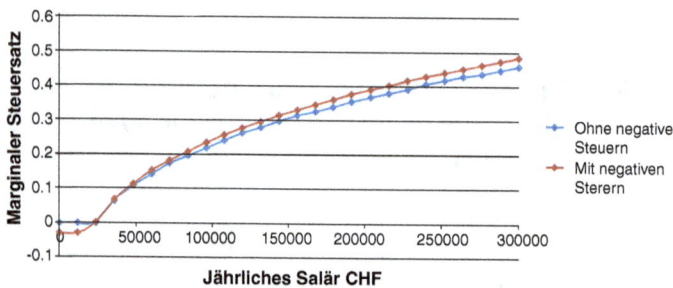

Abb. 31.6 Vergleich der optimalen Kurven („Schweizer Modell"), mit und ohne negative Einkommenssteuer

31.3.4 Vergleich mit einer existierenden marginalen Steuerkurve, am Beispiel von Zürich (mit Tax-Incentives, ohne negative Einkommenssteuer)

Die vielleicht interessanteste Grafik im Kapitel über die Steuerpolitik dürfte die Grafik Abb. 31.7 sein: Ein Vergleich der theoretisch ermittelten optimalen Steuerkurve mit einer effektiv existierenden Steuerkurve, hier am Beispiel der Stadt Zürich.

Bevor ein kurzer Kommentar dazu erfolgt, sind noch zwei Bemerkungen zu machen.

1. Die theoretische Kurve müsste noch sehr leicht nach oben verschoben werden, da die Rechnungsgrundlagen der beiden Kurven mangels Daten nicht genau übereinstimmen. Die theoretische Kurve wurde mit Einkommensdaten der Schweiz gerechnet, die Kurve von Zürich basiert dagegen auf den Einkommen von Zürich, die im Schnitt wohl leicht höher sind.

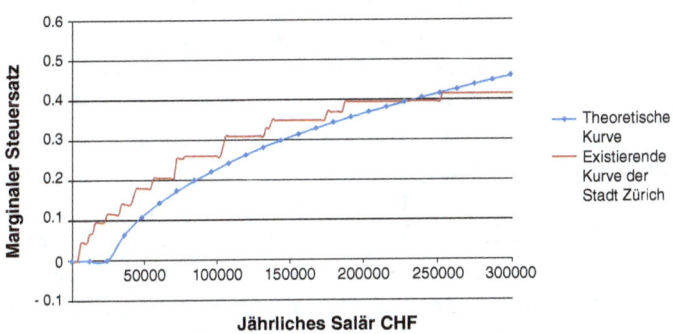

Abb. 31.7 Vergleich der theoretischen Kurve mit der existierenden Kurve der Stadt Zürich

2. Für sehr hohe Einkommen kann die theoretische Kurve leicht angepasst werden, da diese Werte rein rechnerisch nicht mehr sehr ins Gewicht fallen. So kann beispielsweise ein maximaler Wert für den marginalen Steuersatz von etwa 0,55 oder 0,6 eingegeben werden, ohne dass sich die Kurve wesentlich ändert.

Die charakteristische Form bleibt jedoch erhalten. Mit dieser Einschränkung lässt sich Folgendes sagen: Die theoretische Optimalkurve verweilt auf dem Wert 0 (keine Steuern) bis zu einem gewissen Betrag von vielleicht etwa CHF 15.000 bis 20.000 p.a. Dann steigt sie einigermaßen parallel zur existierenden Kurve, zunächst tiefer (tiefere Steuern), bis zu einem Einkommen in der Größenordnung von etwa CHF 200.000 p.a. Danach verläuft sie leicht höher.

31.4 Analogien für die Vermögens- und Erbschaftssteuern

31.4.1 Grundsatz

Ein analoges Vorgehen zu den Einkommenssteuern ist durchaus möglich. Es kann eine neue Größe $\tilde{F}$ definiert werden, wobei anstelle von B das Gesamtvermögen eines Landes bzw. das pro Jahr vererbte Total aller Vermögenswerte eingesetzt wird. Für den Faktor h wird dann die entsprechende Verteilung gewählt. In dieser Weise entsteht wiederum eine zu optimierende Funktion, wobei noch Annahmen zu treffen wären zu λ und zu einer passenden Incentive-Funktion. Dazu fehlen noch viele Unterlagen. Eine entsprechende Vorgehensweise ist aber grundsätzlich möglich, wobei aber auch der allgemeine Kontext zu beachten ist, speziell die nachfolgenden Punkte. Die Begründung für ein solches Vorgehen ist These 2.

Da das vorliegende Buch nicht primär ein Buch über Steuern ist, wird das Folgende – trotz großer Tragweite – sehr kurz gehalten.

31.4.2 Vermögenssteuer

Ein analoges Vorgehen zur Einkommenssteuer ist denkbar. Ebenso wichtig, wenn nicht noch wichtiger, ist die richtige Modellierung von Dämpfungseffekten. Dazu kommen aber zusätzliche Überlegungen wie diejenige nach Vermögen, welche in Unternehmen angelegt sind, insbesondere in kleineren und mittleren Familienunternehmen.

Ein weiterer Aspekt ist die internationale Beweglichkeit gerade bei großen Vermögen, die internationale Absprachen notwendig macht.

Obwohl wichtig, sollen diese Aspekte hier nicht weiter vertieft werden. Zu erwähnen ist noch, dass eine Vermögenssteuer der Hauptvorschlag von Thomas Piketty ist, mit dem er die wachsende Schere zwischen Arm und Reich verringern will, die nach seiner Sicht unabdingbar ist.

31.4.3 Erbschaftssteuer

Auch die Erbschaftssteuer muss in einem Buch über wirtschaftliche Gerechtigkeit zumindest erwähnt werden, obwohl auch diese Steuer nicht im Fokus dieses Buches liegt. Wie bereits bei der Vermögenssteuer ist auch bei der Erbschaftssteuer ein Vorgehen ähnlich der Einkommenssteuer denkbar, also die Verwendung einer Fairness-Funktion mit angepassten Werten für B, h und λ. Auch hier ist die entsprechende Incentive-Funktion entscheidend.

Abschließend zum Thema Erbschaftssteuer seien einige Stichworte erwähnt. Die meisten davon finden sich in der umfangreichen Literatur.

- Eine Erbschaftssteuer ist wohl eine der sinnvollsten Arten der Steuer, da sie einen wirtschaftlichen Vorgang betrifft, der Einkommenscharakter hat, aber ohne entsprechende Gegenleistung. So gesehen, müssten die Steuersätze, angewendet auf die einzelnen Erben, ähnlich den Einkommenssteuersätzen sein.

- Es ist aber auch hier Vorsicht am Platz. Bei hohen Sätzen ist die Gefahr der Umgehung wohl noch größer als bei Einkommen und Vermögen. Es bedürfte also auch hier internationaler Absprachen. Zudem ist das Problem gebundener Vermögen in Unternehmen sehr ernst zu nehmen. Immerhin zeigte sich in den USA der Vor-Reagan-Ära, dass das Problem der Erbschaftssteuern mit dem Mittel der Lebensversicherung auf das Leben des Erblassers deutlich entschärft werden konnte.
- Wie bereits bei der Einkommenssteuer erwähnt (Abschn. 31.3.2), sind hohe Sätze zwar rein finanziell für den Staat nicht zu vernachlässigen, ihre Hauptbegründung liegt aber in der Verhinderung von Machtkonzentration. So wäre durchaus denkbar, dass eine Erbschaftssteuer erst etwa ab einer Erbschaft in der Größenordnung von 10 Mio. CHF einsetzt, sich dann progressiv erhöht bis zu einer Höhe von beispielsweise 50 % bei Erbschaften von über 100 Mio. CHF, und eventuell noch darüber hinaus bei noch höheren Erbschaften. Ein Maximum von 80 oder 90 % bei Erbschaften ab vielleicht 1 Mrd. CHF dürfte das Incentive-Motiv kaum wesentlich verletzen.
- Hohe Freibeträge sind unabdingbar. Würden sie sich auf den Erben beziehen, nicht auf die Erbschaft, dann wäre eine Regel denkbar, wonach der Freibetrag etwa in der Höhe des Barwerts einer lebenslänglichen Rente für einen 20-Jährigen in Höhe des Medianeinkommens liegen könnte.
- Das Argument, eine Erbschaftssteuer sei abzulehnen, da sie sich auf bereits besteuertes Vermögen bezieht, ist eher schwach. Selbst wenn sich die Steuer auf die Erbschaft bezieht, nicht auf die Erben, sind die Steuersubjekte die Menschen, die ein Erbe bekommen, für das sie noch keine Steuern bezahlt haben.
- Und schließlich: Hier noch sinnvoller als bei Einkommens- und Vermögenssteuer wäre die Befreiungsmöglichkeit. Der Staat könnte solche Möglichkeiten definieren zur Förderung humaner, wichtiger Projekte (z. B. Spitäler finanzieren, Forschung fördern u. ä.). Gerade bei sehr reichen Menschen ist

es durchaus möglich, dass sie sehr viel lieber ein Vermächtnis machen, das mit ihrem Namen verbunden ist, als dem anonymen Staat Geld zu überlassen.

31.5 Fazit

Wie in Abschn. 31.1.5 ausgeführt, geht es hier nicht um die absolute Höhe der Steuern, sondern um deren Verteilung auf verschiedene Einkommensklassen (bzw. verschiedene Höhen von Vermögen oder Erbschaften).

Es zeigt sich, dass das Kriterium der Fairness-Optimierung durchaus geeignet ist, sinnvolle Vorschläge für Steuerkurven zu berechnen. Sehr wichtig ist dabei die Modellierung der Tax-Incentive-Funktion. Da es je nach Annahme viele Lösungen gibt, ist es auch wichtig, entsprechende Rahmenbedingungen zu formulieren (z. B. höchster Steuersatz, oder höchste Steigung der Steuerfunktion).

Die Methode kann vermutlich ausgeweitet werden zur Berechnung optimaler Steuerkurven bei der Vermögens- oder Erbschaftssteuer. Für diesen Schritt ist aber sicher noch einiges an Vorarbeit und Datenerhebung nötig.

32

Neue Denkmuster

In den Kap. 29 bis Kap. 31 wurden einige Konsequenzen aus der Definition von F beschrieben. In diesem Kapitel sollen nun noch allgemeinere Gedanken erläutert werden. Es zeigt sich dabei, dass mit These 3 und der Fairness-Formel gewisse grundsätzliche Denkmuster relativiert oder verändert werden.

In gewissem Sinne führt dieses letzte Kapitel zurück zum Anfang. In den ersten beiden Teilen dieses Buches wurden die philosophischen (Teil I) und ökonomischen (Teil II) Grundlagen beschrieben. Es sollen nun die Auswirkungen der These 3 und der Fairness-Formel auf Denkmuster der politischen Philosophie und der Wirtschaftswissenschaft inklusive praktischen Anwendungen beleuchtet werden.

Kapitel 32 ist daher so aufgebaut, dass diese Auswirkungen nach folgender Struktur behandelt werden:

- Abschn. 32.1.: Politische Philosophie
- Abschn. 32.2.: Einige politische Fragen
- Abschn. 32.3.: Wirtschaftswissenschaft
- Abschn. 32.4.: Einige aktuelle Fragen der Wirtschaftspolitik

32.1 Politische Philosophie

32.1.1 Die Thesen dieses Buches als Teil der politischen Philosophie

Die Thesen dieses Buches (Teil III) und speziell auch die näheren Ausführungen zu These 3 (Teil IV und V) können als Teil der politischen Philosophie gesehen werden. Das ist eine dritte Einordnungsmöglichkeit, nach der Einordnung in die Grundlagen der Ökonomie und in die Wohlfahrtstheorie.

Die Zugehörigkeit zur politischen Philosophie gilt auch, obwohl F in mathematischem Gewand auftritt, und gewisse Auswirkungen dieser Definition zu komplexen mathematischen Formeln führen.

Die Verwendung von Mathematik in der politischen Philosophie ist übrigens nicht neu. So basieren beispielsweise Kerngedanken von John Rawls, u. a. das Differenzprinzip, auf Modellen der Spieltheorie.

32.1.2 John Locke, Charles de Montesquieu, John Rawls

These 3 ist eine Weiterführung der Idee der Gewaltenteilung in der Wirtschaft, wendet also Erkenntnisse von John Locke und Charles de Montesquieu in der Wirtschaft an. These 3 ist aber auch verwandt mit Prinzipien von John Rawls.

John Rawls versuchte mit seinen berühmten Prinzipien eine Regel zur Verteilungsgerechtigkeit aufzustellen, vor allem mit dem Differenzprinzip. Dabei ging er von der Grundüberlegung aus, dass die Lage für die am schlechtesten Gestellten am ehesten verbessert werden sollte. Dies impliziert eine gleichmäßigere Verteilung. Gleichzeitig erkannte Rawls die Bedeutung von Leistungsanreizen. Ungleichheit ist daher zugelassen, wenn auch an Bedingungen geknüpft.

Die Prinzipien von John Rawls bewegen sich stark im mikroökonomischen Bereich. Im Gegensatz dazu ist These 3 primär makroökonomisch. Es wird eine zu optimierende makroökonomische Funktion definiert, nämlich F.

32.1.3 F definiert eine Ordnung im mathematischen Sinn

Eine Ordnung im mathematischen Sinn ist dann gegeben, wenn von zwei Elementen a und b immer klar ist, ob $a > b$, $a < b$ oder $a = b$. Dazu braucht es auch die Definition, was größer und kleiner bedeutet. Bei Zahlenwerten ist dies klar.

Eine Ordnung hat den gewaltigen Vorteil, dass Vergleiche möglich sind. Damit ist auch die wichtigste Basis gelegt für Entscheidungen. In Kap. 30 wurde ausgeführt, dass F eine solche Ordnung definiert.

Betrachten wir die politische Philosophie, dann zeigt sich, dass es wohl kaum irgendwo eine so starke Abstraktion gibt, welche einem komplexen Zusammenhang eine Zahl zuordnet und damit zu einer Ordnung führt. Das Differenzprinzip von John Rawls kommt einer Ordnung nahe, definiert aber keine Ordnung im mathematischen Sinn. Die Definition von F beschreitet im Rahmen der politischen Philosophie daher vermutlich Neuland.

Betrachten wir die Wirtschaftswissenschaft. Hier gibt es die wohl bekannteste Ordnung im mathematischen Sinn: das BIP. Das BIP ordnet komplexen wirtschaftlichen Zusammenhängen eine Zahl zu und definiert damit eine Ordnung. Dagegen definiert etwa der Begriff der Pareto-Optimalität keine Ordnung, denn zwei pareto-optimale Situationen lassen sich nicht vergleichen, es sei denn durch das BIP. Das BIP ist jedoch in wichtigen Bereichen ungeeignet als Ordnungsprinzip, nämlich immer dann, wenn es um Verteilungsgerechtigkeit geht.

Dies zeigt das in Abschn. 29.3 erläuterte und in Kap. 30 mehrfach verwendete Länder-Beispiel.

32.1.4 Dritter Weg und soziale Marktwirtschaft

Die Extreme des ungebändigten Kapitalismus und des Kommunismus sind Irrwege. Dies ist sowohl philosophisch zu begründen als auch durch die Praxis belegt. Es braucht also so etwas wie einen *dritten Weg*. Dass dieser richtigerweise auf dem freien Markt beruht, mit mehr oder weniger ausgebauten sozialen Komponenten, ist heute auch Mainstream. Auch in diesem Buch wird ein System entwickelt, das in die große Familie der sozialen Marktwirtschaft gehört.

Aber der Begriff des *dritten Weges* krankt daran, dass er viel zu unklar ist. Fast alles gehört dazu, wenig ist definiert. Etwas besser, aber immer noch ziemlich unklar ist der Begriff der sozialen Marktwirtschaft. Die Frage der wirtschaftlichen Gerechtigkeit bleibt offen, eine Antwort grundsätzlicher Art wird nicht gegeben. Dies mag mit der Angst zusammenhängen, mit einer solchen Antwort die Freiheit zu zerstören.

Die These 3 geht davon aus, dass man der Kontroverse *Freiheit oder Gerechtigkeit* nicht ausweichen sollte, und dass es durchaus möglich ist, eine sinnvolle und humane Antwort zu finden, die weder die Freiheit noch die Gerechtigkeit verletzt, sondern in einem Optimalitäts-Postulat zusammenführt.

32.1.5 Ethos

In Kap. 21 wird auf die Bedeutung eines positiven Ethos hingewiesen. Zudem wird die Schwierigkeit gezeigt, auf die Frage zu antworten, was zuerst sei: ist die Basis ein positives Ethos, aus dem sich eine humane, gerechte Gesellschaft entwickelt? Oder entwickeln sich gute Institutionen und ein Rechtsstaat zuerst, zum Beispiel aufgrund der Vernunft, und erst darauf entwickelt sich ein allgemeines positives Ethos? Die Frage ähnelt derjenigen mit dem Huhn und dem Ei.

Sicher ist, dass sich diese verschiedenen Grundbedingungen für einen humanen Staat gegenseitig beeinflussen und zwar sowohl positiv als auch negativ. Positiv soll heißen, dass Rechtsstaat, Institutionen und Ethos generell gefördert werden sollten. Wo man beginnt, ist nicht entscheidend. Negativ bedeutet: Kratzt man allzu sehr am Ethos, dann sind auch Rechtsstaat und Institutionen in Gefahr. Und beeinträchtigt man Rechtsstaat oder Institutionen, dann wird sich das auf Dauer auch negativ auswirken auf das Ethos.

Die Thesen aus Teil III, speziell auch die Fairness-Formel, tragen hoffentlich dazu bei, dass ein solcher negativer Teufelskreis vermieden werden kann, und sich ein positiver „Engelskreis" entwickeln kann.

32.2 Politische Fragen

32.2.1 Zur Ungleichheit zwischen Staaten

Hierzu zwei kurze Bemerkungen:

1. Die Funktion F kann auch für die ganze Welt bestimmt und beispielsweise im Zeitablauf beobachtet werden. Wegen der in Abschn. 25.5.7 beschriebenen Subadditivität der Funktion F gilt:

$$F_{welt} < \sum_{s} F_s$$

Ob aus der Differenz dieser zwei Größen (oder auch der entsprechenden Pro-Kopf-Werte) etwas über die Ungleichheit

zwischen Staaten herausgelesen werden kann, wäre eine interessante Frage, die aber hier nicht vertieft wird.
2. Es kann auch die Funktion F oder vor allem die Funktion f (also die Pro-Kopf-Größen) für verschiedene Staaten berechnet und verglichen werden. Es ergeben sich dann andere Rangfolgen als beim Vergleich des BIP oder BIP pro Kopf. Die entsprechende Tabelle findet sich in Abschn. 26.3.

32.2.2 Umweltfragen

Hier seien die folgenden zwei Aspekte erwähnt:

1. Auf den ersten Blick haben Umweltfragen kaum etwas zu tun mit den Ideen dieses Buches. Immerhin stoßen wir auf das Thema Umwelt im Kap. 24 bei der Definition des BIP. Es wird dort darauf verwiesen, dass das in die Formel

$$F = B \cdot h^\lambda$$

eingehende B nicht zwingend der heutigen Definition des BIP entsprechen muss, wohl aber dieser Definition entsprechen kann. Die Formel ist offen für neue Definitionen eines modifizierten BIP, beispielsweise indem vom herkömmlichen BIP umweltstörende Einflüsse subtrahiert, Hausarbeit hingegen addiert wird. Man kann also durchaus für B einen modifizierten Begriff des BIP einsetzen.
2. Im Zusammenhang mit den Ideen dieses Buches und dem Gedanken des Umweltschutzes ist aber noch eine andere Überlegung wichtig. Führt eine deutliche wirtschaftliche Besserstellung vieler (aller) Menschen, wie sie in diesem Buch propagiert wird, zu einer schwerwiegenden Erhöhung der Umweltbelastung? Die Antwort lautet (leider) ja.

Was ist also zu tun?

Die Antwort kann nur lauten, die wirtschaftliche Besserstellung allen Menschen zu gewähren und gleichzeitig die Umwelt zu schützen. Umweltschutz darf nicht heißen, die wirtschaftliche Besserstellung vieler Menschen zu bremsen. Es ist zu hoffen, dass sich die Menschen mit wachsendem Wohlstand der Wichtigkeit der Natur immer mehr bewusst werden. Wohlstand und Schutz der Umwelt muss sich parallel entwickeln, nicht gegenläufig. Und das heißt: wachsende Investitionen in den Erhalt der Natur.

32.2.3 Korrelation mit F

Beim Thema *Glücksforschung* (Abschn. 32.3.4) wird der Gedanke geäußert, dass der Wert von F vermutlich in hohem Maße mit dem *Glück* korreliert.

Wenn die Verbindung von Wohlstand und gerechter Einkommens- und Vermögensverteilung, also beispielsweise der Wert von F, positiv korreliert mit Glück oder auch mit humaner Gesellschaft, dann gilt die gleiche Überlegung auch in die andere Richtung. Dann könnten sehr kleine Werte von F einen Zusammenhang haben mit einigen der schlimmsten Geißeln der Menschheit: Krieg, Fanatismus, Korruption, menschenverachtendes Verhalten usw.

Falls diese Geißeln in stärkerem Maß mit tiefen Werten von F korrelieren als mit tiefen Werten von B, dann wäre das erneut ein Hinweis darauf, F (oder eine ähnliche Funktion) ernst zu nehmen.

Sicher soll dieser Zusammenhang nicht überbetont werden. Es gibt auch andere Quellen des Übels, nicht nur ein tiefer Wert von F. Sollten aber wachsende Werte von F negativ korrelieren mit unmenschlichen Gesellschaftsformen, wäre das immerhin ein weiterer wichtiger Anhaltspunkt.

32.3 Auswirkungen auf die Wirtschaftswissenschaft

32.3.1 Grundlagen

Die drei Thesen aus Teil III und deren nähere Beschreibung in Teil IV können als Teil der Wirtschaftswissenschaft betrachtet werden. Obwohl verschiedene Auswirkungen in einzelnen Bereichen aufgezeigt werden, ist der neue Ansatz nicht spezifisch für diese einzelnen Bereiche. Er gehört daher eher zu den Grundlagen der Ökonomie.

Es geht um die Integration des Gedankens der wirtschaftlichen Gerechtigkeit, der Verteilungsgerechtigkeit, ins Basisgerüst der Ökonomie.

Die bisherige Ökonomie stellte Gerechtigkeit nicht ins Zentrum ihrer Bemühungen, vielleicht mit Ausnahme des Sozialismus. Dies dürfte damit zusammenhängen, dass es bei der Entstehung der Wirtschaftswissenschaft im späten 18. Jahrhundert und bis Mitte des 19. Jahrhunderts eher um Produktion ging als um Verteilung. Angesichts verbreiteter Armut ist dies durchaus verständlich.

Ab etwa der Mitte des 19. Jahrhunderts gab es zwei große Strömungen in der Wirtschaftswissenschaft: den Sozialismus (vor allem nach Karl Marx) und die Theorie des freien Marktes (etwa synonym mit dem Wort Kapitalismus). Der Sozialismus behauptete, das Problem der Gerechtigkeit gelöst zu haben. Durch die Verstaatlichung der Produktionsmittel *gehört alles allen*, es gibt kein Problem der Verteilungsgerechtigkeit mehr. Der real existierende Sozialismus sieht sehr anders aus, bis auf den heutigen Tag.

Die Theorie des freien Marktes behauptete zwar nicht lauthals, das Problem der Gerechtigkeit gelöst zu haben. Indirekt ergab sich jedoch ein „beruhigendes" Resultat. Bereits 1867 bewies Leon Walras mit mathematischen Methoden, dass die freie Marktwirtschaft einem Gleichgewicht zustrebt, und Clarke bewies 1890, dass sie das Distributionsproblem löst, also alle Güter und Dienstleistungen durch die freie Preisbildung am Markt gerade auch verteilt werden.

In den 1950er-Jahren bewiesen dann Arrow und Debreu, dass die freie Marktwirtschaft nicht nur das Verteilungsproblem löst, sondern dies auch in pareto-optimaler Weise, d. h. sehr effizient. Dieser Beweis bedurfte zwar der Annahme des *homo oeconomicus*, des rationalen Menschen, den es in dieser reinen Form nicht gibt. Aber immerhin: Der Mensch ist im Allgemeinen rational genug, so dass der *Beweis der Pareto-Optimalität* der freien Marktwirtschaft einigermaßen – von Ausnahmen abgesehen – stimmt.

Dies dürften die wichtigsten Gründe dafür sein, dass viele Vertreter der freien Marktwirtschaft das Problem der Verteilungsgerechtigkeit nicht als sonderlich dringend erachten. Dazu kommt nun noch die Entwicklung der sozialen Marktwirtschaft, die allfällige Probleme ungleicher Verteilung löst oder abfedert. Die soziale Marktwirtschaft dürfte zusammen mit Rechtsstaat und Demokratie zu den größten gesellschaftlichen Errungenschaften der Menschheit gehören. Und diese Errungenschaft soll nicht aufs Spiel gesetzt werden.

Mit dem in diesem Buch gewählten Ansatz der Optimierung von F wird die soziale Marktwirtschaft keineswegs in Frage gestellt. Im Gegenteil: Sie wird untermauert.

Ökonomisch gesehen ist das Postulat der Optimierung von F eine Verallgemeinerung, vielleicht auch Relativierung der klassischen Wirtschaftswissenschaft.

Die klassische Wirtschaftswissenschaft verfolgt stillschweigend – unter anderem – das Ziel, das BIP (B) zu optimieren, allenfalls das BIP pro Kopf (b).

Durch den Ansatz $F = B \cdot h^\lambda$ oder $f = b \cdot h^\lambda$ ist dieses Ziel im Postulat der Optimierung von F enthalten, nämlich für $\lambda = 0$.

Setzt man $\lambda > 0$, dann wird B oder b nicht mehr allein optimiert, sondern in Kombination mit der Größe h, dem hier gewählten Faktor für die Verteilungsgerechtigkeit. Thesen 2 und 3 verlangen daher keine grundsätzliche Umkehr der klassischen Ökonomie, sie sind kein Widerspruch dazu, sondern deren Verallgemeinerung. Die klassische Ökonomie wird zum Spezialfall des Optimierungs-Postulates von F für $\lambda = 0$.

32.3.2 Wohlfahrtstheorie

Als weiterer Bereich einer möglichen Zugehörigkeit des neuen Ansatzes bietet sich auch die Wohlfahrtstheorie an.

Die Definition von F und das Postulat, F zu optimieren, kann als Thema der Wohlfahrtstheorie angesehen werden. F selbst kann als Wohlfahrtsfunktion gesehen werden, und solche Funktionen spielen in der Wohlfahrtstheorie eine wichtige Rolle (vgl. Kap. 15).

Die beiden Hauptsätze der Wohlfahrtstheorie handeln beide vom Pareto-Optimum. Sie sind technisch brillant und werden durch hochformalisierte Überlegungen und Formeln bewiesen. Aber: das Pareto-Optimum hat wenig oder nichts zu tun mit Gerechtigkeit.

Es wird daher oft auch kritisiert, dass eine Theorie, die das Wort *Wohlfahrt* im Namen trägt, in ihren Hauptsätzen nichts aussagt über gerechte Verteilung.

Das Postulat der Optimierung von F richtet sich nicht gegen die Pareto-Optimalität. Es ist einfach ein anderes Postulat mit zum Teil sehr unterschiedlichen Ergebnissen. So ist es z. B. Pareto-optimal, wenn die Reichsten eines Landes noch reicher werden, die Ärmsten aber stagnieren. Dies ist aber nicht F-optimal.

Das Postulat der Optimierung von F erhebt die Frage der Verteilungsgerechtigkeit zu einem der zwei Hauptthemen – neben dem Wirtschaftswachstum.

Durch die konkrete Definition von F ermöglicht das Postulat in vielen Fällen konkrete Hinweise für den Weg zu einem Wachstum von F und damit zu höherer Wohlfahrt, wenn man F den Charakter einer Wohlfahrtsfunktion zubilligt.

Das Maß F ist daher für viele Überlegungen, welche mit Verteilungsgerechtigkeit und Wohlfahrt zu tun haben, besser geeignet als der Ansatz der Pareto-Optimalität.

32.3.3 Behavioral Sciences, Sozialpsychologie

Die Definition von F ist ein Beispiel dafür, dass Methoden der Behavioral Sciences sehr wichtig sind. Das heißt, in gewissen Bereichen müssen sie ins Grundgerüst der Ökonomie eingebaut werden. Dies trifft zu bei der Bestimmung des Parameters λ in der Definition $F = B \cdot h^\lambda$.

Das Postulat der Wertefreiheit der Wissenschaft wird hier zumindest geritzt. Dies ist auch richtig. Ökonomie ist nicht zwingend wertfrei. Dies kann als eine der Aussagen dieses Buches gesehen werden.

Entscheidend ist jedoch, dass eine solche Bewertung nicht nur individuell stattfindet, sondern in einem demokratischen oder wissenschaftlichen Prozess. Mit wissenschaftlichen Methoden soll das relative Gewicht der kontroversen Begriffe Freiheit und Gerechtigkeit bestimmt werden, soweit diese Begriffe überhaupt kontrovers sind. Wäre es nicht so, würde diese wichtige Kontroverse durch Diktat bestimmt: Diktat eines Einzelnen, einer selbstdefinierten „Elite" oder einer Denkschule.

Nun ist es jedoch möglich, dass von der Sache her eine demokratische Abstimmung schwierig ist. Und hier sind die Methoden der Behavioral Sciences oder Sozialpsychologie von entscheidender Wichtigkeit.

32.3.4 Glücksforschung

Aus der Glücksforschung ist bekannt, dass es eine positive Korrelation gibt zwischen dem Bruttoinlandsprodukt eines Landes und dem Glück der Bevölkerung. Dies gilt aber offenbar nur bis zu einem gewissen Grad. Das Thema ist nicht abschließend behandelt, aber eine positive Korrelation scheint gesichert.

Offenbar korreliert auch die Verteilungsgerechtigkeit mit dem Glück. Für die meisten Menschen scheint der Vergleich ihres Einkommens mit dem der anderen mindestens ebenso wichtig wie die absolute Höhe des Einkommens.

Fasst man diese beiden Erkenntnisse zusammen, dann liegt die Vermutung nahe, dass die Größe F recht stark mit dem Glück der Menschen in einem Land korrelieren dürfte.

Dies ist zurzeit nur eine Vermutung. Sollte sie sich bestätigen, wäre dies ein starkes Indiz für die Wichtigkeit einer Definition von F (oder einer ähnlichen Größe) und vor allem für das Postulat, F sei zu optimieren.

32.4 Aktuelle Fragen der Wirtschaftspolitik

32.4.1 Verstaatlichung oder Privatisierung?

Diese Diskussion wird meistens von der politischen Grundeinstellung im Links-Rechts-Schema geführt. Nach der linken Sicht ist Verstaatlichung im Prinzip in Ordnung, weil sie gerecht sei und ohne die Exzesse der Privatwirtschaft. Aus Sicht der Mitte bis eher rechts ist man eher skeptisch und befürchtet Ineffizienz. (Nebenbei: Ganz rechts ist man eher wieder staatsgläubig, allerdings gegenüber einem politisch rechts stehenden Staat. Die coincidentia oppositorum wirkt auch hier).

Aus These 1 dieses Buches, *in dubio pro libertate*, folgt, dass im Prinzip der private Weg vorzuziehen ist, es sei denn, es gibt gute Gründe dagegen. Verstaatlichung ist beweispflichtig. Basierend auf diesem wichtigen Grundsatz könnte die Diskussion entspannter geführt werden.

Verstaatlichen ist aus einer liberalen Sicht, wie sie in diesem Buch vertreten wird, nicht per se schlecht. Sie muss aber, abgesehen von der Beweispflicht, einige wichtige Bedingungen erfüllen, um die disziplinierende Funktion des freien Marktes zu ersetzen. Dazu gehört u. a. eine gute Kontrolle. Dies ist aber nicht Thema dieses Buches.

Thema ist vielmehr die Gegenfrage: ist Privatisierung immer gut?

Eine Antwort ergibt sich aus den Thesen 1 und 2, nämlich:

- Es braucht entsprechende Rahmenbedingungen (These 1b).
- Das Thema Marktversagen ist zu beachten (These 1c).
- Wichtig und relativ neu: Das Vorhandensein oder Entstehen übermäßiger Machtkonzentration ist zu vermeiden (These 2a).

Vor allem dieser letzte Punkt ist nicht zu vernachlässigen. Wesentlich ist die Frage, wie die wirtschaftlichen Machtverhältnisse (speziell: die Vermögensverteilung) schon vor einer Liberalisierung sind, aber auch nach einer solchen. Privatisierungen, welche diesen Punkt nicht beachten, können zum Entstehen von Oligarchien führen, wie etwa in Russland, der Ukraine und vielen anderen Ländern. Aus Sicht des liberalen Gedankens keine idealen Lösungen.

32.4.2 Sparen oder Ankurbeln (durch weitere Verschuldung)?

Dies ist eine sehr aktuelle Frage, wohl eine der Schicksalsfragen der westlichen Welt in unserer Zeit. Sie ist nicht Thema dieses

Buches und kann hier nicht vertieft diskutiert werden. Es soll hier nur ein Aspekt zur Diskussion hinzugefügt werden: die Frage der Einkommens- und Vermögensverteilung. Dies scheint die ohnehin schon komplexe Diskussion zum Sparen oder Ankurbeln noch wesentlich komplizierter zu machen.

Möglicherweise jedoch auch nicht. Eine Verlagerung hin zum Thema *Wo sparen und wo verschulden?* könnte vielleicht auch zu einer neuen Präzision der Frage führen. Und präzise Fragen sind vielleicht leichter zu beantworten.

32.4.3 Inflation

Das Thema Inflation scheint zunächst sehr weit weg vom Thema dieses Buches. Es gibt aber Zusammenhänge. Inflation ist definiert als Preisentwicklung eines durchschnittlichen Warenkorbes. Was ein durchschnittlicher Warenkorb ist, kann definiert werden. Offen bleibt aber die Frage, wie sich Preisveränderungen auswirken für Personen, die nicht nach diesem durchschnittlichen Warenkorb konsumieren. Sind sie von den Preisveränderungen mehr betroffen oder weniger als die Inflationsrate angibt?

Ein Thema, das vermutlich einige Beachtung verdienen würde, auch wenn zunächst unklar ist, ob das bedeutungsvoll ist oder nicht.

33
Schlussbemerkungen

33.1 Das erste Ziel dieses Buches: ein Gesamtkonzept

- In der Einführung werden die zwei Ziele dieses Buches genannt. Das erste der beiden Ziele ist, eine Basis zu schaffen für ein Gesamtkonzept, auf dem eine humane Wirtschaft aufbauen sollte. Dieses Konzept ist nicht neu, aber vielleicht ist es doch hilfreich, klar Farbe zu bekennen. Und zudem dient es als Ausgangspunkt für die darauf folgende Auseinandersetzung bezüglich einem optimalen Verhältnis zwischen Freiheit und Gerechtigkeit in der Wirtschaft.
- Erste These (Kap. 20): Im Zweifel gilt die Freiheit
Im Zentrum eines Gesamtkonzeptes, für die Politik ebenso wie die Wirtschaft, steht die Freiheit. Das Buch ist ganz wesentlich ein Plädoyer für die Freiheit, Freiheit in der Politik und freie Marktwirtschaft. Freiheit kommt vor Umverteilung. Aber dies ist ein Schlagwort mit innerem Widerspruch, denn Freiheit ist nicht möglich ohne ein gewisses Maß an Umverteilung. Die Frage ist diejenige des Maßes. Mit Milton Friedman, der ansonsten nicht Ideen-Geber für dieses Buch ist, unterstreiche ich sinngemäß den Satz: „Ich wäre selbst dann für die freie Marktwirtschaft, wenn sie nicht das effizienteste System wäre. Zum Glück ist sie aber auch das effizienteste System."

- Zweite These (Kap. 21): Wirtschaftliche Gerechtigkeit ist ein hoher Wert
  Freiheit ist nicht möglich ohne ein deutliches Maß an wirtschaftlicher Gerechtigkeit. Aussagen über dieses Maß sind der zentrale Teil der zweiten Hälfte des Buches.
  Vorher ist jedoch die Erkenntnis entscheidend, dass die These zur wirtschaftlichen Gerechtigkeit ein Postulat ist, eine Entscheidung durch die Menschen. Die These lässt sich nicht mathematisch herleiten. Es gibt auch keine Weltformel, wie Karl Marx vor 150 Jahren glaubte und wie es neuerdings in ähnlicher Weise auch Thomas Piketty vermutet.
  Menschen dürfen und sollen sich entscheiden, sofern sie frei sind. Nach Meinung dieses Buches dürften sich viele für ein deutliches Maß an wirtschaftlicher Gerechtigkeit entscheiden, basierend auf dem Fundament der wirtschaftlichen Freiheit.
- Dritte These (Kap. 22): Der Zusammenhang von Freiheit und Gerechtigkeit
  Diese These führt über zum zweiten Ziel des Buches.

33.2 Das zweite Ziel dieses Buches: die Fairness-Formel

- Das zweite der in der Einleitung genannten Ziele ist, einen Lösungsvorschlag auszuarbeiten zur Kontroverse Freiheit/Gerechtigkeit oder genauer: zur Kontroverse *wirtschaftliche Effizienz* und *wirtschaftliche Gerechtigkeit*.
  Es war von Anfang an klar, dass diese Kontroverse nicht gelöst wird durch eine Extremposition, welche den Wert *Freiheit* oder den Wert *Gerechtigkeit* überbetont. Vielmehr war die Frage, ob es so etwas wie einen optimalen Weg gibt, eine

schrittweise Verbesserung hin zu einem optimalen Verhältnis zwischen diesen beiden Begriffen.

Eine solche Optimierungs-Formel wird vorgeschlagen, hier genannt: die Fairness-Formel. Die Formel ist extrem einfach, fast banal. Sie beschränkt sich auf die Idee, eine Maßgröße für die wirtschaftliche Leistung und eine Maßgröße für die Verteilungsgleichmäßigkeit miteinander zu verbinden. Zudem enthält sie die Idee, dass diese Kombination einen Freiheitsgrad enthalten muss für die relative Bewertung der beiden Größen. Da man für h unterschiedliche Definitionen und für λ unterschiedliche Werte wählen kann, ist es genau genommen nicht eine einzige Formel, sondern eine Familie ähnlicher Formeln. Deren genaue Ausgestaltung kann einer weiteren Diskussion überlassen werden.

- Einbettung in die Wirtschaftswissenschaft

Der Begriff der Fairness, wie er in diesem Buch verwendet wird, stellt eine Verallgemeinerung des Begriffs des BIP dar. Oder umgekehrt: Das BIP ist ein Spezialfall der Fairness, falls man den Freiheitsgrad λ gleich Null setzt.

Damit führt diese neue Definition nicht zu einem Umsturz der klassischen Wirtschaftswissenschaft, sondern lediglich zu einer Erweiterung um einen neuen Aspekt.

Das Postulat der Fairness-Optimierung erweitert das klassische Postulat der BIP-Optimierung dahingehend, dass das BIP und seine Verteilung gemeinsam und in angemessener Weise zu optimieren sind.

Die Fairness-Formel kann auch als neue Form einer Wohlfahrtsfunktion gesehen werden. Nach dem Unmöglichkeitstheorem von Arrow ist es nicht möglich, eine sinnvolle Wohlfahrtsfunktion so zu konstruieren, dass von Nutzenfunktionen der Individuen ausgegangen und durch Aggregation eine gesamtwirtschaftliche Wohlfahrtsfunktion gebildet wird. Die Fairness-Formel beschreibt einen anderen Weg, indem nicht

von einzelnen Individuen ausgegangen wird, sondern von Wahrscheinlichkeiten.
- Der Einbezug der Mathematik
  Mit der Fairness-Formel oder Fairness-Definition wird die Mathematik in die Diskussion zum Thema Gerechtigkeit einbezogen. Dies hat den riesigen Vorteil, dass damit neuartige Schlussfolgerungen und Weiterentwicklungen möglich werden. Die Erfahrung zeigt, dass in allen Wissensgebieten, in welchen die Mathematik angewendet wird, gewaltige Fortschritte erzielt werden. Hauptbeispiel sind natürlich die Naturwissenschaften. Aber auch in den Geisteswissenschaften und Gesellschaftswissenschaften, insbesondere in der Wirtschaftswissenschaft, führte die Verwendung mathematischer Methoden zu einer Vervielfachung der Erkenntnismöglichkeiten. Im Kapitel zur Steuerpolitik (Kap. 31) wird gezeigt, dass auch beim Thema *Gerechtigkeit* eine entsprechende Entwicklung denkbar ist.

  Mit der Verwendung der Mathematik werden auch Dinge messbar, die vorher nur qualitativ erfasst wurden. Damit soll nicht gesagt werden, dass „alles" quantifizierbar sein müsse. Mit Messbarkeit, soweit angemessen, ist aber meistens auch ein Erkenntnisgewinn verbunden. Angewandt auf die Fairness-Definition bedeutet das auch, dass Fairness gemessen werden kann, vor allem auch eine Zunahme oder Abnahme von Fairness, sofern man mit dieser Definition einverstanden ist.
- Ein neuer Fokus
  Wirtschaftliche Gerechtigkeit war bisher nicht das wichtigste Thema der Wirtschaftswissenschaften. Hauptthema war, wie man den Kuchen möglichst effizient backen kann, und außerdem zeigte sich, dass er nach dem Hauptmodell der Neoklassik dann auch gerade vollständig aufgeteilt wurde. Ob diese Aufteilung gerecht war, schien eher eine Bewertungsfrage, in die sich die Wissenschaft nicht einmischen wollte. Und mit

einem gewissen Recht wurde darauf verwiesen, dass größere Kuchen in der Regel auch gerechter verteilt würden.
Nach der in diesem Buch vertretenen Sicht genügt diese Metapher nicht mehr. Das Thema der wirtschaftlichen Gerechtigkeit sollte in die wissenschaftliche Analyse aufgenommen werden. Die Fairness-Formel ist ein Vorschlag dazu.

- Keine Liste von Ratschlägen

  Das Buch enthält keine Liste konkreter Ratschläge zur Verbesserung der Gerechtigkeitssituation. Es beschränkt sich im Wesentlichen auf eine Grundsatz-Diskussion, ähnlich etwa dem Werk von John Rawls, *Eine Theorie der Gerechtigkeit*[1].
  Damit soll keineswegs gesagt werden, dass solche konkreten Vorschläge überflüssig sind. Einen ganz anderen Weg beschreibt beispielsweise Anthony B. Atkinson[2]. In seinem kürzlich erschienenen Werk ist eine Fülle konkreter Vorschläge enthalten. Dies ist nicht der Ort, diese Vorschläge zu kommentieren. Aber unabhängig davon, ob man die Vorschläge gut oder weniger gut findet: Solche Konkretisierungen sind begrüßenswert und notwendig, denn nur so kann das Thema konkret diskutiert werden.

- Schnittstellen

  Das hier vorliegende Buch berührt sehr viele Bereiche, von der Philosophie über die Ökonomie bis zur Mathematik. Dies ist bei diesem Thema notwendig. Damit ergibt sich aber die Gefahr der Verzettelung. Bis zu einem gewissen Grad muss jeder Autor wählen zwischen Breite und Tiefe.

- Auswirkungen

  Nach Einführung der Fairness-Formel verbunden mit dem Postulat, die Fairness zu optimieren, ergibt sich selbstverständlich die Frage: Wozu das alles? Sind das nur theoretische Übungen, oder hat das auch praktische Konsequenzen?

---

[1] J. Rawls, Theory of Justice, 1999.
[2] Anthony B. Atkinson, Inequality, 2015.

Eine Grundfrage ist die, wie weit ein BIP-Wachstum gerechtfertigt ist, wenn es mit wachsender Ungleichheit verbunden ist. Diese Frage kann nicht nur für das BIP eines Landes gestellt werden, sondern auch für kleinere wirtschaftliche Einheiten.

Dies ist eine Frage, welche durch die klassischen Kriterien des BIP-Wachstums oder des Pareto-Optimums stets zugunsten des BIP-Wachstums beantwortet wird, völlig unabhängig vom Aspekt der Verteilung. Diese Antwort ist auch intuitiv unbefriedigend.

Es zeigt sich, dass mit Hilfe des Fairness-Kriteriums stets eindeutige Antworten gefunden werden, und zwar in Übereinstimmung mit dem intuitiven Empfinden, das allerdings nicht mit wissenschaftlichen Methoden gemessen wurde.

Diese Fragen sind nicht nur theoretisch interessant. So ist es beispielsweise sinnvoll, bei großen Investitionen, Handelsverträgen, Verschuldungen usw. nicht nur die rein wirtschaftlichen Folgen zu beachten, sondern auch die Folgen für die Einkommens- und Vermögensverteilung zwischen verschiedenen Menschen.

Ein weiteres Beispiel betrifft die Steuerpolitik. Hier zeigen sich höchst interessante Aspekte, obwohl die *Fairness-Theorie* noch nicht sehr ausgereift ist und auch noch nicht umfassende Daten vorhanden sind.

33.3 Ausblick

Das hier entworfene Gesamtkonzept einschließlich der Fairness-Formel ist nur ein Mosaikstein in einem bunten Bild, das wir uns von einer lebenswerten Zukunft machen können. Es wäre zu wünschen, dass weitere Vertiefungen und Variationen folgen würden.

Das Verhältnis von Freiheit und Gerechtigkeit ist wohl eine der wichtigsten Fragen der Menschheit, mit Ausstrahlung in sehr viele andere Bereiche. So haben sicher Hunger, Umweltzerstörung, oft wohl auch Krieg und Despotie, damit zu tun, dass diese beiden Grundwerte zu wenig durchgesetzt werden.

Wünschenswert wäre die Entwicklung eines weltweiten Ethos, das von jeder Generation neu zu entwickeln ist und das die Werte Freiheit und Gerechtigkeit hochhält und umsetzt.

Literatur

Acemoglu, D., Robinson, J.A.: Why nations fail. Profile Books LTD, London (2012)

Atkinson, A.B.: Inequality, what can be done? Harvard University Press, Cambridge (2015)

Fukuyama, F.: The end of history and the last man. New York Free Press, New York (1992)

Herzog, L.: Freiheit gehört nicht nur den Reichen. C.H. Beck, München (2014)

Hoerster, N.: Was ist eine gerechte Gesellschaft? C.H. Beck, München (2013)

Kersting, W.: Wie gerecht ist der Markt? Murmann, Hamburg (2012)

Kleinewefers, H.: Einführung in die Wohlfahrtsökonomie. Kohlhammer, Stuttgart (2008)

Nussbaum, M.: Gerechtigkeit oder das gute Leben. Suhrkamp, Berlin (1999)

Piketty, T.: Capital in the twenty-first century. Harvard University Press, Cambridge (2014)

Rawls, J.: A theory of justice. (1971). Revised Edition. Harvard University Press, Cambridge (1999).

Sandel, M.: Justice: What's the right thing to do? Farrar Straus & Giroux, New York (2009)

Sen, A.: Ökonomie für den Menschen. Carl Hanser, München (1999)

Söllner, F.: Die Geschichte des ökonomischen Denkens. Springer, Wiesbaden (2012)

Stiglitz, J.E.: The price of inequality. Norton, New York (2012)

Taleb, N.N.: The black swan. Random House, New York (2007)

GPSR Compliance
The European Union's (EU) General Product Safety Regulation (GPSR) is a set of rules that requires consumer products to be safe and our obligations to ensure this.

If you have any concerns about our products, you can contact us on

ProductSafety@springernature.com

In case Publisher is established outside the EU, the EU authorized representative is:

Springer Nature Customer Service Center GmbH
Europaplatz 3
69115 Heidelberg, Germany

www.ingramcontent.com/pod-product-compliance
Lightning Source LLC
LaVergne TN
LVHW010334260326
834688LV00036B/700